马拉松大众选手参赛风险预警研究

刘龙飞 著

中国纺织出版社有限公司

图书在版编目（CIP）数据

马拉松大众选手参赛风险预警研究 / 刘龙飞著. --北京：中国纺织出版社有限公司，2023.8
ISBN 978-7-5229-0873-1

Ⅰ. ①马… Ⅱ. ①刘… Ⅲ. ①马拉松跑—运动竞赛—风险管理—中国 Ⅳ. ①G822.87

中国国家版本馆CIP数据核字（2023）第159029号

责任编辑：张 宏　　责任校对：高 涵　　责任印制：储志伟

中国纺织出版社有限公司出版发行
地址：北京市朝阳区百子湾东里A407号楼　邮政编码：100124
销售电话：010—67004422　传真：010—87155801
http://www.c-textilep.com
中国纺织出版社天猫旗舰店
官方微博 http://weibo.com/2119887771
天津千鹤文化传播有限公司印刷　各地新华书店经销
2023年8月第1版第1次印刷
开本：710×1000　1/16　印张：14.5
字数：310千字　定价：98.00元

凡购本书，如有缺页、倒页、脱页，由本社图书营销中心调换

前言

PREFACE

在国家一系列政策的引导下,马拉松作为一项全民健身运动迅速在全国风靡。由于理论基础和实践经验薄弱,加上赛事风险的不确定性和复杂性,导致猝死、损伤及突发事故等风险问题频发。大众选手作为马拉松赛事最主要的参赛人群,面临越来越多的风险问题,这不仅严重影响了参赛体验,甚至还危及生命安全。当前国内关于马拉松选手参赛风险问题的研究并不完善,特别是大众选手参赛理论体系及风险预警的相关研究更是如此。

本研究主要分为上、下两篇,上篇主要介绍马拉松大众选手参赛风险理论,下篇侧重于马拉松大众选手参加比赛的实践应用指导。

上篇分为六章,第一章是绪论。主要阐述说明选题依据、研究目的与意义等内容,并分析马拉松大众选手参赛风险预警领域国内外相关研究现状。第二章是相关理论。主要介绍风险预警理论及马拉松大众选手参赛风险预警基本理论,包括相关概念界定和马拉松大众选手参赛风险预警基本要素、特征、功能等要点。第三章是马拉松大众选手参赛风险预警指标体系构建与权重确定。本章作为研究关键部分,主要介绍马拉松大众选手参赛风险预警指标选取原则与方法、预警指标体系的确立、指标权重确定等内容。第四章是预警模型构建与应用。主要采用BP神经网络构建大众选手参赛风险预警模型,在阐述模型基本理论的基础上,运用调查得到的数据检验模型。本章是本论文的研究重点,也是难点部分。第五章是马拉松大众选手参赛风险的应对策略与预警管理系统。针对马拉松大众选手面临的风险和管理问题,本文提出了风险的应对流程和具体风险因素应对策略,并结合群体性事件的风险管理理论,构建了风险预警管理系统。第六章是结论与展望。主要全面总结理论研究成果,并分析研究存在的问题及未来的研究方向。

下篇分为四章,第七章是马拉松运动基础知识。主要介绍跑鞋的选择、赛前的热身、赛中的呼吸、参赛的补水、赛后的拉伸等内容,重点是分析马拉松大众选手赛前、赛中、赛后的相关问题。第八章是大众选手如何安全参赛。从心脏评估、赛前训练、参赛指南、如何完赛、赛后恢复等方面进行指导,为跑者的安全参赛提供保障。第九章是国内外马拉松赛事大众选手风险事故案例分析。重点分析部分国内外马拉松发生的风险事故及原因。第十章是跑步与减肥。主要是满足多数跑者探索关于跑步与减肥相关的知识,将马拉松与减肥联系,让本研究更有意义。本书在下篇中采用了大量的真人实拍图片,能够为参赛者应用提供更好的帮助。

  本书既可以为高等院校体育专业的学生提供学习参考，同时也可以为从事马拉松赛事理论研究和赛事管理的从业者以及马拉松参赛者提供借鉴。

刘龙飞

2023年6月

目录

CONTENTS

上篇　理论篇

1 绪论 ··· 002
  1.1 选题依据 ·· 002
    1.1.1 政府对体育事业的高度重视 ··· 002
    1.1.2 我国马拉松赛事的快速发展 ··· 002
    1.1.3 马拉松赛事风险问题的持续出现 ·· 003
    1.1.4 马拉松赛事风险预警研究的现实所需 ···································· 004
  1.2 研究目的与意义 ··· 005
    1.2.1 研究目的 ·· 005
    1.2.2 研究意义 ·· 005
  1.3 研究对象与方法 ··· 007
    1.3.1 研究对象 ·· 007
    1.3.2 研究方法 ·· 007
  1.4 研究内容与技术路线 ·· 010
    1.4.1 研究内容 ·· 010
    1.4.2 技术路线 ·· 011
  1.5 国内外研究现状 ··· 012
    1.5.1 马拉松赛事研究 ·· 012
    1.5.2 马拉松大众选手参赛风险研究 ·· 015
    1.5.3 预警理论研究 ··· 016
    1.5.4 体育领域的预警应用研究 ·· 018
    1.5.5 研究述评 ·· 019

2 相关理论 ··· 020
  2.1 基本概念界定 ··· 020
    2.1.1 风险预警 ·· 020

2.1.2 马拉松大众选手 ·· 020
  2.1.3 大众选手参赛风险 ··· 021
 2.2 参赛风险预警理论基础 ·· 022
  2.2.1 运动风险理论 ·· 022
  2.2.2 系统安全管理理论 ·· 023
 2.3 马拉松大众选手参赛风险预警流程 ·· 024
 2.4 本章小结 ·· 025

3 预警指标体系构建与权重确定 ·· 026
 3.1 马拉松大众选手参赛风险预警指标体系构建 ······························ 026
  3.1.1 预警指标体系构建的理论依据 ······································ 026
  3.1.2 马拉松大众选手参赛风险因素识别 ·································· 028
  3.1.3 预警指标筛选与确定 ·· 033
  3.1.4 预警指标理论内涵 ·· 044
 3.2 预警指标权重确定 ·· 048
  3.2.1 层次分析法 ·· 048
  3.2.2 层次分析法在预警指标权重确定中的运用 ······················ 048
  3.2.3 基于MATLAB的权重计算结果 ···································· 050
 3.3 本章小结 ·· 054

4 预警模型构建与应用 ·· 055
 4.1 BP神经网络模型基本理论 ·· 055
  4.1.1 BP神经网络原理和学习过程 ·· 055
  4.1.2 BP神经网络学习算法及数学实现 ···································· 056
  4.1.3 BP神经网络用于风险预警的优势 ···································· 059
 4.2 BP神经网络模型构建 ·· 059
  4.2.1 样本数据来源与处理 ·· 059
  4.2.2 预警期望输出与警情划分 ·· 061
  4.2.3 BP神经网络结构设计 ·· 061
  4.2.4 BP神经网络模型仿真训练 ·· 063
  4.2.5 BP神经网络模型检测 ·· 065

4.3	预警模型应用结果分析	067
4.4	本章小结	067

5 马拉松大众选手参赛风险的应对策略与预警管理系统 068
5.1 马拉松大众选手参赛风险的应对策略 068
5.1.1 参赛风险应对的基本方法 068
5.1.2 马拉松大众选手参赛风险的具体应对策略 069
5.2 马拉松大众选手参赛风险预警管理系统 076
5.2.1 信息采集系统 078
5.2.2 风险辨识系统 078
5.2.3 指标管理系统 078
5.2.4 专家分析系统 078
5.2.5 警情演化系统 079
5.2.6 风险应对系统 079
5.2.7 信息发布系统 079
5.3 本章小结 080

6 结论与展望 081
6.1 结论 081
6.2 局限与展望 082

下篇　实用篇

7 马拉松运动基础知识 084
7.1 选择合适的跑鞋 084
7.1.1 认识鞋子 084
7.1.2 选择鞋子 088
7.1.3 鞋子的更换判断 089
7.2 跑前正确的热身方法 090
7.2.1 跑前热身的益处 090
7.2.2 跑前正确的热身 090

7.3 赛中正确的呼吸方式 ··· 096
7.3.1 呼吸的基本原理 ··· 096
7.3.2 跑步时的合理呼吸 ······································· 097
7.4 参赛的正确补水 ··· 098
7.4.1 汗液过多流失对身体的影响 ······························· 098
7.4.2 补水的判断 ··· 099
7.4.3 正确的补水方式 ··· 100
7.5 赛后的正确拉伸方式 ··· 101
7.5.1 拉伸的重要性 ··· 101
7.5.2 拉伸的时间和次数 ······································· 102
7.5.3 拉伸肌肉的过程 ··· 102
7.5.4 正确规范的拉伸动作 ····································· 103
7.5.5 泡沫滚筒放松方法 ······································· 109

8 大众选手如何安全参赛 ··· 115
8.1 科学合理的心脏评估 ··· 115
8.1.1 不宜参加马拉松的人群 ··································· 115
8.1.2 评估自己的运动风险 ····································· 115
8.1.3 参赛的身体和心脏检查 ··································· 116
8.1.4 如何选择检查方式 ······································· 118
8.2 赛前合理训练 ··· 118
8.3 熟悉参赛流程 ··· 120
8.3.1 比赛前一天 ··· 120
8.3.2 起床到终点冲刺 ··· 121
8.3.3 跑马拉松时的常见情况及应对 ··························· 123
8.4 顺利完赛 ··· 123
8.4.1 跑马拉松时心率过高 ····································· 124
8.4.2 跑马拉松时的心率和配速选择 ··························· 124
8.4.3 跑马拉松时心率的保持 ··································· 125
8.5 赛后恢复指南 ··· 126
8.5.1 马拉松比赛对身体的影响 ································· 126

8.5.2 马拉松比赛后不宜马上做拉伸 126
  8.5.3 比赛当天的恢复方式 127

9 国内外马拉松赛事大众选手风险事故案例分析 130
9.1 国内马拉松赛事大众选手风险事故案例分析 130
  9.1.1 2023年桂林马拉松风险事故 130
  9.1.2 2021年（第四届）黄河石林山地马拉松百公里越野赛暨乡村振兴健康跑风险事故 131
  9.1.3 2018年南宁国际马拉松风险事故 132
  9.1.4 2017年重庆国际半程马拉松风险事故 132
  9.1.5 2016年清远国际马拉松风险事故 133
  9.1.6 2015年深圳国际马拉松风险事故 133
  9.1.7 2014年珠海国际半程马拉松风险事故 134
  9.1.8 2013年天津国际马拉松风险事故 134
  9.1.9 2012年广州马拉松风险事故 135
  9.1.10 2004年北京国际马拉松风险事故 136
9.2 国外马拉松赛事大众选手风险事故案例分析 136
  9.2.1 2022年渣打吉隆坡马拉松风险事故 136
  9.2.2 2018年意大利威尼斯马拉松风险事故 137
  9.2.3 2017年德国科隆马拉松风险事故 138
  9.2.4 2016年伦敦马拉松风险事故 138
  9.2.5 2015年曼谷马拉松风险事故 139
  9.2.6 2015年莫斯科马拉松风险事故 139
  9.2.7 2014年伦敦马拉松风险事故 140
  9.2.8 2013年波士顿马拉松风险事故 140
  9.2.9 2011年费城马拉松风险事故 141

10 跑步与减肥 142
10.1 科学的跑步 142
  10.1.1 如何开始跑步 142
  10.1.2 如何从走到跑 143

10.1.3 如何持久地跑 …… 143
10.2 跑多长时间可以减肥 …… 144
10.2.1 减肥人群的运动量 …… 144
10.2.2 减肥人群的跑步速度 …… 146
10.2.3 减肥初期的体重上升 …… 147
10.3 跑步与控制饮食 …… 148
10.3.1 能量平衡 …… 148
10.3.2 能量消耗 …… 148
10.3.3 能力消耗与食物能量计算 …… 148
10.3.4 运动减肥的效果 …… 164
10.3.5 节食减肥的效果 …… 164
10.3.6 减肥的正确选择 …… 164
10.4 高强度间歇运动与减肥 …… 165
10.4.1 低强度慢跑的减肥依据 …… 165
10.4.2 高强度间歇训练 …… 165
10.4.3 间歇跑与LSD跑的减脂效果比较 …… 166
10.4.4 运动结束的能量消耗 …… 167
10.4.5 科学理性地看待不同方式的减脂价值 …… 168

参考文献 …… 169

附录 理论研究附件及马拉松赛事管理部分管理文件 …… 175
附录1 马拉松大众选手参赛风险预警指标可行性专家调查问卷 …… 175
附录2 马拉松大众选手参赛风险评价指标权重系数专家调查问卷 …… 178
附录3 马拉松大众选手参赛危险度调查问卷 …… 185
附录4 马拉松大众选手参赛风险预警研究专家访谈提纲 …… 188
附录5 马拉松大众选手参赛风险预警BP神经网络构建MATLAB程序 …… 189
附录6 2002—2018年国内马拉松赛事及体育节事活动现场安全事故部分统计表 …… 189
附录7 中国田径协会路跑赛事安全参赛倡议书 …… 191
附录8 体育总局关于做好高危险性体育赛事活动管理工作的通知 …… 192

附件8-1 ··· 197

　　附件8-2 ··· 209

附录9　体育总局关于印发《关于进一步加强马拉松赛事监督管理的意见》
　　的通知 ··· 210

　　关于进一步加强马拉松赛事监督管理的意见 ·· 210

附录10　中国田径协会路跑赛事风险评估指导意见 ······························· 212

附录11　中国田径协会路跑赛事大众选手等级评定实施办法 ·················· 215

后记 ··· 217

上篇

理论篇

1 绪论

1.1 选题依据

1.1.1 政府对体育事业的高度重视

随着我国经济社会的不断发展，国家对人民健康水平越来越重视。1995年，国务院发布《全民健身计划纲要的通知》，首次提出全体国民参与体育健身计划的政策性文件，此后，全民健身得到长足发展。2010年，国务院办公厅出台《关于加快发展体育产业的指导意见》，指出加快发展体育产业，对提高群众生活的质量和促进我国由体育大国向体育强国转变具有重要意义。为进一步推动和巩固我国体育事业发展取得的成果，2014年10月，国务院下发《关于加快体育产业发展促进体育消费若干意见》，将全民健身计划上升为国家战略，并指出各级各部门要积极引导加快体育强国建设，不断满足人民群众日益增长的体育需求。2016年，国务院《关于印发全民健身计划（2016—2020年）的通知》和国家体育总局《体育发展"十三五"规划》均指出，各部门及社会团体要因地制宜地开展多样化的群众体育，完善全民健身活动体系。2018年12月，《关于加快发展体育竞赛表演产业的指导意见》明确表示，支持引进国际重大赛事，引导扶持业余精品赛事，开展马拉松和户外运动等项目赛事，合理扩大赛事规模。马拉松赛不仅是专业运动员的竞赛，更是全民狂欢的体育盛宴。马拉松运动具有参与门槛低、运动形式简单、普及速度快等特点，在国家一系列政策文件的引导下，迅速在我国全民健身运动中脱颖而出，极大推动了全民健身事业的发展，掀起马拉松"热"浪潮。

1.1.2 我国马拉松赛事的快速发展

1956年，我国正式将马拉松运动列入全运会比赛项目，马拉松运动得以发展。1998年以前，马拉松运动仅允许专业运动员参加，直到1998年北京马拉松打破这个标签，允许大众选手报名参赛，极大地促进了马拉松规模的增长。近几年，随着国家系列体育文件的颁布实施，取消群众性和商业性体育赛事审批权后，马拉松赛事的举办数量出现井喷。根据中国田径协会2011—2019年马拉松年度工作报告相关数据（图1-1），2019年全国举办1828场规模赛事（路跑赛事大于800人，越野跑赛事大于300人），相比2011年增长约83倍。其中，中国田径协会（CAA）认证赛事357场，较2018年增长18场。此外，在参赛人数上也有增加，2019年累计参赛人次达712万，比2018年增长129万，赛事范围覆盖我国31个省区市，285个地级市。报告预测，到2020年我国马拉松数量将超过1900场次，CAA认证赛事达到350场，参赛人数超过1000万人次。从这些数据来看，我国马拉松赛事正如雨后春笋般在全国各地展开。

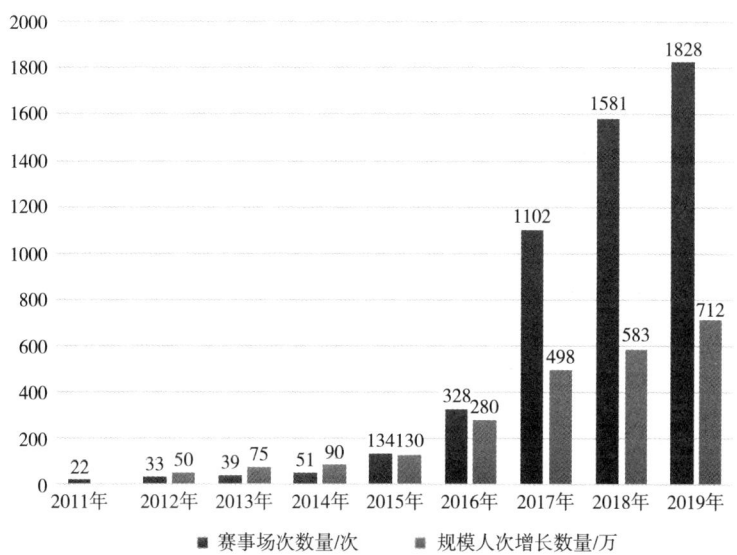

图1-1　2011—2019年中国马拉松赛事场次和规模人次增长趋势图

1.1.3　马拉松赛事风险问题的持续出现

"事物发展到热火朝天之时，发热与发烧二者的分界会变得模糊"。2015年后，我国马拉松产业飞速发展，迅速席卷全国，取得良好的成绩。但由于国内马拉松"晚起步"，加上"快发展"的特点，导致赛事理论支撑和实践经验空洞化，各种赛事风险问题频出。例如，2013年北京马拉松的"如厕风波"，2016年清远马拉松最大面积伤病事件，2018年苏州马拉松"递国旗事件"，2018年深圳南山马拉松抄近道事件等，都逐渐暴露出我国马拉松发展迅速的弊端。马拉松赛事中，参赛者风险是赛事风险管理重点问题，由于参赛者运动常识、运动能力、医学知识、风险处理等能力参差不齐，往往在参赛过程中出现运动损伤、中暑、跌倒，甚至死亡的风险事故。马拉松大众选手作为参赛的主体人群，其风险性最高。岳俊伟（2015）等研究郑开国际马拉松赛中的伤病情况表明，非专业运动员是马拉松赛的主要发病人群，占所有疾病人数的99.54%。表1-1是通过相关文献资料整理收集的2012—2019年我国部分马拉松赛运动员猝死情况统计表。

表1-1 2012—2019年我国部分马拉松赛运动员猝死情况

年份	赛事名称	死亡	性别	年龄	猝死地点
2012	香港国际马拉松赛	1	男	26	终点后晕倒猝死
2012	广州国际马拉松赛	2	男	25	终点附近猝死
				21	
2014	珠海国际半程马拉松赛	1	男	30	20.2km处晕倒后猝死
2014	苏州环金鸡湖半程马拉松赛	1	女	25	18km处晕倒后猝死
2014	昆明高原国际半程马拉松赛	1	男	21	16km处晕倒后猝死
2014	张家口·康保草原国际马拉松赛	1	男	30	18km处晕倒后猝死
2014	台湾米仓田中马拉松赛	1	男	45	31km处晕倒后猝死
2015	合肥国际马拉松赛	1	男	30	半程终点前猝死
2015	香港渣打马拉松赛	1	男	24	13km晕倒后猝死
2015	江西上饶全国半程马拉松赛	1	男	20	心跳骤停，抢救无效死亡
2015	深圳半程马拉松赛	1	男	28	晕倒，抢救无效死亡
2015	福州国际马拉松赛	1	男	不详	10.5 km晕倒后猝死
2016	德兴铜矿马拉松	1	男	52	10km终点前
2016	厦门国际半程马拉松	2	男	32	10km处/半程终点后
				29	
2016	杨凌农科城国际马拉松	1	男	30	约41km处晕倒后猝死
2017	银川国际马拉松	1	男	33	约18km处晕倒后猝死
2018	香港马拉松	1	男	50	约6km处晕倒后猝死
2018	江苏扬州马拉松	1	男	不详	约15km处晕倒后猝死
2019	龙口国际马拉松	1	男	不详	20.5km晕倒后猝死
2019	荆州国际马拉松	1	男	50	半程终点前猝死

注：数据统计来源于网络和文献整理，具体以官方数据为准。

1.1.4 马拉松赛事风险预警研究的现实所需

截至2018年12月17日，以"马拉松风险"为主题词或关键词，在中国知网（CNKI）共检索到50篇文献，其中期刊31篇（CSSCI文献5篇），硕博论文17

篇，会议2篇。从文献发表时间来看，国内有关马拉松风险问题的研究2008年后才逐渐被研究者关注。伴随国内马拉松赛事的兴起，相关研究文献迅速增加。学位论文方面，在中国知网（CNKI）还未找到以马拉松风险为题的博士论文，仅有的17篇硕士论文都未直接研究马拉松风险预警问题。已有研究主要集中在马拉松赛事风险管理、风险评估、运动风险等方面。从文献数量来看，国内马拉松风险相关问题研究的成果还较少，特别是关于马拉松参赛者风险预警研究的文献更是寥寥无几。

1.2 研究目的与意义

1.2.1 研究目的

马拉松大众选手参赛时会受到自身内部和外部诸多风险的威胁，部分风险可能会为参赛者带来利益，但大部分风险则会使参赛者面临退赛甚至死亡的危险。为有效避免或减少马拉松大众选手参赛风险事故的发生，本文以至少参加过1次广州马拉松的大众选手为主要调查对象，采用问卷调查、实地调研及神经网络分析等方法，全面研究大众选手面临的参赛风险问题。为此，本文将基于以下四个目的进行研究：

（1）系统厘清马拉松大众选手参赛的风险因素；

（2）根据马拉松大众选手参赛的具体情况，构建一套系统的大众选手参赛风险预警指标体系；

（3）建立科学合理的马拉松大众选手参赛风险预警模型；

（4）根据分析结果，提出针对性风险应对策略，最终达到为马拉松大众选手提供参赛风险理论参考，为相关部门及后续研究者提供风险预警理论参考和模型借鉴。

1.2.2 研究意义

1.2.2.1 理论意义

已有文献资料表明，国内外学者在马拉松领域的相关研究主要集中在赛事风险管理、风险认知及对策的探索上，对大众选手参赛风险的研究并不多见。马拉松是集耐力和技巧为一体的长距离项目，很多大众选手在享受马拉松的过程中，由于对赛事风险和自身身体状况认识不足，导致风险事故发生。研究马拉松大众选手参赛风险，掌握马拉松大众选手面临或隐藏的潜在风险，评估参赛危险程度，以便在出现风险之前，提前发出预告并及时报警，让参赛者本人、管理者、赛事组织者等及时采取措施，将风险影响降到最小，以便减小伤害。

本研究对完善马拉松风险预警理论，大型体育赛事风险管理，马拉松大众选手参赛安全等方面都具有重要的理论意义和应用前景。另外，识别出的马拉松大众选手参赛风险因素及构建的指标和模型，可以为相关学者对该领域的研究提供理论参考。

1.2.2.2 实践意义

1. 为马拉松参赛者提供参赛风险理论依据

马拉松运动作为一项路跑赛事，由于具有参与门槛低、运动形式简单、锻炼效果显著等特点，广受公众偏爱。随着全民马拉松时代的到来，很多大众选手往往忽视自身的健康水平，盲目报名参赛，低估或误判马拉松运动的风险，最终导致风险事故发生。本文以马拉松大众选手参赛风险为研究对象，识别其存在的风险因素，建立合理的风险指标，使用量化方法构建参赛风险模型，目的是让大众选手或其他相关人员可以利用参赛风险预警指标和模型，提前评估参赛安全，做到提早发现和及时化解，将风险掌握在可控范围内。

2. 为相关学者研究提供理论和模型参考

通过对中国知网（CNKI）、万方数据库、中文社科引文（CSSCI）以及人大复印报刊引文等数据库的搜索，发现我国学者对马拉松大众选手参赛风险的研究寥寥无几，且研究主要集中在参赛风险因素识别和风险认知方面，暂未检索到大众选手参赛风险预警的研究。因此，本研究所厘清的马拉松大众选手参赛风险预警方面的理论、构建的大众选手参赛风险指标及模型、应对策略及风险预警管理系统等，对后续学者的研究具有重要的借鉴和参考价值。

3. 推动我国马拉松赛事持续健康发展

随着我国马拉松市场的繁荣，越来越多的城市加入举办马拉松队伍。2019年，国内马拉松举办场数达到1828场，覆盖全国近300个地级市，参赛人次达712万人次，马拉松成为了一项广受群众青睐的健身运动。马拉松赛事的举办除涉及组织者、裁判、运动员等，还包括政府、公安、交通等20多个部门，庞大的系统背后潜藏着巨大的风险。业余跑者作为赛事参赛主体，参赛的安全性不仅关乎选手生命安全，还是赛事组织水平的体现。2004—2019年，我国马拉松赛事中每年均有猝死情况发生，数十万人在赛事中受伤。参赛者的安全问题是中国田径协会及世界田联评估赛事举办质量的关键因素。因此，研究马拉松大众选手参赛风险可以起到提前预防的作用，对整个赛事的健康有序发展具有重要意义。

4. 拓宽我国大型体育赛事的研究内容

国内学者关于"大型体育赛事"的研究主要集中在大型体育赛事与体育组织、体育产业、城市关系、媒体传播等领域。关于大型体育赛事风险问题的研究并不多，以"大型体育赛事风险"为主题词在中国知网检索，得到96篇文献，其中有9篇会议论文。从文献发表的时间来看，刘娟等（2007）对赛事运营风险预警体系的构建是最早关于体育赛事风险的研究。研究并未检索到与马拉松大众选手风险预警直接相关的文献。故本文的研究可以在一定程度上丰富和拓宽我国大型体育赛事的研究内容。

5.提高马拉松运动安全性

以风险管理学和体育学等相关学科理论为基础，结合国内外学者及相关机构在马拉松赛事风险、风险预警机制及大型体育赛事风险等领域的研究，全面识别和评估大众选手参加马拉松赛事的风险因素，挖掘出主要的风险威胁，提出应对策略，为参赛者、主办方、管理者等提供科学合理的大众选手参赛风险预警理论知识，逐步提高我国马拉松赛事的安全性。

1.3 研究对象与方法

1.3.1 研究对象

本文以马拉松大众选手参赛风险预警为研究对象，以至少参加过一次广州全程马拉松比赛的大众选手或从事相关专业1年以上的赛事人员及专家作为调查对象。从马拉松大众选手参赛风险识别、风险源评估、风险应对和风险控制为切入点，应用相关研究方法和实地调研，全面系统地识别和评估大众选手参赛的风险因素。

1.3.2 研究方法

1.3.2.1 文献资料法

通过华南理工大学图书馆借阅体育学、风险管理学、统计学、管理学等方面的书籍进行理论知识学习，为研究奠定理论基础。以"大众选手""马拉松赛事风险""赛事风险预警"等为关键词或主题词在中国知网（CNKI）、中国优秀博硕士学位论文全文数据库、Web of Science数据库、Elsevier Science数据库和谷歌学术等平台检索相关文献，处理分析后再进行计量学分析。同时通过各大马拉松赛事官方微信公众号、中国田径协会官方网站、全国报刊索引数据库、搜狐网等收集马拉松大众选手参赛风险和马拉松赛事的相关资料，旨在为本研究提供扎实理论依据。

1.3.2.2 可视化分析法

研究主要采用陈超美教授团队基于Java语言程序开发的Cite Space［版本号：5.3.R4（64-bit）］软件作为主要工具。结合文献计量方法，将检索文献通过Cite

Space绘制可视化知识图谱，对马拉松大众选手参赛风险的相关文献做可视化分析解读。此研究方法主要用于对国内外研究现状的分析。

1.3.2.3 调查法

1.问卷调查法

1）问卷设计与制订

根据研究目的，在大量阅读赛事风险管理、马拉松赛事风险及科研方法等相关书籍和文献的基础上，与导师和相关方向的老师交谈后，结合他们的建议开始制作问卷。问卷风险因素来源主要参考：a.相关法定文件与规范标准。如《大型群众性活动安全管理条例》和《中国境内马拉松及相关运动赛事管理办法》等法定文件和规范标准；b.以往事故原因统计分析。本文收集整理了2002—2018年国内发生的部分马拉松赛事及大型体育活动现场安全事故，对事故原因进行分析，并对风险因素进行总结，以提取为本文研究的风险指标；c.历史资料。对前人在此领域和相关方向的研究成果进行总结分析；d.导师和专家意见。问卷编制结束后，请导师审核初稿并提出意见和建议。之后，经过专家咨询，最终形成《马拉松大众选手参赛风险预警指标可行性专家调查问卷》（附录1）。为了评估风险指标重要性，设计了《马拉松大众选手参赛风险评价指标权重系数专家调查问卷》（附录2），请相关专家按照层次分析法要求对各指标进行打分，最终得到各指标的风险权重；最后，为验证构建模型的有效性，使用《马拉松大众选手参赛危险度调查问卷》（附录3），对至少参加过一次广州马拉松的大众选手和相关人员进行数据收据，以此作为模型训练和检验的数据。

2）问卷效度检验

效度回答的是所设计工具对将要测量对象的有效性和正确性的问题。研究主要采用内容效度比（CVR）对指标体系进行效度评定。$CVR=(Ne-\frac{N}{2})/\frac{N}{2}$，其中，N表示评价主体总人数，Ne表示评价主体认为某项指标可以较好代表被测量对象的人数。CVR>0，表示评价主体认为某项指标能代表被测对象的人数超过一半；CVR=1，则全部评价主体均认为该指标能代表被测对象，反之，CVR为负数；当CVR=0时，表示评价主体认为可代表和不可代表的人数为1∶1。研究请10位相关专家评判量表（表1-2），最终得出CVR=0.6，为正值，表明研究所设计的量表可被接受。

表1-2 专家结构

职称	单位
教授	华南理工大学

职称	单位
教授	华南理工大学
副教授	深圳大学
副教授	广西师范大学
副教授	华南理工大学
讲师（博士）	广州大学
研究员	广东省体育科学研究所
助理研究员	广东省体育科学研究所
医师	贵州省骨科医院
主管	贵州跃峰体育产业发展有限公司

3）问卷信度检验

本文运用肯德尔和谐系数（Kendall）检验所构建马拉松大众选手参赛风险指标体系的内部一致性。肯德尔和谐系数（Kendall）是一种用于计算多个变量问题相互关联程度大小的变量，通常可以是N个评价主体评价K个对象，也可以是同一个评价主体多次评价K个对象。研究运用SPSS23.0检测专家对马拉松大众选手参赛风险指标体系量表的肯德尔和谐系数（Kendall）W^a（表1-3），W^a为0.879，渐进显著性均小于0.05，说明专家整体间存在较好的内部协调性，所构建指标体系具有统计学意义且符合内部一致性的信度要求。

表1-3 肯德尔和谐系数检验统计

个案数	10
肯德尔W^a	0.879
自由度	57
渐进显著性	0.024

4）问卷发放与回收

本文问卷共发放三次。第一次发放《马拉松大众选手参赛风险预警指标可行性专家调查问卷》（附录1）。共发放两轮，每轮发放10份，在导师介绍及笔者逐一实地访谈下，问卷回收率和有效率均为100%。第二次发放10份《马拉松大众选手参赛风险评价指标权重系数专家调查问卷》（附录2），调查对象依然是第一轮专家，回收率和有效率为100%。第三次问卷是收集网络模型训练和检验的数据，发放《马拉松大众选手参赛危险度调查问卷》（附录3）。鉴于马拉松大众选手平时锻炼时间和场所的不固定性，本次问卷采用纸质问卷和网络问卷（问卷网系统）相结合的方法，最终回收94份，其中有效问卷91份，有效回收率96%。

2.访谈法

为最大限度了解和收集选手参赛过程中面临的风险问题，在问卷发放过程中对专家进行了访谈。另外，在导师和朋友的介绍下对马拉松赛事组织人员、管理人员和部分资深跑者做了深度访谈。访谈主要以业余跑者在参赛过程中面临的生理、心理、环境、管理、医疗等方面的风险情况为主线进行请教和讨论（访谈提纲见附录4）。第一时间对访谈结果进行归类整理和分析，为本文风险因素构建及提出风险应对策略提供了理论参考。

1.3.2.4 数理统计法

本研究围绕马拉松大众选手参赛风险相关问题，采用列表法对参赛风险进行统计，构建风险预警指标体系。在此基础上，应用层次分析法（AHP）确定指标权重。再使用MATLAB对BP神经网络进行线性回归训练，构建马拉松大众选手参赛风险预警模型，完成BP神经网络预警模型仿真训练与检验。

1.4 研究内容与技术路线

1.4.1 研究内容

在借鉴已有马拉松风险和风险预警研究资料的基础上，将预警理论引入马拉松参赛者风险领域，对马拉松大众选手参赛风险进行研究。首先，本文对大众选手、风险预警、马拉松大众选手参赛风险预警等概念做了界定，并对赛事风险及参赛风险进行了理论阐述，为下文研究提供理论依据；其次，对马拉松参赛风险预警研究的原则、依据、特征和功能等进行分析，探析论文理论研究基础；再次，依据风险预警原理结合专家意见和调研数据等，对马拉松大众选手参赛风险因素进行识别，构建大众选手参赛风险预警指标体系，并对指标权重进行确定。在此基础上构建大众选手参赛的BP神经网络预警模型；又次，对大众选手参赛风险预警进行实证分析，验证研究建立的指标体系和预警模型的合理性；最后，根据预警管理原则和风险预警结果，针对大众选手参赛存在的风险提出科学合理的应对策略，并建立风险预警管理系统。研究技术路线图如图1-2所示。

1.4.2 技术路线

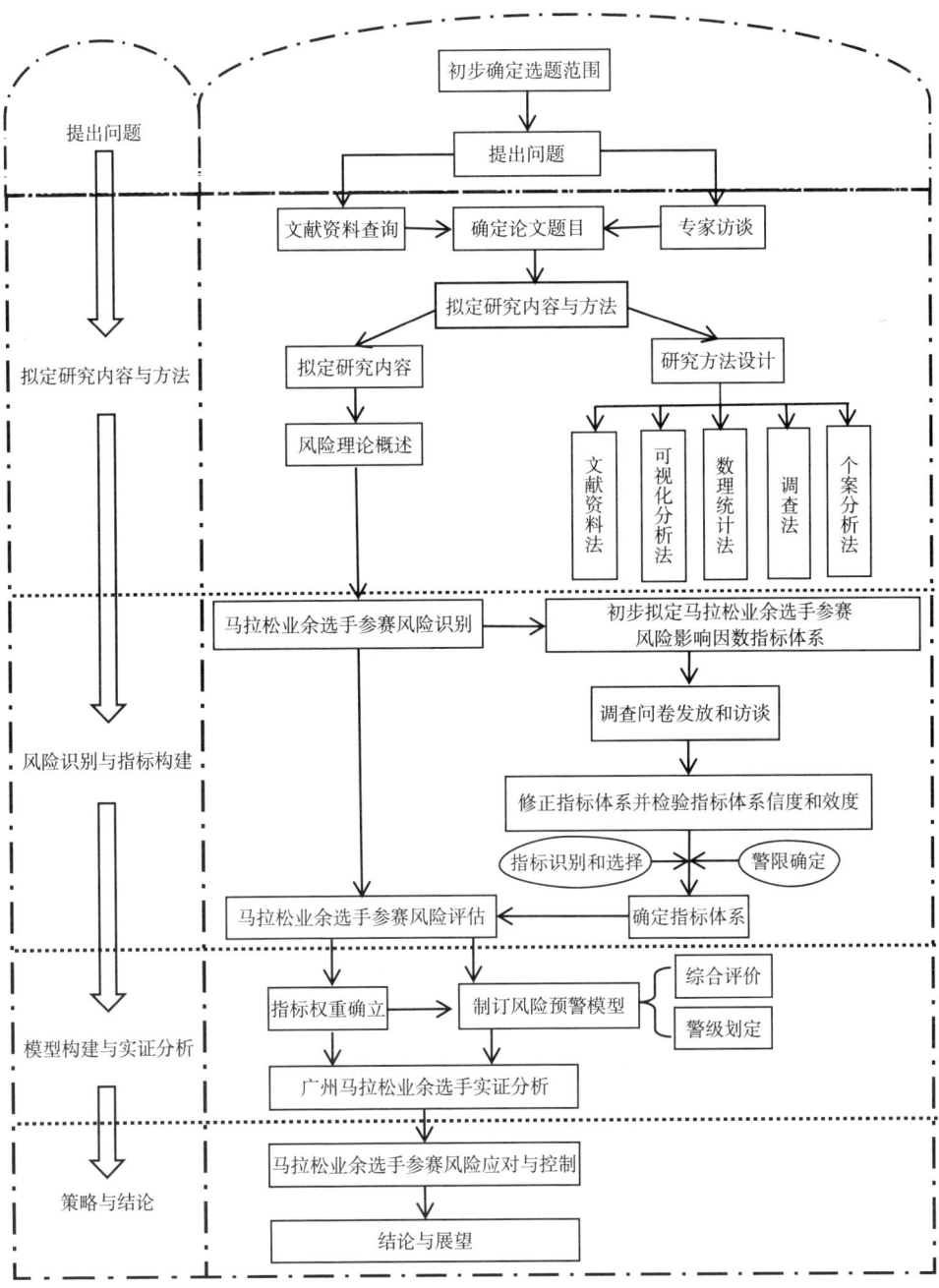

图1-2 研究技术路线图

1.5 国内外研究现状

1.5.1 马拉松赛事研究

本文于2018年12月23日在中国知网（CNKI）以"马拉松赛事"和"马拉松"为主题或关键词检索，得到4633篇文献，删除会议论文和报纸后余3482篇。为直观了解该领域的研究现状，采用数理统计法统计分析文献的发文量与时间关系（图1-3）。

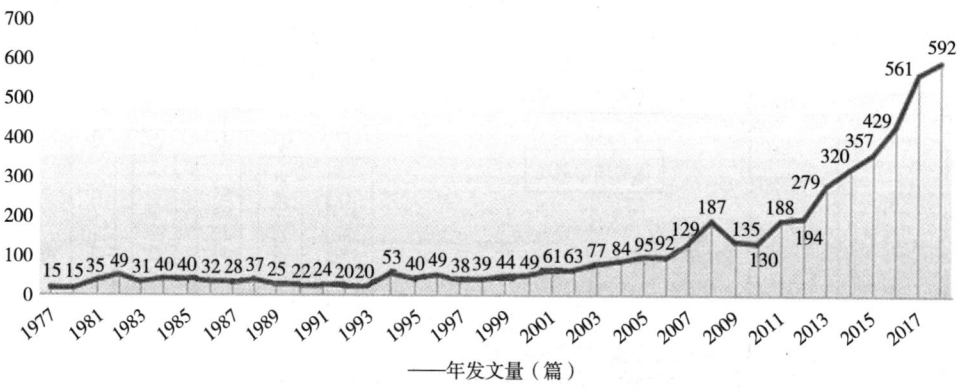

图1-3 马拉松赛事相关文献年发文量

研究主题是领域研究主要方向的体现，往往采用关键词共现表示。为进一步厘清马拉松领域的研究现状，研究使用Cite Space V［版本号：5.3.R4（64-bit）］软件对检索文献关键词进行可视化分析，得到15个中心性大于0.01的关键词（表1-4）。在Cite Space中，一般认为中心性＞0.01，即视为该关键词的研究方向在领域内有一定的影响力。从表1-4来看，研究主要集中在马拉松赛事发展现状、对策分析及马拉松与城市关系研究等方面。对马拉松参赛者风险问题的研究无明显体现，仅在2017年出现过一个"运动风险"，说明已有学者关注到该领域，但还处于起步阶段，研究力量较弱。

表1-4 马拉松赛事文献中心性大于0.01的关键词统计

关键词	中心性	年份	关键词	中心性	年份
马拉松	0.34	2007	志愿者	0.04	2012
体育赛事	0.27	2009	发展	0.04	2016
现状	0.27	2016	管理	0.03	2012
城市形象	0.12	2018	运动风险	0.02	2017

续表

关键词	中心性	年份	关键词	中心性	年份
北京马拉松	0.11	2012	发展对策	0.01	2017
马拉松赛	0.10	2013	对策研究	0.01	2013
城市发展	0.10	2013	城市马拉松	0.01	2016
全民健身	0.09	2017			

关键词是一篇文献的主要论点体现，研究某段时期文献的关键词，能够分析出学者在某领域的研究变化，对认识该领域的研究进展具有重要作用。图1-4是运用Cite Space做的"马拉松赛事"研究领域时期演化知识图谱，可用于解释我国学者在马拉松领域的研究变化过程。

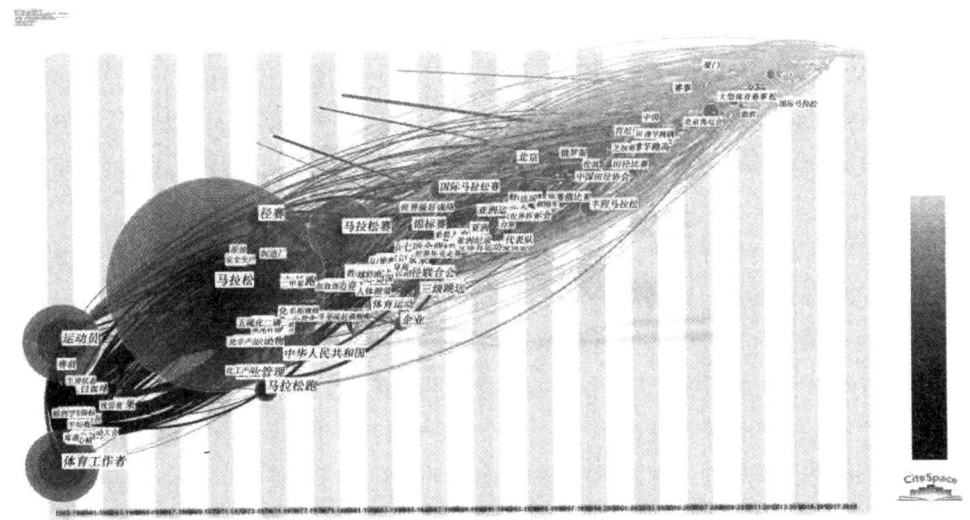

图1-4 马拉松赛事研究领域关键词Time Zone知识图谱

在知识图谱的基础上挖掘相关文献发现，石华章（1959）对苏联教育学博士索列茨对波波夫训练情况的翻译研究，开启了我国学者在马拉松领域的研究之门。当时国内相关资料较为缺乏，上海体育学院生理卫生教研组（1959）选取了在上海进行冬季马拉松训练的部分上海队和黑龙江队的运动员进行研究，初步得到我国马拉松运动员的心理变化状况，弥补了相关知识缺乏的局面，为后续研究及我国马拉松的快速发展奠定坚实的理论和实践基础。20世纪70年代，伴随中苏关系恶化，我国体育领域也受到影响，发展速度减缓。1973年，日本体协代表团访华，君原健二介绍了他自己的训练情况，为我国马拉松发展提供了新思路。80年代，我国马拉松发展进入关键期，特别是1981年北京国际马拉松的成功举办，开启了我国城市马拉松赛事的发展，同时也是我国学者对马拉松赛事相关研究的标志性节点。但此时又正好处于洛杉矶奥运会和汉城奥运会时期，学者研究的内容主要以"运动训练"和"提高竞赛成绩"两个方向的内容为主，关于马拉松赛事的相关研究寥寥无几。1996年，上海举办第一届国际马拉松，随后国内马拉松赛事逐渐发展，继北京马拉松、上海马拉松后，厦门马拉松、广州马拉松等国内一批知名的马拉松赛迅速发展壮大，赛事逐渐走向商业化，更多的学者开始关注国内马拉松赛事。

从伦敦马拉松和波士顿马拉松等国外知名马拉松的发展历程来看，市场化经营是取得良好发展的关键。20世纪80年代，北京马拉松开启了我国马拉松市场化道路，但学术界在2000年以后才开始了市场化的相关研究。刘文洁（2005）首先研究了我国马拉松赛事市场化情况，认为我国马拉松赛事的市场营销工作较为合理，一定程度上助推了马拉松事业的发展。但季晓静等（2009）指出当前除了北京马拉松、上海马拉松、广州马拉松等赛事商业化发展得比较好外，其余刚兴起的很多马拉松还是政府起主导作用，很难吸引商家注意。李凯丽（2017）运用文献资料和实地调研等方法对杭州马拉松赛事市场化运作现状的分析，再次证明了季晓静等人的研究。

随着国内马拉松赛事的高热不退，马拉松逐渐成为全民健身的重要方式。陈珊等（2012）依据上海马拉松赛事是上海全民健身节的压轴节目，判断全民健身是举办马拉松赛的目标。但这种解释较为牵强，没有清晰可靠的理论和实证依据。蔡瑶（2017）居于贵阳国际马拉松的实证研究证实了马拉松的"全民健身"作用。认为马拉松的开展促进了全民健身与全民健康的深度融合，提高了居民健身意识，改变了群众的体育观念，增加了体育锻炼人口，促进了城市体育基础设施的建设等。在马拉松如火如荼的开展过程中，越来越多的城市开始利用马拉松塑造城市形象和文化。李军岩等（2018）认为马拉松赛事是一个城市的文化符号，举办赛事就是要构建这种符号在人脑中的范式，以此宣传城市的形象，重塑外界对城市的认识。通过赛事宣传城市是许多地方政府发展城市的手段之一。但往往适得其反，各地盲目办赛，花高价打造赛事品牌，最终效果甚微。为此，孙高峰等（2018）在肯定举办马拉松赛事对城市的经济、文化、软实力等方面有促进作用的同时，提出城市的客观环境、民众的运动知识水平、体育产业发展链等问题是运用马拉松宣传城市急需解决的关键问题，要客观地看待马拉松在城市发展中的作用。如何塑造好城市的文化，融入城市的生命之本，是马拉松与城市发展的关键。

1.5.2 马拉松大众选手参赛风险研究

在中国知网（CNKI），以"马拉松大众选手"为主题和关键词仅检索到20篇文献，其中硕士论文7篇，期刊13篇。从文献数量来看，国内已经有学者对该领域进行了研究。使用Cite Space软件统计分析了文献关键词的出现数量和中心性等信息（表1-5），以便对研究重点进行梳理。

表1-5 马拉松大众选手研究关键词信息统计

数量	中心性	年份	关键词
13	0.00	2014	马拉松
4	1.33	2010	大众选手
3	1.33	2010	马拉松赛
2	0.00	2010	监测

"大众选手"和"马拉松赛"两个关键词的中心性高达1.33，这说明这两个关键词在该领域占有重要地位，侧向反映出该领域的研究重点。"大众选手"和"马拉松赛"两个关键词首次出现时间为2010年。蔡铁良选取了50名全程或半程马拉松大众选手，进行心血管、呼吸功能的前测和后测实验，结果表明马拉松运动对于大众选手而言存在较大潜在的危险性。这一研究为后续学者在该领域的研究奠定了坚实的理论基础和方向指引。袁凤喜（2015）对浙江省8个跑吧马拉松大众选手的运动发展现状与影响因素进行了研究，结果表明马拉松大众选手参赛人数逐年增加，但教练员比较缺乏。这恰好突显我国马拉松发展的弊端，由于缺乏专业的教练指导，往往盲目参赛，造成生理和心理问题，导致风险事故出现。

通过Cite space对检索文献的研究主题进行分析，发现国内学者对业余马拉松选手的研究范围主要集中在身体机能、发展现状与影响因素、风险认知等方面。很少有学者研究马拉松大众选手参赛风险预警。随着马拉松赛事的发展和参赛人数的快速增长，选手参赛风险问题逐渐凸显。因此，借鉴国外的发展经验对应对我国马拉松大众选手参赛风险问题具有重要作用。

以[26]对冠状动脉在马拉松赛事中的风险问题研究为例，选取108名健康的50岁男性马拉松业余爱好者为研究对象，在为期两年的跟踪调查中，4名CAC（冠状动脉钙化）100的跑步者发生了冠状动脉事件，CAC评分越高，心肌损伤越严重，频繁的马拉松长跑并不能保护这些运动员不受冠状动脉事件的影响。为此，Alonso等（2012）认为通过提高医疗监测覆盖率，确定未来的预防策略可以降低在田径赛事期间发生伤害和疾病的风险。

马拉松耐力型、持久性的项目特点，决定了赛事的易猝死性。Schwabe等（2014）对比研究了21公里和56公里公路赛跑运动员发生疾病和死亡的风险问题，得出56公里跑步者的疾病发生率较高，而心脏猝死仅发生在21公里跑步者中的结论。因此，Schwabe等人提出需在参加21公里和56公里的跑步者中确定各自的医疗疾病危险因素，并以计划策略来减少耐力跑步者出现不良医疗事件的风险。运动员猝死问题在国外是一件受众度较热的公共卫生安全问题。Marijon等（2011）基于法国救护服务报告，阐述了在运动风险发生时旁观者及时正确的心肺复苏和救援人员第一时间的心脏除颤是运动员存活最强有力的保障。此外，提高运动前后的医疗检测也是降低风险的有效保障。国外对马拉松参赛选手的研究主要以专业选手为主要对象，集中在成绩影响因素、训练方法、营养补充、身体机能、参赛风险等方面。

1.5.3 预警理论研究

预警理论主要体现在处理危机的理论方法上，在危机发生前应用预警相关的理论与方法，识别和评估危机，进而采取相关策略，将危机化解在萌芽状态。国外风险预警研究较早，理论研究比较成熟。为了对国内外预警理论进行全面分析，研究首先在中国知网以"预警理论"为关键词或主题词进行检索，得到2484篇文献，人工处理排除会议48篇，报纸3篇，剩下2434篇文献，时间截至2018年12月28日。在所有文献中，硕博论文（1818篇）是主要的文献来源；其次，在Web of Science核心合集中以"Risk early warning"为主题，文献类型选择"Article"检索得到3176篇文献。应用Cite space软件进行文献可视化处理，图1-5是分析"预警理论"相关文献主题得到的Time Zone可视化知识图谱，图1-6是分析"Risk early warning"相关文献主题得到的Time Zone可视化知识图谱。

国内外对预警理论的研究过程大致都是从经济领域到非经济领域。但从图1-5的"财务危机"和图1-6的"heavy metal pollution"等关键词来看，目前研究关注的重点集中在风险理论对人自身的安全防控方面。经济领域的研究开始较早，理论较成熟，其他领域往往都以经济领域的成果为基础进行研究。本研究亦是如此。

19世纪80年代末，西方国家开始探索和研究经济预警的相关理论和方法。经过半个多世纪的发展，美国经济学家穆尔和希斯金分别提出"扩散指数法"（Diffusion Index，DI）和"合成指数法"（Composite Index，CI）两种经济预警方法，标志着经济预警理论的成熟。之后，在美国的推动下，从20世纪60年代开始，研究领域逐渐从经济领域扩展到非经济领域。20世纪80年代，美国学者首先将预警研究应用到工商业中，取得了较好的效果。但这些研究主要以战略风险管

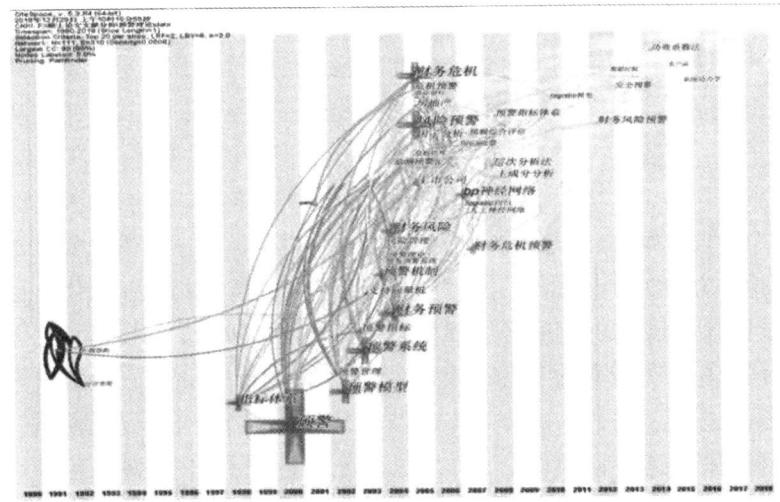

图1-5 预警理论研究主题Time Zone知识图谱

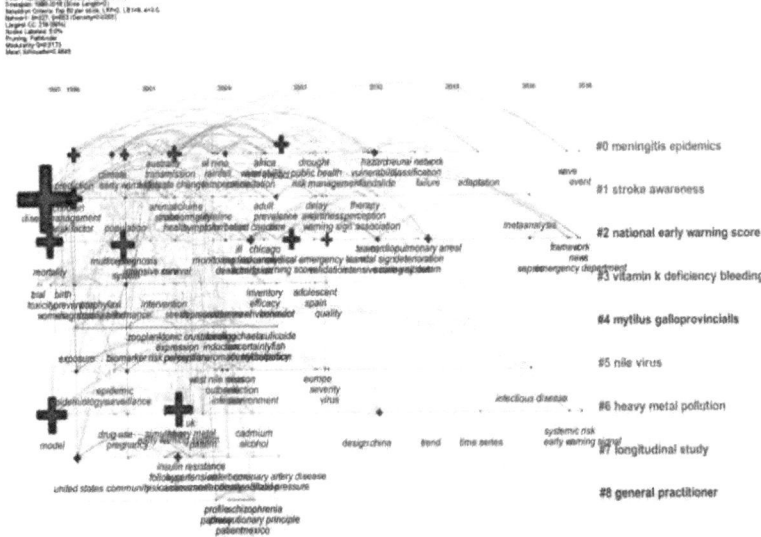

图1-6 风险预警研究主题Time Zone知识图谱

理和风险评估为主要内容,以定性研究为主,忽视了定量研究的重要性,造成在风险产生的原因及风险控制方面研究不足,致使风险预警结果出现漏警和误警等,实际运用效果并不佳。20世纪90年代后,随着世界经济的发展,各行业联系更加紧密,为最大程度减小风险带来的损失,欧美等发达国家积极推动定性的风险研究。Koyuncugil等基于数据挖掘方法,确定了包含31个风险概况、15个风险指标、2个预警信息和4个解决路线图的风险检测预警系统，以此控制和减少风险[39]。定性研究解决了定性与定量分立的问题，将定性研究与定量研究结合，使风险研究形成了定性的理论研究与定量的实践研究相结合的方式，研究从"点、线"走向了"面"。

我国预警理论研究开始于改革开放后。从图1-6来看，我国预警理论研究大致分为两个阶段。第一阶段是改革开放至90年代中期，这一阶段主要是学习西方成熟的理论和方法，并与我国的实际需求结合。第二阶段是从90年代末至今，开始探索自己的研究成果并向非经济领域拓展。余廉（1993）教授作为我国首先在经济风险研究中取得成果的学者，领先性地提出在企业内部建立风险预警与企业危机预警管理模式。另外，顾海兵（1997）提出了明确警义、寻找警源、分析警兆并预报警度的预警三阶段理论，并用黑、黄、红、绿、白五种颜色显示不同的警度。进入21世纪，胡华夏（2000）改变过去的研究视角，从生存风险角度对企业预警体系进行研究，更好地解决了企业生产过程中可能产生的风险，给企业的持续发展提供了保障。这些研究虽然填补和丰富了我国在风险预警领域的不足，但都还是停留在定性研究的基础上。罗云等（2005）采用了指标因子分析法，对选取的风险指标进行量化研究，通过数据更准确地预测风险，开启了定量化风险预警研究之门。此外，毕军等（2009）学者从预警标准体系、模型、平台、仪器设施四个层面出发，对风险预警模型及标准等做了规范化的处理，为后续学者的研究奠定了基础。

1.5.4 体育领域的预警应用研究

以"体育预警"为关键词或主题，在中国知网（CNKI）检索到37篇文献，人工排除会议论文6篇，剩余期刊29篇，硕士论文2篇。从文献数量来看，我国学者在体育领域与预警理论的交叉研究中着墨甚少，特别是硕博论文。运用Citespace分析得到，大型体育赛事（0.40中心性，下同）、突发事件（0.30）、预警机制（0.30）、指标体系（0.10）、预警管理（0.10）、竞技体育（0.10）、预警（0.10）等7个关键词的中心性均＞0.1，其中"大型体育赛事"（0.40）、突发事件（0.30）、预警机制（0.30）三个关键词的中心性高达0.30以上，反映出学者对体育预警问题关注程度。

从检索的文献来看，我国在体育预警方面的研究最早开始于2003年。陆亨伯等（2003）运用预警理论，以体育腐败现状为出发点，构建了体育腐败预警模型。随着国内体育赛事的发展，学者的研究方向逐渐转移到大型体育赛事上。赵金岭（2006）对体育赛事危机管理的研究，拉开了我国体育赛事风险预警研究的序幕。之后陆续有学者进入该领域。2008年，钟丽萍等人从预警管理视角分析了大型体育赛事突发事件的成因，并依据预警管理原理提出，从预警分析和预控对策两方面对大型体育赛事突发事件进行预警管理。刘亚云等（2009）运用预警管理原理与方法，论述了大型体育赛事预警管理的内容与过程。但这些研究的出发点都是如何运用预警理论进行赛事风险管理，基于经验提出对策，具有一定的主观性和缺陷。随后，霍德利等（2014）结合大型体育赛事风险的特点，构建了基于BP神经网络的大型体育赛事风险预警模型，并通过实证检验取得较好的预警效果，这一研究改变了以往学者定性研究的局限性。梁华伟等（2018）同样采用BP神经网络模型对体育赛事风险进行了预警研究，其目的依然是应用量化研究，最大化地减小赛事风险发生。

1.5.5　研究述评

综上所述，国内外在马拉松赛事风险领域的研究可谓成果丰硕，特别是国外在该领域的研究更值得借鉴。尽管如此，由于受时代和社会需求等多因素的影响，以往学者的研究存在几点不足：

首先，研究范围狭窄，对象单一。马拉松领域的研究主要集中在赛事发展现状、对策分析、马拉松与城市关系等方面。另外，国内对马拉松参赛者风险问题的研究寥寥无几，仅有的几篇文献主要涉马拉松选手身体机能、发展现状、影响因素与风险认知等。国外学者对马拉松参赛选手的研究主要以专业选手为对象，对其成绩的影响因素、训练方法、营养补充、身体机能、参赛风险等进行研究。

其次，国内外对马拉松大众选手参赛风险研究呈现全然相反的局面。国内学者侧重于对大众选手参赛存在的风险问题以及发展现状等进行探讨，最终提出对策，多停留于理论阐释上，很少有定量化的实证分析。而国外学者更加讲求实践性和可用性，注重对参赛选手实际面临的风险以及如何解决风险进行研究，"死亡风险"与"健康控制"是国外在该领域研究的重点。另外，从知识图谱结果看，实践性和可操作性研究将成为我国学者未来研究的重点。

最后，体育领域风险预警研究较少且多是定性研究。我国在风险预警研究领域晚于欧美等发达国家，体育领域的研究主要开始于2000年以后。随着国内体育赛事的发展，体育预警问题逐渐受到学者关注，但这些研究依然是按照分析现状再提出对策的模式进行研究，缺乏创新性。

挖掘前人研究的不足，对本文的研究大有裨益。研究将通过文献资料和专家访谈，从自身、场地环境、组织管理、医疗卫生等方面进行研究，克服研究范围狭窄和对象单一的问题，以期能够拓宽该领域的研究。另外，研究将采用定性与定量相结合方法，运用BP神经网络做定量研究，避免研究方法单一。分析这些文献，对研究下一步工作的开展具有重要意义。

2 相关理论

2.1 基本概念界定

2.1.1 风险预警

学术界关于风险的最早界定是海恩斯提出的"风险是损害或损失发生的可能性或机会"。罗伯特·梅尔对其做了进一步补充，将风险运用到保险学中，认为"风险是损失的不确定性"。随着社会经济的发展，越来越多的学者意识到风险不仅包含"损失"的不利因素，还应该包含有利因素。龟井利明指出，"风险除损失的不确定外，还包括盈利的不确定性。"显然风险会对目标事物或结果造成一定程度的影响。因此，预防和控制风险就显得十分必要。预警最早是运用在军事领域，用于预先发现敌情并做出汇报。伴随金融业的发展，预警被运用到经济领域，之后在社会、政治、科技等各个领域广泛使用。《辞海》中，"预"解释为参与或事先，"警"译为警备或告诫之意。陈秋玲（2013）从社会学的角度定义预警为"对可能发生的潜在危险预先告诫、预先戒备、预先发出警报及保持警觉"。

基于以上观点和理论，研究认为风险预警指为预防影响目标或结果达成的潜在危险发生破坏性作用，预先根据系统的内外环境变化而构建的包含检测、评估、预控为一体的预报系统。风险预警主要用于风险事故还未发生的阶段，利用相关的手段提前对风险做出判断，以采取针对性的应对措施，减小风险损失。

2.1.2 马拉松大众选手

我国的专业运动员主要是指以执行国家和政府所赋予的特定任务，体现国家意志为基本特征的竞技体育体制下的运动员[54]。主要任务是在体育组织的管理下从事训练和参加比赛，为国家或者相关体育部门取得荣誉，国家或相关组织（部门）负担他们所有的训练费用并给与一定的报酬。专业运动员的主要工作是参加训练和比赛，除此之外不受雇于职业俱乐部，不参加职业比赛，也不通过参加比赛获得额外收入。显然，专业运动员是一个具有正规组织的专业性团体，从运动员选材到训练，以至最终的参赛均有专业团队负责。以此相对立的是业余运动员（选手），大众选手的明显特征是没有专业的训练团队，不受雇于职业俱乐部，平时的训练经费和参赛费用等均是自费或靠自己拉赞助、筹集、捐赠等获得，参赛的主要目的是兴趣爱好或精神追求等。

综上，研究认为，业余运动员（选手）是指在工作之余因某种目的而参加体育活动，并不以此来获得主要生活收入的体育爱好者。马拉松作为专业运动员和大众选手同场竞技的运动项目，具有其独特的魅力。

基于业余运动员的概念释义，本文结合中国田径协会制订并实施的马拉松及相关运动大众选手等级评定办法，界定马拉松大众选手为：在本职工作时间之余，出于对马拉松运动的热爱或某种目的需要，自行负担训练和比赛的所有相关费用及事宜，且在所报名组别规定时间内完赛的选手。

2.1.3 大众选手参赛风险

对大众选手参赛风险进行界定前，要厘清逻辑概念界定的属概念和种差。首先，对属概念"参赛风险"进行释义和识别。参赛风险主体除运动员外，还涉及赛事管理者和赛事运营者等，本文仅以运动员为对象；其次，对种差"大众选手"进行界定。"业余"是指工作以外的，未进行职业认定的，在谋生手段之外的兴趣爱好或精神追求。大众选手作为群众性体育赛事的主要参赛人员，在活动过程中也和专业运动员一样面临着潜在运动风险。但二者在运动身份、参赛目的、身体素质、运动知识、成绩水平等方面存在较大差异。大众选手参赛主要是为了满足身心健康，体验赛事带来的乐趣，享受比赛的过程等。因此，竞技体育领域的运动员参赛风险并不能恰当而合理地反应群众性体育活动中的大众选手参赛风险问题。

结合大众选手自身运动特征、参赛目的及前人的研究成果等内容，依据逻辑学"种差+临近属概念"的模式。研究认为大众选手参赛风险是指未在官方进行职业认定且最好成绩未达到职业运动员评判标准的非职业人员，在参赛整个过程中面临可能影响正常参赛、降低参赛体验和危及参赛者生命财产安全等方面的不可知或突发因素称为大众选手参赛风险。

结合上文对"风险预警"和"马拉松大众选手"的定义，研究认为马拉松大众选手参赛风险预警是指为防止或预防马拉松大众选手在从准备参赛到赛事结束的过程中，出现可能影响正常参赛或危及生命财产安全的风险而构建的包含检测、评估、预警、预控及措施应对的预警体系。

2.2 参赛风险预警理论基础

2.2.1 运动风险理论

运动风险是"运动"+"风险"的复合型名词，主要用于体育领域中。运动风险是指运动者在运动状态下身体发生机体结构改变、破坏或功能异常，而出现的危及健康或生命财产安全事件的可能性，归属于风险的大类中，具有客观性、可测性、随机性等特征。体育运动中，运动者不仅面临运动负荷对机体的刺激，还会遇到运动损伤、疲劳、死亡等客观健康风险。此外，运动项目的不同对锻炼者的运动能力、运动形式及机体能力会产生不同程度的风险威胁，加上不同环境中存在的固有风险，使运动风险随时有可能发生。体育运动是一个复杂运动系统，从根本上决定了运动风险的客观性和随机性，风险往往又可以通过一定的方法手段进行预测。任何风险事件的发生均有其必然性和偶然性，通常是风险因素积累到一定阶段的结果。风险的发生往往需要满足一定的条件，采取必要的措施对存在的风险因素进行控制是减小风险的有效手段。

运动风险的主要对象是参加体育运动的人，风险类型主要有损伤、疾病和猝死三种。从学者研究领域和内容来看，学校体育风险、竞技体育风险、社会体育风险等是以往学者研究的重点领域，内容涉及体育学、管理学、医学和社会学等多个学科（图2-1）。马拉松运动属于室外长距离耐力运动，运动员在参赛过程中不仅会面临机体损伤或死亡的危险，还有可能会遇到环境和场地设施等造成的其他威胁。因此，本文运用运动风险理论作为马拉松大众选手参赛风险问题的理论基础，旨在找出选手在参赛过程中面临的运动风险问题。

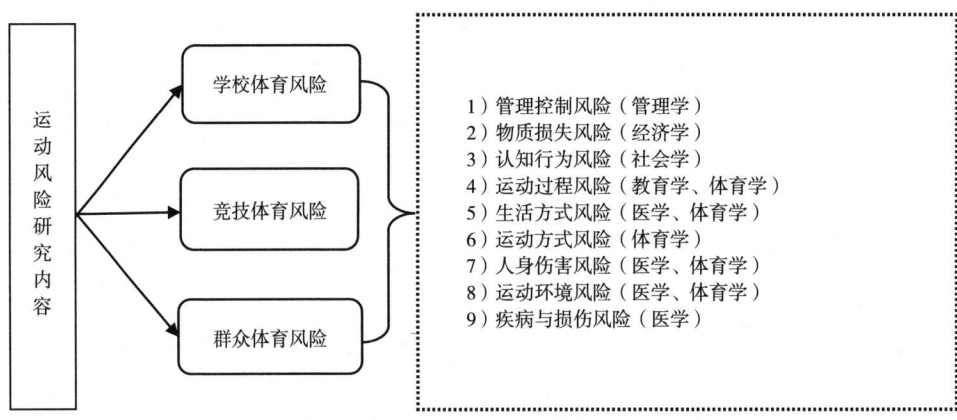

图2-1 运动风险研究内容

2.2.2 系统安全管理理论

系统安全管理理论是风险管理研究的基础，该理论形成了事故防范的基本目标和对象，成为国内研究安全事故和安全评价的基本理论。系统安全管理中，事故发生的主要因素被归纳为人（Men）、设施（Machine）、环境（Medium）、管理（Management）4个方面，简称"4M"要素。人——主要体现在自身的不安全行为方面，包括心理因素、生理因素、知识能力等，人是导致事故发生的最直接因素；设施——相关设施的安全状态是保障系统安全的直接因素，主要有固定设施和临时设施两种；环境——通常所说的环境包括自然环境、社会环境及人文环境，环境往往会影响人的行为，是事故安全的引致因素；管理——管理漏洞虽说不是安全事故发生的直接因素，但在整个环节中对其他三个要素起到控制和调节作用。系统安全理论实际上是系统工程理论在安全管理领域的运用。随着跨学科研究和运用的推进，系统安全管理理论逐渐被运用到管理学、经济学、体育学等领域。为方便识别马拉松大众选手参赛风险，构建风险指标因素，研究通过文献整理统计了4M要素事故原因和具体内容等（表2-1）。

表2-1 "4M"要素事故原因类别和具体内容

要素	原因	原因类别	具体内容
人（Men）要素	不安全行为	直接因素	心理因素：盲目、担忧、攀比、投机等； 生理因素：年龄、疾病、疲劳、睡眠、身体机能等； 知识能力：专业能力、相关常识、沟通能力、应急能力等
设施（Machine）要素	不安全状态	直接因素	固定设施：老化、障碍、缺陷、安全性差、保护措施不够等； 临时设施：设计缺陷、安全性差、布局不合理等
环境（Medium）要素	环境优劣	间接因素	自然环境：恶劣天气、海拔、地理环境、蚊虫等； 社会环境：治安状况、政治稳定性、经济状况、交通、信息等； 人文环境：历史文化、宗教信仰、生活习惯、风土民情等
管理（Management）要素	管理漏洞	间接因素	管理者素质：管理者风险意识、管理者知识能力等； 组织能力：赛事组织流程、赛事运行、各部门协调等； 管控能力：赛事赛程管理、后勤保障管理、人员安全管理等

2.3 马拉松大众选手参赛风险预警流程

对马拉松大众选手参赛风险预警流程的分析，可以为研究者准确找出风险并及时发出预警提供良好帮助。体育赛事中的参赛风险会随着赛事发展阶段变化而有所不同，产生动态风险变化形式，马拉松赛事亦是如此。因此，本文运用风险管理环，结合风险预警理论知识，对选手参赛的赛前、赛中、赛后三个阶段的风险进行预警，形成风险预警流程图（图2-2）。

从图2-2来看，风险管理环主要包括确定风险预警目标—风险预警识别—风险预警评估—风险预警监控—风险预警决策5个步骤。五个部分层层递进、首尾相连，形成一个动态往复的整体。马拉松大众选手参赛风险预警流程并不是一次性的。从风险管理环的运行过程来看，每个阶段的预警目标、识别方法及评估手段

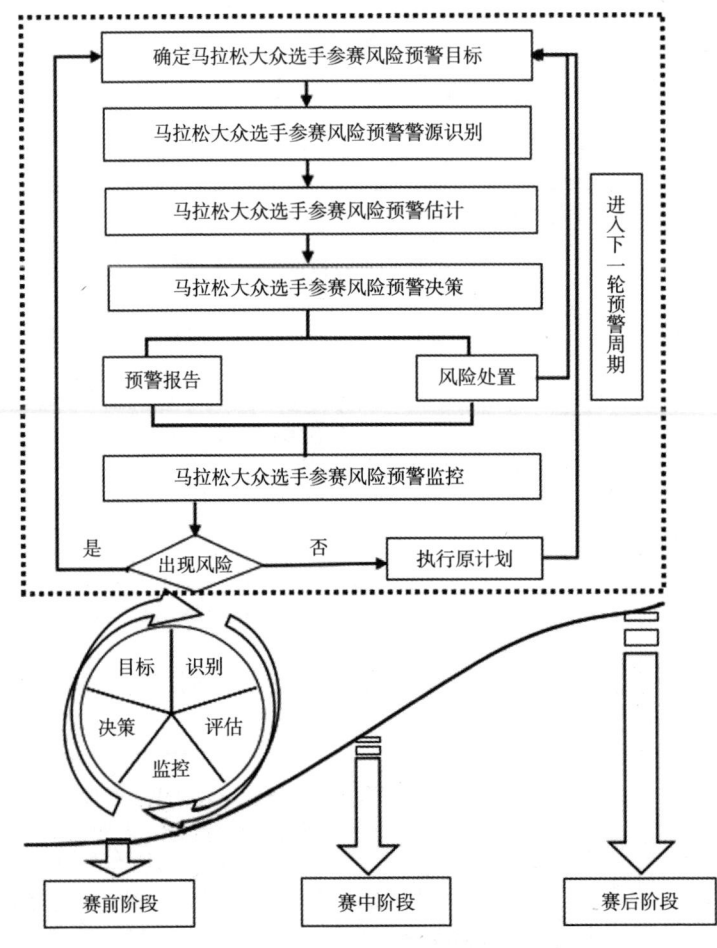

图2-2　马拉松大众选手参赛风险预警流程图

等均具有差异性。需要明确的是,风险管理环是一个从赛前阶段到赛后阶段周而复始运行的动态预警流程,不停留于同一水平上循环,每结束一个阶段的循环,均会为下一阶段积累风险预警的相关经验,实现更好的预测能力。

2.4 本章小结

本章主要是对本文研究理论基础的概述。首先,界定了研究的主要基本概念,包括"风险预警""风险预测"和"大众选手参赛风险"等重要名词;其次,系统性地分析了运动风险理论和系统安全管理理论两个主要理论;最后,分析了马拉松大众选手参赛风险预警流程以及风险预警与风险管理的异同,运用风险管理环结合预警理论知识及大众选手参赛的不同阶段风险,绘制了参赛风险预警流程图。另外,从概念、内容、目的及措施等方面分析了风险预警与风险管理的异同,为后续的研究奠定了坚实的理论基础。

3 预警指标体系构建与权重确定

3.1 马拉松大众选手参赛风险预警指标体系构建

3.1.1 预警指标体系构建的理论依据

3.1.1.1 预警指标构建思路

参赛者预警指标体系涉及的因素与环节较多，加之马拉松属于大型体育赛事，赛事致险因素更是复杂多样。因此，本文以系统安全理论为理论基础，结合马拉松运动风险，坚持从理论到实践反复验证和不断修改完善的思路构建预警指标（图3-1）。第一，基于预警目的，确定指标构建目的。明确的目标是研究方向的引领，参赛者不同赛事阶段在面临的风险会有所区别，清晰认识各阶段目标是准确预警的前提；第二，确定预警指标选取标准。指标并非越多越好，需要根据预警目标确定关键性的指标。本文采用文献资料法、相关机构预警指标标准及实地调研法等确定参赛选手风险预警指标遴选标准；第三，建立风险清单。确定预警指标选取标准后，将会运用不同方法对存在的风险进行识别。风险清单是最常用且效果显著的一种识别方法，通过文献资料、专家咨询、实地调研、小组讨论列出风险清单并完善风险指标；第四，指标筛选与完善。风险清单识别出的指

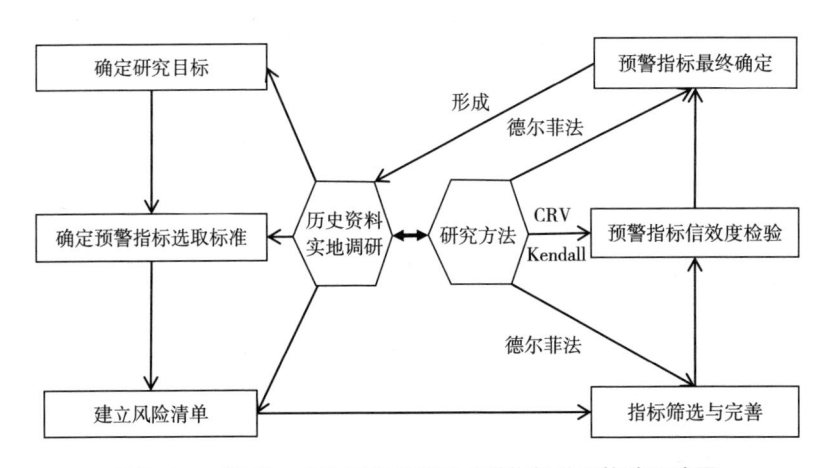

图3-1 马拉松大众选手参赛风险预警指标体系构建思路图

标需要通过不同的方法进行筛选和完善后，才能做进一步的处理和使用，本文主要采用问卷调查法；第五，使用合理的方法验证预警指标的信度与效度，确定指标的合理性和有效性；第六，在保证前五个步骤没问题的基础上，最终确定马拉松大众选手参赛风险预警指标。

3.1.1.2 预警指标选取原则

科学、合理、实用是构建指标的基本准则。梳理相关文献后，对国内外风险预警指标的构建原则进行归纳，最终结合本文的风险预警目的，研究主要从科学性与时效性、简明性与敏感性、可操作性与普适性三个原则构建马拉松大众选手参赛风险预警指标。

1.科学性与时效性

科学性是指标构建的基本原则和最重要特征。在构建的过程中既要保证指标的完整性，也要考虑其代表性。科学性力求所构建的预警指标能够准确和全面地反映参赛者面临的潜在风险问题。另外，指标选取要符合该阶段马拉松赛事和大众选手发展的实际情况，避免使用过时无效的风险指标，造成错误预警或漏警。

2.简明性与敏感性

预警指标应该是参赛选手或组织者显而易见的，应简单明了，指向明确，避免过于复杂和隐性的指标，不利于参赛选手和管理者发现风险。良好的指标不仅要显而易见，而且要能够第一时间表现出风险问题，让参赛者和其他相关人员能明显观察出或感受到风险的威胁，提前做出应对。

3.可操作性与普适性

指标要有科学的标准和测量方法，以便区分和计算指标。良好的可操作性是衡量指标构建的关键。所构建指标应该适用于不同人群、不同规模的赛事和不同地理环境等因素，避免由于人群、赛事规模和地理位置的变化而产生差异。

3.1.1.3 预警指标构建依据

1.相关法定文件与规范标准

目前，我国还没有一个完整的文件或指标体系评估马拉松赛事的相关风险，而相关领域的文件和规范标准又是行业现状的体现。鉴于马拉松赛事既属于大型社会活动范畴，又属于体育赛事活动的特殊性质，本文在构建指标体系时主要借鉴了《大型群众性活动安全管理条例》《中国境内马拉松及相关运动赛事管理办法》《马拉松参赛人员免责声明》及公安系统预防大型聚会的风险预警问题等法定文件和规范标准，结合马拉松赛事和参赛者的实际情况，提取相关的内容作为马拉松大众选手参赛的风险指标。

2.事故原因统计分析

分析以往事故原因是风险研究的关键环节。近10年国内发生了30余起马拉松参赛选手猝死的事件，加上"2018年出现的苏州马拉松递国旗事件"和"南宁马拉松拉拽赛线选手"等事件，跑者对马拉松赛事产生了不良的印象。事故背后是参赛者人身安全意识不足和赛事组织不当的体现。因此，本文收集整理了2002—2018年国内发生的部分马拉松赛事及大型体育活动现场安全事故。分析事故原因，不仅能有效把握马拉松赛事风险关键节点与参赛者的内在联系，而且能够为构建本文风险指标体系提供重要依据。

3.专家意见

领域内相关专家的意见对社会科学研究具有重要指导意义。专家均是业内精英，具有扎实的理论基础和丰富的实践经验，提出的意见具有较高的权威性。本文主要在风险指标构建和指标权重判断等方面咨询了业内10位专家，并请他们帮助完成问卷（具体见表1-2）。他们的研究方向和从事的职业均与体育赛事、风险管理及马拉松赛事相关。专家意见最大程度地保证了本文研究内容的全面性和有效性。

3.1.2　马拉松大众选手参赛风险因素识别

3.1.2.1　马拉松选手共性风险识别

马拉松赛事是一场专业选手与大众选手同场竞技的大型室外体育项目，由于大众选手自身原因或外界因素，往往导致多种参赛风险事故发生。从收集的资料来看，猝死、中暑、肌肉痉挛、运动性损伤、赛事组织及医疗卫生等是大多数参赛者面临的共性风险问题。

马拉松运动性猝死是指参赛者在参加马拉松赛事中或在赛事结束后24小时出现的有或无症状死亡。2014—2017年，大陆境内共发生13起猝死事件。境内最早的猝死事件发生于2004年北京马拉松赛事。从已发生事故者的年龄、性别及参赛组别来看，男性占据事故发生率的80%，且年龄在30~35岁，参加的赛事多为半程和全程，其余赛事发生风险事故的极少。

中暑也称热射病，是由高温引起体温调节失常，导致神经器官受损发生晕厥的现象。长距离的马拉松运动容易造成水分流失，加上高温等外界因素，常常导致中暑。特别是在春夏交季和夏秋交季，气温还相对较高，一旦预防不当，就会造成事故。

肌肉痉挛也是马拉松参赛者面临的常见风险问题，通常发生于小腿的腓肠肌。发生肌肉痉挛的原因较多，但长时间、长距离、大运动量造成的体内电解质紊乱、钾和钠离子流失等是马拉松赛事中运动员肌肉痉挛的主要原因。

马拉松运动员的运动性损伤主要发生在下肢。陈珀航等（2016）调查248名山地马拉松业余运动员的损伤情况后表明，受伤的部位主要是膝关节、踝关节、肌肉拉伤等。过度性疲劳在马拉松运动中占据很大的比例，在新老马拉松选手中均有发生。多数大众选手均是第一次参加比赛，运动经验不足，加上一些"老选手"盲目挑战自我，错误地估计自身的运动能力而引发事故。

赛事组织管理不仅是参赛选手面临的风险问题，也是赛事成功的关键所在。赛事组织管理风险主要包括赛事相关风险管理方案和政策制度的制订、应急事件的处理、赛事场地和时间的安排、人员的调度、相关部门的协调等。此外，对马拉松赛事而言，对参赛者的管理显得尤为重要，90%的参赛者主要是大众选手，却是参赛的主要群体。由于自身身体素质和相关运动知识及经验的缺乏，往往会导致发生一些不必要的风险事故。

医疗卫生问题在选手参赛风险中往往容易被参赛者忽视。马拉松赛事医疗救助涉及赛道医疗救护站、救护组、医务人员、机动组、医院急救中心、医疗志愿者等众多人员和部门。无论是赛前的疾病控制，还是赛中的运动员猝死、中暑、损伤及赛后的恢复等问题，均属于医疗卫生问题。因此，医疗卫生事关每个参赛者，但这个问题往往又会被参赛者和管理者忽视。

3.1.2.2　马拉松大众选手参赛风险源识别

风险源是指导致风险发生的根本原因，也称发生风险的来源。马拉松大众选手的参赛风险源是选手从准备参赛到赛事结束的过程中，可能出现的风险事故致因。大众选手作为马拉松赛事最主要的参赛者，受非专业性和自身知识能力结构等因素影响，参赛过程中不仅会面临一般赛事存在的参赛风险，还会因为非专业性而导致其他危险因素的产生，影响参赛体验和人身安全。马拉松属于大型室外体育赛事，不仅具有大型赛事的特征，还拥有长距离、强耐力、高身体素质等独具一格的特征。以系统安全管理理论的"人""设施""环境""管理"4个要素作为事故发生原因的主要理论依据，结合马拉松赛事的特点和大众选手的特征及相关文献资料，从选手安全参赛目的切入，将马拉松大众选手参赛的风险源分为运动员自身风险、环境风险、组织管理风险、场地设施风险等四个方面。但在后期文献整理和初步调研中发现，大型活动中人群的"公共卫生脆弱性"是管理因素中常常被忽略的一个重要指标。考虑到马拉松项目易发生医疗卫生问题的特性，在咨询相关专家和医生后，特将医疗卫生风险单独列为一个风险源。至此，本文共识别出运动员自身风险、环境风险、组织管理风险、场地设施风险、医疗卫生风险等五个马拉松大众选手参赛风险源。

3.1.2.3　马拉松大众选手参赛风险预警指标识别

基于五个已识别出的参赛风险源，依据陈志芳等提出的自上而下划分指标法，结合系统安全管理理论和马拉松运动的特点，以五个风险源为一级指标，再进一步划分，以便识别出马拉松大众选手参赛风险预警指标。

马拉松大众选手作为赛事的主要参赛人员,一方面具有大型体育赛事中人员的有序性和无序性特点;另一方面,由于个人的心理、生理、知识结构、安全意识等具有较大差异。加之马拉松运动长距离、大人群、高体能等运动特点,使得参赛者的不稳定因素增多。系统安全管理理论认为生理因素、心理因素、知识能力是造成人不安全行为的主要因素。刘晓军(2010)提出,运动风险主要是由内部因素和外部因素构成,内因包括体质水平和健康状况,涵盖疾病情况、心理因素、自我调节、身体素质、身体机能、适应能力等多方面,在事务发展过程中起主导作用。因此,在系统安全管理理论的基础上,借鉴刘晓军(2010)构建的运动风险评价理论体系和赵宝柱等(2008)划分人员风险因素的方法,将运动员自身风险分为心理因素、生理因素、知识能力、运动水平和自我管理等五个二级风险指标。需要明确的是,运动员自身风险不等于人员风险,即不包括教练员、裁判及其他人员导致的危险因素。自身风险在一切活动中起决定性作用,自己的行为是导致危险因素产生的最直接来源。

环境风险指存在于活动场所的人—物系统外的物质、经济、人际等相关因素的总称。马拉松运动属于室外大型体育项目,涉及的人员众多且复杂,无论是年龄结构,还是运动能力和运动知识等都具有较大差异,故而造成参赛选手所面临的风险复杂且多变。依据体育赛事风险分类方法,体育赛事风险可以按照产生原因、风险后果、风险强度、控制程度等进行划分。其中,以风险产生原因为依据,赛事风险被划分为自然风险、社会风险和政治风险等。本文依据体育赛事风险分类方法中风险产生的原因,结合马拉松赛事风险相关研究,从自然环境和社会环境两个方面分析马拉松大众选手参赛面临的潜在危险因素。

管理类风险是体育赛事面临的主要风险之一,主要源于赛事组织部门的管理不完善和组织不力等方面,造成赛事组织方案和应急管理等手段失效,导致风险事故发生。组织系统基础理论将风险归为制度层和管理层两个层次。制度层主要指组织方面的制度规划和相关组织事务;管理层涵盖了组织者的风险管控能力。根据组织系统基础理论,结合任天平(2015)构建的管理类风险因素及风险类别的具体内容,研究将组织管理风险划分为组织能力、管控能力和决策能力三方面。组织能力主要体现在整个赛事的规划和办赛管理上;管控能力涉及赛事的运行,包括相关的风险规章制度、各部门的协调、现场的管理等;决策能力主要涉及组织者和决策者在赛事管理中的决策和事故处理能力。

场地设施是马拉松赛事得以正常运转的根本硬件设施,但这些设施在保障赛事正常进行的同时也有着潜在风险。刘金栋(2013)从主体设施、附属设施、临时设施、比赛设施等四个方面,研究了影响大型体育赛事突发事件的设施因素。

另外，李爽（2008）认为固有设备设施、临时设备设施、建筑物的安全水平等三个方面是影响大型活动安全的直接原因。结合马拉松赛事和参赛人员的特点，研究将场地设施风险分为主体设施、附属设施及临时设施三个方面。需要说明的是，场地设施风险是独立于环境风险之外的，主要指马拉松赛事的相关主体设施、附属设施及临时设施所导致的危险。

医疗水平在赛事运行中发挥关键性作用。杨茂林（2016）从马拉松赛事医疗方案、应急抢救方案、医疗安全总结等方面构建了马拉松赛事医疗保障体系。但该研究是从赛事组织者的角度出发，对象是赛事风险。选手参赛风险与赛事风险是两个不同概念。借鉴安俊英等（2011）在大型体育赛事风险评估中以第11届全运会为例识别出的医疗卫生风险因素，结合许臻晔等（2018）构建的户外运动急救医疗保障机制影响因素标准，本文主要从医疗资源风险、医疗事件风险、救助能力、内部因素四个方面识别马拉松大众选手参赛面临的医疗卫生风险问题。

指标是对研究对象某个方面特征或状态的反映。根据上文阐述的指标构建原则，参考霍德利（2011）、石岩（2004）、贾丽娜（2018）等学者构建风险指标的思路，通过大量文献资料筛选前人在该领域使用过的高频指标及领域内相关文件法规作为本文三级指标的来源。另外，研究还收集整理了2002—2018年国内部分（37件）马拉松赛事及大型体育活动现场安全事故原因，提取为三级指标。一方面，用于弥补文献及相关文件中指标收集的不足；另一方面，用于剔除那些在文献中属于高频指标的虚假指标。最终，本文初步拟定了包含5个一级指标，17个二级指标，57个三级指标在内的马拉松大众选手参赛风险预警指标体系（表3-1）。

表3-1 初步拟定的马拉松大众选手参赛风险预警指标

一级指标	二级指标	三级指标	指标来源
运动员自身风险F1	生理因素F11	F111患疾病或伤病 F112身体素质状况	案例出现14次；石岩（2004）；刘金栋（2013）；袁凤喜（2015）；徐俊（2018）；吴若男（2016）；姜宇（2017）；石磊（2017）；赵娜娜（2018）；王宇红（2016）；李翰文（2017）；伍学明（2017）；GaudreaultP（2013）；SchmermundA（2008）；KrawceykM（2017）；SchwabeK（2014）；ChristensenD（2017）；《大型群众性活动安全管理条例》；《马拉松参赛人员免责声明》
	心理因素F12	F121情绪控制能力 F122参赛心态 F123随大众盲目报名参赛	
	知识能力F13	F131马拉松运动知识和常识认识度 F132突发情况处理能力 F133风险事故预见性能力 F134相关经验丰富性 F135跑马的年限	

续表

一级指标	二级指标	三级指标	指标来源
运动员自身风险F1	运动水平F14	F141技术动作正确性 F142战术运用恰当性 F143运动强度适应性 F144运动量适应能力	—
	自我管理F15	F151赛前是否规律合理运动 F152赛中自我约束力 F153自我运动能力认识	
环境风险F2	自然环境F21	F211气温高低和突发性天气变化 F212高原地区 F213空气质量 F214自然灾害	案例出现8次；霍德利（2011）；姜宇（2017）；杨毅然（2017）；赵娜娜（2018）；肖克凡（2016）；徐卫华（2010）；石磊（2017）；KrawczykM（2017）；VihmaT（2010）；HonjoT（2018）；TrimPRj（2009）；BumanMP（2009）；《大型群众性活动安全管理条例》；《中国境内马拉松及相关运动赛事管理办法》
	社会环境F22	F221社会治安秩序 F222民众支持度 F223新闻媒体报道 F224文化差异 F225政府支持	
组织管理风险F3	组织能力F31	F311赛事工作人员培训情况 F312风险的规划能力 F313风险管理规章制度完善程度	案例出现11次；徐俊（2018）；姜宇（2017）；王宇红（2016）；李翰文（2017）；吴若男（2016）；石磊（2017）；徐卫华（2010）；岳俊伟（2015）；唐洪（2012）；HongK（2010）；TrimPRj（2009）；LiSM（2008）；LibeauF（2008）；O'DonnellE（2005）；《大型群众性活动安全管理条例》；《中国境内马拉松及相关运动赛事管理办法》
	管控能力F32	F321参赛人流密度控制 F322参赛物品发放 F323参赛资格筛查 F324沿途观众管理 F325参赛者人身安全保障 F326赛事日程、交通、食宿等问题考虑周密性	
	决策能力F33	F331组织者风险防范意识 F332核心领导者决策能力 F333风险应急预案完善性	

续表

一级指标	二级指标	三级指标	指标来源
场地设施风险 F4	主体设施 F41	F411赛道设计与规划 F412赛道路面障碍及空中物体掉落 F413赛道标识设置	案例出现6次；徐俊（2018）；李翰文（2017）；石磊（2017）；赵娜娜（2018）；刘金栋（2013）；《大型群众性活动安全管理条例》；《中国境内马拉松及相关运动赛事管理办法》
	附属设施 F42	F421赛道补给及补给点完善性 F422配套设备完善性 F423穿戴设备状况	
	临时设施 F43	F431临时设施安全性 F432备用设备正常及时工作能力 F433应急设施配备	
医疗卫生风险 F5	医疗资源 F51	F511医疗救助设备完善程度 F512医疗救助技术水平 F513医疗点分布	案例出现5次；赵娜娜（2018）；王宇红（2016）；肖克凡（2016）；伍学明（2017）；郭瑞烨（2018）；吴若男（2016）；石磊（2017）；岳俊伟（2015）；NilsonF（2018）；PedoeDST（2007）；SchwabeK（2014）；《大型群众性活动安全管理条例》；《马拉松参赛人员免责声明》
	医疗事件 F52	F521感染流行性病毒或疾病 F522发生死亡及伤害事故	
	救助能力 F53	F531医疗救助反应速度 F532救援通道通畅性	
	内部因素 F54	F541医务监督 F542赛事医疗部门间、人员间沟通有效性 F543赛后康复管理	

3.1.3 预警指标筛选与确定

3.1.3.1 预警指标筛选

1.第一轮问卷统计与分析

本文初步筛选出的5个一级指标，17个二级指标，57个三级指标，多数来源于文献资料、以往事故原因分析、专家访谈等途径，难免会造成指标表述不恰当或遗漏重要指标等。因此，为了全面识别出大众选手参赛面临的风险问题，研究采用德尔菲法（Delphi）进一步修改和完善初步构建的指标体系。德尔菲法是指采用专家匿名背对背的形式对问题给出自己的判断，再由调查者汇总各专家意见，然后将汇总修改后的问卷和意见反馈给专家进行下一轮调查，经过几轮重复，直到专家意见基本趋于一致。将表3-1中的所有风险指标制作成专家问卷（附录1），邀请10位专家对问卷中的指标进行可行性判断（专家结构见表1-2），并提出新指标和修改意见及建议。专家对指标的同意度表示预警指标的可行性，同意度 $(G)=\dfrac{\text{选择可行性人数}N}{\text{调查的总人数}M}\times 100\%$。当同意度小于50%，表示专家不同意该指标，应删除；当50%≤同意度≤70%时，应考虑指标的适合性，保留指标进行下一轮咨询；同意度大于70%表示专家同意该指标，说明此指标能较好表示存在风险问题。第一轮专家咨询结果如表3-2所示。

表3-2 参赛风险预警指标第一轮问卷专家同意度

一级指标	一轮同意度/%	二级指标	一轮同意度/%	三级指标	一轮同意度/%
运动员自身风险F1	100	生理因素F11	100	F111患疾病或伤病	100
				F112身体素质状况	100
		心理因素F12	100	F121情绪控制能力	100
				F122参赛心态	100
				F123随大众盲目报名参赛	70
		知识能力F13	100	F131马拉松运动知识和常识认识度	100
				F132突发情况处理能力	100
				F133风险事故预见性能力	100
				F134相关经验丰富性	80
				F135跑马的年限	30
		运动水平F14	100	F141技术动作正确性	100
				F142战术运用恰当性	100
				F143运动强度的适应性	100
				F144运动量适应能力	100
		自我管理F15	100	F151赛前是否规律合理运动	100
				F152赛中自我约束力	100
				F153自我运动能力认识	90
				F154自我调节能力	新增

修改内容：①"随大众盲目参赛"合并至参赛心态；②修改"马拉松运动知识和常识认识度高低"为"马拉松认知能力"；③删除"跑马的年限"；④新增"自我调节能力"。

续表

一级指标	一轮同意度/%	二级指标	一轮同意度/%	三级指标	一轮同意度/%
环境风险 F2	100	自然环境 F21	100	F211气温高低和突发性天气变化	100
				F212高原地区	100
				F213空气质量	100
				F214自然灾害	100
		社会环境 F22	100	F221社会治安	100
				F222民众支持度	100
				F223新闻媒体报道	40
				F224文化差异	100
				F225政府支持	100

修改内容：①删除"新闻媒体报道"；②修改"气温高低和突发性天气变化"为"气候情况"。

一级指标	一轮同意度/%	二级指标	一轮同意度/%	三级指标	一轮同意度/%
组织管理风险 F3	100	组织能力 F31	100	F311赛事工作人员培训情况	90
				F312风险的规划能力	80
				F313风险管理规章制度完善程度	100
		管控能力 F32	100	F321参赛人流密度控制	100
				F322参赛物品发放	100
				F323参赛资格筛查	100
				F324赛事日程、交通、食宿等问题考虑的周密性	90
				F325沿途观众管理	100
				F326参赛者人身安全保障	100
				F327赛后引导	新增
				F328入场安检	新增
		决策能力 F33	50	F331组织者风险防范意识	100
				F332核心领导者决策能力	80
				F333风险应急预案完善性	100

修改内容：①合并"决策能力"到"组织能力"，改为"组织决策能力"；②修改"赛事工作人员培训情况"为"赛事工作人员配备"；③新增"入场安检"和"赛后引导"两个指标；④修改"核心领导者决策能力"为"领导者决策能力"。

续表

一级指标	一轮同意度/%	二级指标	一轮同意度/%	三级指标	一轮同意度/%
场地设施风险 F4	90	主体设施 F41	100	F411赛道设计与规划	100
				F412赛道路面障碍及空中物体掉落	100
				F413赛道标识设置	100
		附属设施 F42	100	F421赛道补给及补给点完善性	90
				F422配套设备完善性	100
				F423穿戴设备状况	100
				F424基础设施完备性	新增
		临时设施 F43	80	F431临时设施安全性	100
				F432备用设备正常及时工作能力	80
				F433应急设施配备	100

修改内容：①"场地设施"属于人工环境；②"临时设施"属于"附属设施"范畴；③新增"基础设施完备性"；④将"备用设备正常及时工作能力"和"应急设施配备"两个指标合并为"应急设施配备"。

一级指标	一轮同意度/%	二级指标	一轮同意度/%	三级指标	一轮同意度/%
医疗卫生风险 F5	100	医疗资源 F51	100	F511医疗救助设备完善度	100
				F512医疗救助人员技术水平	90
				F513医疗点分布	100
		医疗事件 F52	100	F521感染流行性病毒或疾病	100
				F522发生伤亡事故	100
				F523发生损伤事故	新增
				F524发生食物中毒	新增
		救援能力 F53	70	F531医疗救助反应速度	100
				F532救援通道通畅性	100
				F533损伤处理	新增
		内部因素 F54	60	F541医务监督	100
				F542赛事医疗部门间、人员间沟通是否流畅有效	90
				F543赛后康复管理	100

修改内容：①修改"救援能力"为"医疗救助"；②修改"内部因素"为"医疗监管"；③"医疗救助"指标下增加"损伤处理"；④"医疗事件"指标下增加"发生食物中毒"；⑤"发生伤亡事故"拆分为"发生死亡事故"和"发生损伤事故"。

通过第一轮专家问卷咨询，10位专家均对每一项风险指标进行了判断，并提出各自的意见和建议（表3-2），具体问卷结果如下：

一级指标：10位专家对运动员自身风险、环境风险、组织管控风险、医疗卫生风险的同意度均为100%，仅有场地设施风险的同意度是90%。其中一位专家认为场地设施风险应该归于环境风险中，场地设施属于人工环境。综合所有专家的调查结果，研究保留所有一级指标。

二级指标：①"决策能力"指标的同意度为50%。多数专家指出决策能力是组织能力的一种表现形式，不能单独列为一个指标，应该归属于"组织能力"。综合考虑专家给出的建议，将"决策能力"指标合并到"组织能力"指标中，改为"组织决策能力"，相应的三级指标也随之划归到"组织决策能力"指标中。②有专家认为临时设施也是附属设施，应该将"临时设施"指标与"附属设施"指标合并，但根据上文的分类依据，附属设施和临时设施分属两个不同类型，综合考虑下保留此条建议，进行第二轮问卷调查。③虽然"救援能力"指标的同意度为70%，但有专家指出该指标的表达不够准确简练，应该考虑所有二级指标表达词性的一致性，故选用"医疗救助"替换"救援能力"。④"内部因素"指标的同意度仅为50%，多位专家指出"内部因素"的表述不够准确和规范，且不能完全代表三级指标的表达内容，为了保持以其他指标维度和表达的一致性，选用词性更加相似的"医疗监管"代替"内部因素"。除此之外，所有二级指标均未做任何修改，专家同意度均为100%，表明该指标能够较好地表示存在的风险问题。

三级指标：①多数专家指出"随大众盲目报名参赛"是一种从众心理，属于参赛心态范畴，应合并到"参赛心态"中，综合考虑后采纳该建议；②在"马拉松运动知识和常识认识度"中，个别专家专门对指标的表达进行了修改，认为用"马拉松认知能力"更加简洁和清楚；③"跑马的年限"指标专家同意度仅为30%，故删除；④有专家建议在"自我管理"指标下新增"自我调节能力"指标。在访谈中，专家指出，马拉松属于长距离运动，参赛者不仅要不断地调节速度，还要学会合理地调节自己的身体机能和心态等；⑤"气温高低和突发性天气变化"均属于气候因素，为了使表述的语言更加充实和准确，专家建议将其改为"气候情况"；⑥"新闻媒体报道"指标同意度为40%，故删除；⑦专家指出，赛事工作人员的风险不仅仅体现在培训方面，各岗位人员的配备数量和工作能力也十分关键，因而赛事工作人员培训情况的表述不够全面，建议将"赛事工作人员培训情况"修改为"赛事工作人员配备"；⑧多数专家建议将"管控能力"指标按照赛事的进程分为赛前、赛中和赛后三个阶段进行风险管理，特别是赛前的资格筛查和安全检查是控制风险源的关键节点，同时赛后人员的合理引导也是控制人员聚集、相关风险发生的重要手段。因此，专家建议新增"入场安检"和"赛后引导"两个指标；⑨将"核心领导者决策能力"修改为"领导者决策能力"。⑩专家指出城市完善的基础设施是赛事举办的基础条件，对参赛者而言，便捷的交通、舒适的住宿、完善的服务体系均会对其造成影响。因此，附属设施指标下新增"基础设施完备性"三级指标；⑪有专家认为备用设备和应急设施是同一个对象，二者在表述上存在重复，建议将"备用设备正常及时工作能力"和"应急设施配备"两个指标合并为"应急设施配备"；⑫有专家提出由于马拉松属于长距离运动，往往造成运动损伤的大面积出现，对参赛者身体损伤的救治也属于医疗救助范围，建议增加损伤处理的相关指标。因此，在"医疗救助"指标下增加"损伤处理"作为三级指标；⑬专家建议在"医疗事件"指标下增加"发生食物中毒"作为三级指标。2016年清远马拉松就发生误食肥皂中毒事件；⑭超过50%专家认为，"发生伤亡事故"中的"伤"和"亡"是两个不同的事故，应该拆分为"发生死亡事故"和"发生运动损伤事故"2个指标。

通过第一轮问卷调查，结合专家给出的意见和建议，合并1个二级指标，2个三级指标；替换2个二级指标，新增6个三级指标；拆分1个三级指标，其余部分指标根据专家意见做了调整，保留指标同意度大于50%的所有指标。经过修改和筛选后，最终整理得到5个一级指标、16个二级指标和60个三级指标的马拉松大众选手参赛风险预警指标体系。其中，同意度大于50%和小于70%的指标是第二轮问卷调查关注的重点。

2.第二轮问卷统计与分析

根据第一轮问卷调查后整理得出的结果，采用相同的方式对第 轮问卷的10位专家再次进行调查，结果如表3-3所示。

表3-3 参赛风险预警指标第二轮问卷专家同意度

一级指标	二轮同意度/%	二级指标	二轮同意度/%	三级指标	二轮同意度/%
运动员自身风险F1	100	生理因素F11	100	F111患疾病或伤病	100
				F112身体素质状况	100
		心理因素F12	100	F121情绪控制能力	100
				F122参赛心态	100

续表

一级指标	二轮同意度/%	二级指标	二轮同意度/%	三级指标	二轮同意度/%
运动员自身风险F1	100	知识能力F13	100	F131马拉松认知能力	100
				F132突发情况处理能力	100
				F133风险事故预见性能力	100
				F134相关经验丰富性	90
		运动水平F14	100	F141技术动作正确性	100
				F142战术运用恰当性	100
				F143运动强度的适应性	100
				F144运动量适应能力	100
		自我管理F15	100	F151赛前是否规律合理运动	90
				F152赛中自我约束力	100
				F153自我运动能力认识	100
				F154自我调节能力	100

修改内容：①将"相关经验丰富性"与"马拉松认知能力"合并为"马拉松相关知识认知能力"；②将"技术动作正确性"和"战术运用恰当性"合并为"技战术运用的正确性"；③修改"赛前是否规律合理运动"为"赛前运动管理"。

一级指标	二轮同意度/%	二级指标	二轮同意度/%	三级指标	二轮同意度/%
环境风险F2	100	自然环境F21	100	F211气候情况	100
				F212高原地区	100
				F213空气质量	100
				F214自然灾害	100
		社会环境F22	100	F221社会治安	100
				F222民众支持度	100
				F223文化差异	100
				F224政府支持	100

修改内容：无。

续表

一级指标	二轮同意度/%	二级指标	二轮同意度/%	三级指标	二轮同意度/%
组织管理风险F3	100	组织决策能力F31	100	F311赛事工作人员配备	100
				F312风险规划能力	80
				F313风险管理规章制度完善程度	100
				F314组织者风险防范意识	100
				F315领导者决策能力	100
				F316风险应急预案完善性	100
		管控能力F32	100	F321参赛人流密度控制	100
				F322参赛物品发放	100
				F323参赛资格筛查	100
				F324入场安检	100
				F325沿途观众管理	100
				F326赛后引导	100
				F327参赛者人身安全保障	100
				F328赛事日程、交通、食宿等问题考虑的周密性	90

修改内容：①修改"沿途观众管理"为"赛道沿途管理"；②修改"赛事日程、交通、食宿等问题考虑的周密性"为"各项工作的周密性"。

一级指标	二轮同意度/%	二级指标	二轮同意度/%	三级指标	二轮同意度/%
场地设施风险F4	100	主体设施F41	100	F411赛道设计与规划	100
				F412赛道路面障碍及空中物体掉落	100
				F413赛道标识设置	100
		附属设施F42	100	F421赛道补给及补给点完善性	90
				F422配套设备完善性	100
				F423穿戴设备状况	100
				F424基础设施完备性	100
		临时设施F43	90	F431临时设施安全性	100
				F432应急设施配备	100

修改内容：①修改"赛道路面障碍及空中物体掉落"为"赛道空间安全性"；②修改"赛道补给及补给点完善性"为"赛道补给完善度"。

续表

一级指标	二轮同意度/%	二级指标	二轮同意度/%	三级指标	二轮同意度/%
医疗卫生风险 F5	100	医疗资源 F51	100	F511医疗救助设备完善度	100
				F512医疗救助人员技术水平	90
				F513医疗点分布	100
		医疗事件 F52	100	F521感染流行性病毒或疾病	100
				F522发生死亡事故	100
				F523发生损伤事故	100
				F524发生食物中毒	100
		医疗救助 F53	100	F531医疗救助反应速度	100
				F532救援通道通畅性	100
				F533损伤处理	100
		医疗监管 F54	90	F541医务监督	100
				F542赛事医疗部门间、人员间沟通是否流畅有效	90
				F543赛后康复管理	100

修改内容：①修改"医疗救助人员技术水平"为"医疗救助人员配备"；②修改"赛事医疗部门间、人员间沟通是否流畅有效"为"各医疗环节沟通流畅性"。

根据第二轮调查结果可知，专家对所有指标的同意度基本趋于一致，仅仅是对个别指标的表达做了细微的修正。具体结果如下：

一级指标：在问卷发放过程中，向上一轮提出场地设施风险属于人工环境风险的专家做了专门的解释。因此，第二轮的调查结果显示，所有专家对一级指标的同意度均为100%。

二级指标：在16个二级指标中仅有"临时设施"和"医疗监管"两个指标的同意度为90%，其余均是100%。因此，依据同意度大于70%表示专家同意该指标能够较好体现存在相关风险问题的原则，本文采用第二轮问卷得到的所有二级指标作为马拉松大众选手参赛风险的评价指标。

三级指标：①有专家认为"相关经验丰富性"应该指与马拉松运动相关的经验，可以将"相关经验丰富性"与"马拉松认知能力"合并为"马拉松相关知识认知能力"；②两位专家指出技术动作和战术运用统称为技战术，两者通常一起使用，可以将"技术动作正确性"和"战术运用恰当性"合并为"技战术运用的正确性"，以避免三级指标过于复杂；③为使所构建的指标更具代表性，语言更加精简和有内涵，表述更加科学合理，多数专家建议修改"赛前是否规律合理运动""沿途观众管理""赛事日程、交通、食宿等问题考虑的周密性""赛道路面障碍及空中物体掉落""赛道补给及补给点完善性""医疗救助人员技术水平""赛事医疗部门间、人员间沟通是否流畅有效"等指标的表述，以便改善原有表述的局限性。建议修改"赛前是否规律合理运动"为"赛前运动管理"；修改"沿途观众管理"为"赛道沿途管理"；修改"赛事日程、交通、食宿等问题考虑的周密性"为"各项工作的周密性"；修改"赛道路面障碍及空中物体掉落"为"赛道空间安全性"；修改"赛道补给及补给点完善性"为"赛道补给完善度"；修改"医疗救助人员技术水平"为"医疗救助人员配备"；修改"赛事医疗部门间人员间沟通是否流畅有效"为"各医疗环节沟通流畅性"。

根据第二轮专家问卷的调查结果，保留5个一级指标和16二级指标，合并2个三级指标。此外，三级指标中仅有"风险规划能力"指标的同意度为80%，其余指标均在90%以上，说明这些指标可以较好地用于预测马拉松大众选手参赛风险。

3.1.3.2 预警指标确定

根据两轮专家问卷的调查结果，本文所构建的马拉松大众选手参赛风险预警指标体系包含运动员自身风险、环境风险、组织管理风险、场地设施风险、医疗卫生风险5个一级指标；生理因素、心理因素、知识能力、运动水平等16个二级指标及58个三级指标（表3-4）。在此基础上，为得到实证研究的数据，本文编制了《马拉松大众选手参赛危险度调查问卷》（附录3），用于对大众选手和相关赛事人员进行问卷调查，获取预警模型分析的数据。

表3-4 马拉松大众选手参赛风险预警指标体系

一级指标	二级指标	三级指标
运动员自身风险F1	生理因素F11	F111疾病或伤病
		F112身体素质状况
	心理因素F12	F121情绪控制能力
		F122参赛心态
	知识能力F13	F131马拉松相关知识认知能力
		F132突发情况处理能力
		F133风险事故预见能力

续表

一级指标	二级指标	三级指标
运动员自身风险F1	运动水平F14	F141技战术运用的正确性
		F142运动强度适应性
		F143运动量适应能力
	自我管理F15	F151赛前运动管理
		F152赛中自我约束力
		F153自我运动能力认识
		F154自我调节能力
环境风险F2	自然环境F21	F211气候情况
		F212高原地区
		F213空气质量
		F214自然灾害
	社会环境F22	F221社会治安
		F222民众支持度
		F223文化差异
		F224政府支持
组织管理风险F3	组织决策能力F31	F311赛事工作人员配备
		F312风险规划能力
		F313风险管理规章制度完善程度
		F314组织者风险防范意识
		F315领导者决策能力
		F316风险应急预案完善性
	管控能力F32	F321参赛人流密度控制
		F322参赛物品发放
		F323参赛资格筛查
		F324入场安检
		F325赛道沿途管理
		F326赛后引导
		F327参赛者人身安全保障
		F328各项工作的周密性

续表

一级指标	二级指标	三级指标
场地设施风险F4	主体设施F41	F411赛道设计与规划
		F412赛道空间安全性
		F413赛道标识设置
	附属设施F42	F421赛道补给完善度
		F422配套设备完善性
		F423穿戴设备状况
		F424基础设施完善性
	临时设施F43	F431临时设施安全性
		F432应急设施配备
医疗卫生风险F5	医疗资源F51	F511医疗救助设备完善度
		F512医疗救助人员配备
		F513医疗点分布
	医疗事件F52	F521感染流行性病毒或疾病
		F522发生死亡事故
		F523发生损伤事故
		F524发生食物中毒
	医疗救助F53	F531医疗救助反应速度
		F532救援通道通畅性
		F533损伤处理
	医疗监管F54	F541医务监督
		F542各医疗环节沟通流畅性
		F543赛后康复管理

3.1.4 预警指标理论内涵

3.1.4.1 运动员自身风险

运动员自身风险指马拉松大众选手在参赛过程中由于个人的失误或疏忽大意等不当行为造成的危险，包括参赛者个人的生理因素、心理因素、运动水平、知识能力和自我管理等方面。

1. 生理因素

生理因素主要指参赛者自身生理方面的影响因素。本文主要选取与体育运动健康状况密切相关的"疾病或伤病""身体素质状况"两个指标反映大众选手的身体条件是否适合参赛。

2. 心理因素

心理因素表现的是选手参赛的情绪和心态变化，是一种变化着的过程，被称为事物发展的"内因"。研究选取"情绪控制能力"和"参赛心态"作为心理因素的下级指标，主要目的是检测选手的参赛心态、参赛心理活动、参赛过程中的情绪等问题。

3. 知识能力

知识能力体现的是选手自身的运动基础常识和运动风险常识。研究选取"马拉松相关知识认知能力""突发情况处理能力""风险事故遇见能力"三个指标反映参赛者的运动知识能力和对相关运动基础知识的认知情况，以及在赛事中遇到突发风险情况是否有能力进行自我处理和自救等问题。

4. 运动水平

运动水平是参赛者运动能力的体现。研究主要选取"技战术运用的正确性""运动强度把控""运动量适应能力"三个指标来反映选手在参赛过程中能否正确使用马拉松运动的相关技术和赛前制订的战术，能否合理有效地控制运动量和运动强度等，以避免错误的技战术和不合理运动量导致风险事故发生。

5. 自我管理

自我管理也称自我控制，主要是利用自身内在力量去控制外在的行为。研究选取"赛前运动管理""自我约束力""自我调节能力"三个指标反映赛前运动与管理的科学性，赛中自我约束能力的强弱及赛后是否能够进行科学有效的自我调节，达到良好的恢复状态。

3.1.4.2 环境风险

环境风险主要是用来评估选手参赛期间面临的潜在且可预测的突发事件或事故，主要指社会环境的人为因素和自然环境因素造成的风险事故。因此，本文设置了"自然环境"和"社会环境"两个指标来反映环境风险问题。

1. 自然环境

自然环境是相对于社会环境而言的，主要包括气候、地域、水土等因素。研究选取了"天气情况""高原地区""空气质量""自然灾害"四个指标，用于反映马拉松大众选手参赛面临的气温高低、突发性天气状况、海拔高度、雾霾、沙尘暴、地震、台风等风险因素。

2.社会环境

社会环境有广义和狭义之分，狭义的社会环境主要包括与自身发展和生存相关的社会因素，而广义的通常包括社会政治、社会经济、社会文化等方面。本书主要是从广义的视角出发进行研究，设置了"社会治安""民众支持度""新闻媒体报道""文化差异""政府支持"五个指标，主要反映马拉松举办地的社会环境状况，选手面临的社会文化、新闻媒体等风险问题。

3.1.4.3 组织管理风险

组织管理风险是由于组织和管理过程中的遗漏或疏忽造成的风险事故，主要体现在赛事组织能力和管控能力方面。

1.组织能力

组织能力因素设置了"赛事工作人员配备""风险规划能力""风险管理规章制度完善程度""风险预警能力""组织者风险防范意识""风险应急预案完善性""领导者决策能力"七个三级指标，目的是通过对工作人员的配备情况、赛事组办方的风险管理能力和赛事风险的规章制度等方面的研究，反映赛事组织方面可能给参赛者造成的风险因素。

2.管控能力

管控能力是选手参赛的主要保障因素，研究根据赛前、赛中、赛后不同阶段设置了"参赛人流密度控制""参赛物品发放""参赛资格审查""入场安检""赛道沿途管理""赛后引导""参赛者人生安全保障""各项工作周密性"八个三级指标，主要反映不同赛事阶段选手面临的风险问题，从各个阶段控制选手面临的风险，将风险划分到更小环节，提高风险预警效率。

3.1.4.4 场地设施风险

场地设施是保障马拉松赛事得以正常运转的"硬件设施系统"。场地设施不仅包括赛道的选择，还包括起终点的布局、城市基础配套设施、赛事应急设备配套和临时搭建物安全状况等。因此，研究选取了"主体设施""附属设施""临时设施"三个二级指标来反映场地设施可能对大众选手造成的风险。

1.主体设施

马拉松主体设施是参赛者获得最佳成绩和良好参赛体验的主要因素。在室内大型赛事中，场馆的安全性是关系每个涉赛人员安全的重要保障。马拉松赛属于室外大型赛事，赛道安全性是保障选手安全参赛的前提。研究在主体设施下设置了"赛道设计与规划""赛道空间安全性""赛道标识设置"三个指标，主要是为了反映马拉松赛道规划的合理性、赛道地面和空间的安全情况、赛道相关标识的布局和方向指引等风险问题。

2.附属设施

附属设施设置了"赛道补给完善度""配套设备完善性""穿戴设备完善状况""基础设施完善性"四个指标,主要目的是反映从城市基础设施到赛事配套设施中参赛者可能面临的风险,包括住宿、交通、赛道补给不足、穿戴设备、赛事计时、赛道喷淋损坏等风险问题。

3.临时设施

临时搭建物和应急设备构成了赛事的临时设施,马拉松赛事由于参赛人数多、赛事时间短、不需要固定场馆等特点,往往在比赛期间会增加大量的临时需求,比如存衣、舞台、厕所等。这些临时设施一般赛前搭建赛后拆除,具有短时性,而正是这种特征通常造成主办方安全意识的淡薄。因此,研究设置了"临时设施的安全性""备用设备及时工作能力""应急设施配备"三个指标,主要反映马拉松赛事中临时设施的安全性和便捷性以及应急设施和备用设备的安全性等风险问题。

3.1.4.5 医疗卫生风险

医疗卫生风险具有不确定性和难以控制的特点。赛事医疗卫生的完善性是保障参赛者生命安全的主要因素。在参考已有文献的基础上,结合马拉松赛事特点和医疗卫生包含的内容,研究从"医疗资源""医疗事件""医疗救助""医疗管理"四个方面对大众选手参赛的医疗卫生风险问题进行分析。

1.医疗资源

医疗资源设置了"医疗救助设备先进性""医疗救助人员配备""医疗点分布"三个指标,主要反映救助人员的专业水平、人员配备情况、救助设施的好坏、赛事医疗救助点的分布等风险问题。

2.医疗事件

医疗事件是马拉松赛事主办方和参赛者最不愿意发生的风险问题,主要包括运动损伤和运动死亡。研究设置了"感染流行性疾病或病毒""发生伤亡事故""发生食物中毒"三个指标,目的是反映选手在参赛过程中面临的运动损伤、心源性猝死、食物问题和感染传染性疾病等风险问题。

3.医疗救助

医疗救助是医疗风险得以及时化解的主要措施。为了反映马拉松赛事中大众选手面临的医疗救助问题,本文从救援时间、救援通道和损伤处理方面设置了"医疗救助反应速度""救援通道通畅性""损伤处理"三个指标。

4.医疗监管

医疗管理设置了"医务监督""各医疗环节沟通流畅性""赛后康复管理"三个指标,主要从赛前、赛中和赛后三个阶段对大众选手参赛的医疗监管问题进行研究。赛前的医务筛查和管理，赛中出现医疗问题后各个部门间的配合程度，赛后对参赛者的健康管理等均是选手面临的主要风险问题。

3.2 预警指标权重确定

3.2.1 层次分析法

层次分析法（AHP）是萨蒂（T.L.Saaty）等人于20纪70年代中期提出的一种决策方法，该方法能够有效将半定性和半定量问题转化成定量的问题进行处理。层次分析法的实质是分解影响最终决策的结果，设置多个决策指标，采用一定的标准构建决策的评价体系，最终形成一个包括目标层、准则层、方案层的层次结构体系。

从上文构建的指标体系来看，每一个指标体系的内容均是不同的，且指标对业余跑者产生的风险形式和程度也具有差异性。因此，研究运用最常见但又具有较高权威性的层次分析法（AHP）对各个预警指标进行权重计算，记为W_i，每个指标权重W_i组成的集合为权重集W。计算指标权重，可以找出各个风险指标对参赛者的风险影响程度大小，便于更好地识别出选手面临的风险。

3.2.2 层次分析法在预警指标权重确定中的运用

3.2.2.1 建立预警指标递阶层次结构

根据构建的风险预警指标体系，构造了一个包括目标层、准则层（子准则层）、指标层的三层递阶层次结构模型。目标层F=（马拉松大众选手参赛风险预警指标体系）；准则层包括准则层和子准则层，其中准则层为F_i=（F1、F2、F3、F4、F5），子准则层为F_{ij}=（F11、F12、…、Fij）；指标层为F_{ijk}=（F111、F112、…、Fijk）。由于指标数目太多，研究不具体画出层次结构图。

3.2.2.2 构造预警指标判断矩阵

递阶层次结构已经确立了指标上下层隶属关系，上一层因素C_K对下一层元素X_1、X_2、…、X_n为上下层支配关系。因此，结合层次分析法的操作步骤和专家判断结果，可建立一个以C_K为判断准则的X_1、X_2、…、X_n间上下层两两比较的判断矩阵P（图3-2），矩阵指标的相对重要性采用Saaty9标度赋值法（表3-5），矩阵中的X_{ij}即是上下层因素两两比较得到的结果，X_{ij}满足$X_{ij}=\dfrac{1}{X_{ji}}$。

$$P=\begin{Bmatrix} C_K & X_1 & X_2 & \cdots & X_{ji} & \cdots & X_n \\ X_1 & X_{11} & X_{12} & \cdots & X_{1i} & \cdots & X_{1n} \\ X_2 & X_{21} & X_{22} & \cdots & X_{2i} & \cdots & X_{2n} \\ \cdots & \cdots & \cdots & \cdots & \cdots & \cdots & \cdots \\ \cdots & \cdots & \cdots & \cdots & \cdots & \cdots & \cdots \\ X_n & X_{n1} & X_{n2} & \cdots & X_{ni} & \cdots & X_{nn} \end{Bmatrix}$$

图3-2 两两比较的判断矩阵 P

表3-5 判断矩阵各指标重要性赋值表

重要性等级	重要性
1	一般重要
3	稍微重要
5	明显重要
7	非常重要
9	极其重要

注：2、4、6、8表示中间值。

3.2.2.3 权向量计算及一致性检验

权向量的计算是建立在最大特征值和特征向量结果基础之上的，因而需要先算出最大特征值及对应特征向量。关键步骤如下：

（a）计算矩阵元素间的 n 次方根，即：

$$M_i = \left(\prod_{j=1}^{n} a_{ij}\right)^{\frac{1}{n}}, \quad i,j=1,2,3\cdots 、n \tag{3-1}$$

（b）对 M_i 做归一化处理，即：

$$W_i = \frac{M_i}{\sum_{j=1}^{n} M_j} \tag{3-2}$$

（c）计算矩阵最大特征值 $\lambda_{\max}$，即：

$$\lambda_{\max} = \sum_{i=1}^{n} \frac{(AW')_i}{nW'_i} = \frac{1}{n}\sum_{n=1}^{n} \frac{\sum_{j=1}^{n} a_{ij} w_j}{w_j} \tag{3-3}$$

在（3-3）中，W' 表示比较矩阵特征向量。

（d）指标一致性（CI）计算：

$$CI = \frac{\lambda_{\max} - n}{n - 1} \tag{3-4}$$

在（3-4）中，$\lambda_{\max}$ 为矩阵最大特征值。

（e）随机一致性比率（CR）计算：

$$CR=\frac{CI}{RI}$$ （3-5）

表3-6是Saaty给出的RI值，将RI值带入一致性比率CR中，当CR<0.1时，认为判断矩阵满足一致性要求。反之，需要进一步调整，直到CR<0.1。

表3-6 随机一致性指标RI值

n	1	2	3	4	5	6	7	8	9	10
RI	0	0	0.52	0.89	1.12	1.26	1.36	1.41	1.46	1.49

3.2.3 基于MATLAB的权重计算结果

邀请确定的10位专家按照层次分析法要求，应用Saaty九标度法对各指标的重要性进行打分。依据专家打分结果，借助MATLAB（R2019a）软件计算出指标权重值并检验一致性。图3-3是MATLAB软件算法流程图。

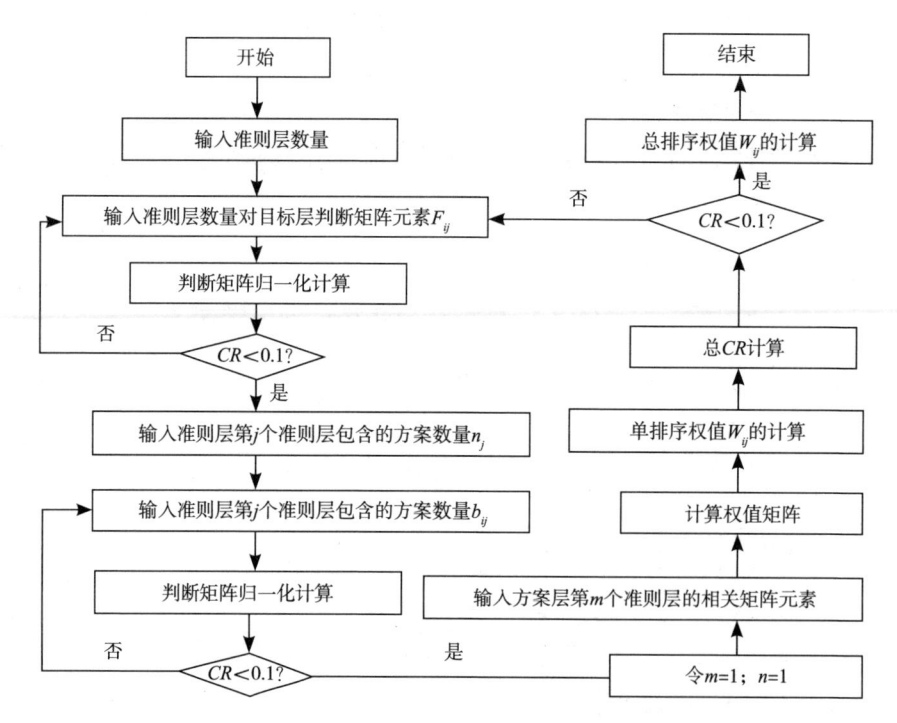

图3-3 层次分析法的MATLAB软件算法流程图

运用MATLAB实现层次分析法权重应注意三个关键点：
首先，文件数据输入。采用代码Disp（'输入判断矩阵'）；A=input（'A='），其中，**A**代表判断矩阵。

其次，权向量和最大特征值计算。MATLAB代码如下：

```
disp('输入判断矩阵');
A=input('A=');%A为判断矩阵
[n,n]=size(A);
x=ones(n,100);
y=ones(n,100);
m=zeros(1,100);
m(1)=max(x(:,1));
y(:,1)=x(:,1);
x(:,2)=A*y(:,1);
m(2)=max(x(:,2));
y(:,2)=x(:,2)/m(2);
p=0.0001;i=2;k=abs(m(2)−m(1));
while k>p
i=i+1;
x(:,i)=A*y(:,i−1);
m(i)=max(x(:,i));
y(:,i)=x(:,i)/m(i);
k=abs(m(i)−m(i−1));
end
a=sum(y(:,i));
w=y(:,i)/a;
t=m(i);
disp('权向量:');disp(w);
disp('最大特征值:');disp(t);
```

最后，采用 λ_{max} 与 n 之差衡量 n 阶矩阵 A 的不一致程度，即 $CI=\dfrac{\lambda_{max}-n}{n-1}$；其中，$\lambda_{max}$ 为矩阵 A 的最大特征值。然后，查找到与之对应的 RI 值，当随机一致性指数 $CR=\dfrac{CI}{RI}<0.10$ 时，矩阵通过一致性检验；反之，不通过检验。具体程序代码如下：

```
CI=(t−n)/(n−1);
RI=[0 0 0.52 0.89 1.12 1.26 1.36 1.41 1.46 1.49 1.52 1.54 1.56 1.58 1.59];
CR=CI/RI(n);
```

```
if CR<0.10
disp('此矩阵的一致性可以接受!');
disp('CI=');disp(CI);
disp('CR=');disp(CR);
else
disp('此矩阵的一致性不可以接受!');
end
```

按照图3-3的步骤，分析表3-7中一级指标F_i对目标层F的专家打分结果，得到各指标权重，且$CR \leq 0.1$。之后，按照此方法以几何平均数的形式计算出10位专家对各级预警指标判断的权重均值（表3-8）。

表3-7 F_i对于F的判断矩阵（i=1、2、3、4、5）

F-F_i	F1	F2	F3	F4	F5	权重	排序	一致性
F1	1	7	1	5	5	0.4166	1	
F2	1/7	1	1/3	1	1/5	0.0590	4	λ=5.3463
F3	1	3	1	5	1	0.2564	2	CR=0.0773<0.10
F4	1/5	1	1/5	1	1/5	0.0560	5	通过一致性检验
F5	1/5	5	1	5	1	0.2170	3	

同理，运用上述方法可以构造二级指标和三级指标的互补判断矩阵及各指标的权重。由于计算方法和步骤一致，研究直接在表3-8中列出各指标的权重结果。

表3-8 马拉松大众选手参赛风险预警指标权重

一级指标	二级指标	三级指标	权重
运动员自身风险 F1（0.3503）	生理因素F11（0.3417）	F111疾病或伤病	0.7563
		F112身体素质状况	0.2437
	心理因素F12（0.2780）	F121情绪控制能力	0.3987
		F122参赛心态	0.6013
	知识能力F13（0.1144）	F131马拉松相关知识认知能力	0.5234
		F132突发情况处理能力	0.0234
		F133风险事故预见能力	0.4234

续表

一级指标	二级指标	三级指标	权重
运动员自身风险F1（0.3503）	运动水平F14（0.1926）	F141技战术运用的正确性	0.0541
		F142运动强度适应性	0.6140
		F143运动量适应能力	0.3319
	自我管理F15（0.0733）	F151赛前运动管理	0.2351
		F152赛中自我约束力	0.0506
		F153自我运动能力认识	0.5232
		F154自我调节能力	0.1921
环境风险F2（0.0640）	自然环境F21（0.7333）	F211气候情况	0.6367
		F212高原地区	0.0470
		F213空气质量	0.2862
		F214自然灾害	0.1341
	社会环境F22（0.2667）	F221社会治安	0.1149
		F222民众支持度	0.1482
		F223文化差异	0.0932
		F224政府支持	0.6438
组织管理风险F3（0.1792）	组织决策能力F31（0.5213）	F311赛事工作人员配备	0.0429
		F312风险规划能力	0.4853
		F313风险管理规章制度完善程度	0.2025
		F314组织者风险防范意识	0.1011
		F315领导者的决策能力	0.0557
		F316风险应急预案完善性	0.1125
	管控能力F32（0.4767）	F321参赛人流密度控制	0.1421
		F322参赛物品发放	0.0242
		F323参赛资格筛查	0.3410
		F324入场安检	0.2044
		F325赛道沿途管理	0.1004
		F326赛后引导	0.0711
		F327参赛者人身安全保障	0.0416
		F328各项工作的周密性	0.0752

续表

一级指标	二级指标	三级指标	权重
场地设施风险F4（0.1043）	主体设施F41（0.6333）	F411赛道设计与规划	0.6260
		F412赛道空间安全性	0.2536
		F413 赛道标识设置	0.1204
	附属设施F42（0.2605）	F421赛道补给完善度	0.4471
		F422配套设备完善性	0.0663
		F423穿戴设备状况	0.2596
		F424基础设施完善性	0.2270
	临时设施F43（0.1062）	F431 临时设施安全性	0.7319
		F432 应急设施配备	0.3681
医疗卫生风险F5（0.3058）	医疗资源F51（0.0983）	F511 医疗救助设备完善度	0.3054
		F512 医疗救助人员配备	0.1357
		F513 医疗点分布	0.5103
	医疗事件F52（0.4003）	F521感染流行性病毒或疾病	0.0945
		F522发生死亡事故	0.5491
		F523发生损伤事故	0.3223
		F524发生食物中毒	0.0341
	医疗救助F53（0.1578）	F531 医疗救助反应速度	0.6491
		F532 救援通道通畅性	0.2790
		F533损伤处理	0.0719
	医疗监管F54（0.3435）	F541医务监督	0.5940
		F542各医疗环节沟通流畅性	0.3124
		F543赛后康复管理	0.1136

3.3　本章小结

本章首先介绍了预警指标体系构建的理论依据，再通过分析马拉松选手面临的共性风险事故和系统安全管理理论等，初步识别出了5个一级风险源。在此基础上，通过文献资料及相关文件法规筛选领域内的高频指标，构建了17个二级指标和57个三级指标。之后，采用德尔菲法修改和完善初步识别出的指标，经过两轮问卷调查后，专家意见趋于一致。最终，本文确定了包含5个一级指标，16个二级指标及58个三级指标的马拉松大众选手参赛风险预警指标体系，并采用层次分析法结合MATLAB软件评估了各指标的权重。

4 预警模型构建与应用

4.1 BP神经网络模型基本理论

4.1.1 BP神经网络原理和学习过程

4.1.1.1 BP神经网络原理

1969年，M.Miskey和S.Papert在其著作中指出，线性感知器无法解决不同类样本的分类问题，引起了学者对神经网络中隐含层节点的探索。1982年，Rumelhart与Mcclelland等人成立PDP（Parallel Distributed Procession）小组，并于1985年提出BP网络学习算法。至此，BP神经网络正式问世，之后在各领域得到广泛运用。研究表明，在人工神经网络的运用中，80%~90%的神经网络模拟相关问题均采用BP神经网络或其变形形式完成。

BP神经网络（Back-Propagation-Network）是误差反向传递前馈型神经网络模型的简称，该名称依据网络运行原理命名，属于多层前馈网络。学习方式是输入信息向前正向传播，误差向后反向传播，并在这个过程中不断修正误差和调节网络参数，通过多次网络训练，使误差达到最小，最终建立有效模型。BP神经网络结构由输入层、输出层及若干隐含层构成。层内间和层内部均由独立的神经元组成，层内神经元通过和该层相邻的单元层进行信息传递和相连，层间神经元通过完全互连的方式连接。图4-1是包括1个输入层、1个隐含层及1个输出层的三层前馈网络结构。

BP神经网络的工作原理是将需要处理的信息按要求指定给输入层神经元，输入层经过加权后将其结果输入给隐含层，隐含层的神经元处理接收信息后，进行加权之和；再将结果传递给输出层，按照这样的顺序完成一次传播。此过程涉及隐含层数量和输出结果设计等问题。隐含层数量需要依据输入数据的量和环境变化等因素确定。网络输出结果是根据训练前设定的目标输出值判断的，若输出结果不能满足预先设置的目标值，则需要计算实际输出值与设定目标值间的误差，再进行误差反向传播。依次不断地进行信息正向传播和误差反向传播的步骤，直至输出期望目标值，完成网络学习。之后，输入一定量的信息（数据）对模型进行检验，验证模型预测结果否达到预定值，检验模型的有效性。

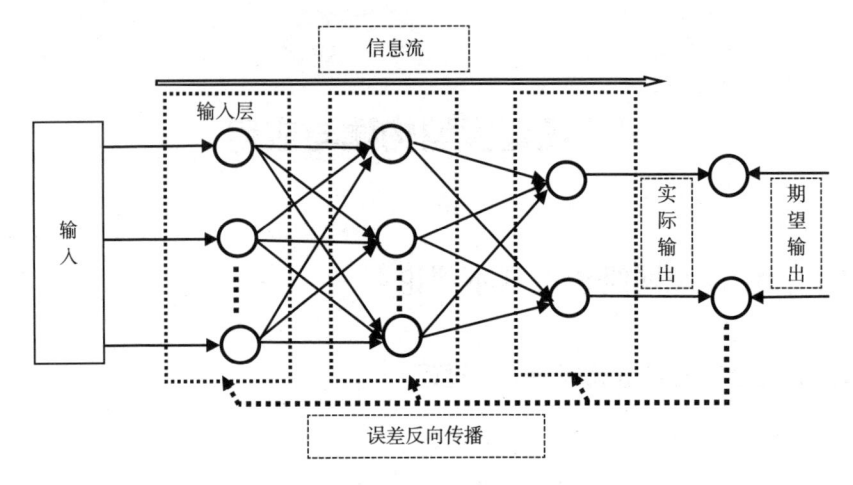

图4-1　三层BP神经网络结构

4.1.1.2　BP神经网络学习过程

BP神经网络的整个学习过程主要包括信息正向传播、误差反向传播、重复训练、学习收敛四个过程。①信息正向传播指将需要测试的数据经输入层输入，传递给隐含层，隐含层处理信息后传递给输出层的信息传播过程。②误差反向传播。当网络的输出值与期望值二者间不相等时，就产生了误差。为了得出良好训练结果，需要计算训练产生的误差，并把所得误差结果反向传递到隐含层，隐含层经过计算，校正误差后，会将误差反向传播给输入层，输入层依据隐含层输入的结果调整连接的权值和阈值。③重复训练是反复交叉地进行①和②的过程，不断地调整权值和阈值，缩小输出值和期望值之间的误差。④学习收敛是通过权值的不断修正，使网络的实际输出达到预先指定的精度要求，且误差趋向极小值并稳定，学习结束。总之，BP神经网络作为一种监督型学习算法，主要是对输入样本进行网络训练，以样本训练后的实际误差为对比基点，不断调整权值和阈值，最终达到指定的精度后结束训练。

4.1.2　BP神经网络学习算法及数学实现

BP神经网络自学习和自适应能力极强，具有任意逼近函数的特点，最大限度避免了预测过程中人为因素的影响。BP算法主要是按照从输入开始到输出的方向依次进行向前正向传播，当算出网络误差后，不断修正权值和阈值，进行误差反向传播。BP神经网络的学习主要分为五个步骤。第一，要选定测试样本和初始化数据，赋予样本[0,1]区间的连接权值和阈值；第二，给定输入向量和期望得到的目标值；第三，确定输入向量和期望目标值，以此确定需要构建的BP神经网络模型结构；第四，确定训练参数，如期望误差和学习速率等；第五，根据训练得到的结果，看是否满足目标值：不满足，调整误差信息继续训练；满足，收敛训练结果，得到稳定期望值后，完成学习。然后输入评估样本，对样本得出的结果进行分析评估，最后进行预测。图4-2是BP神经网络的学习算法流程图。

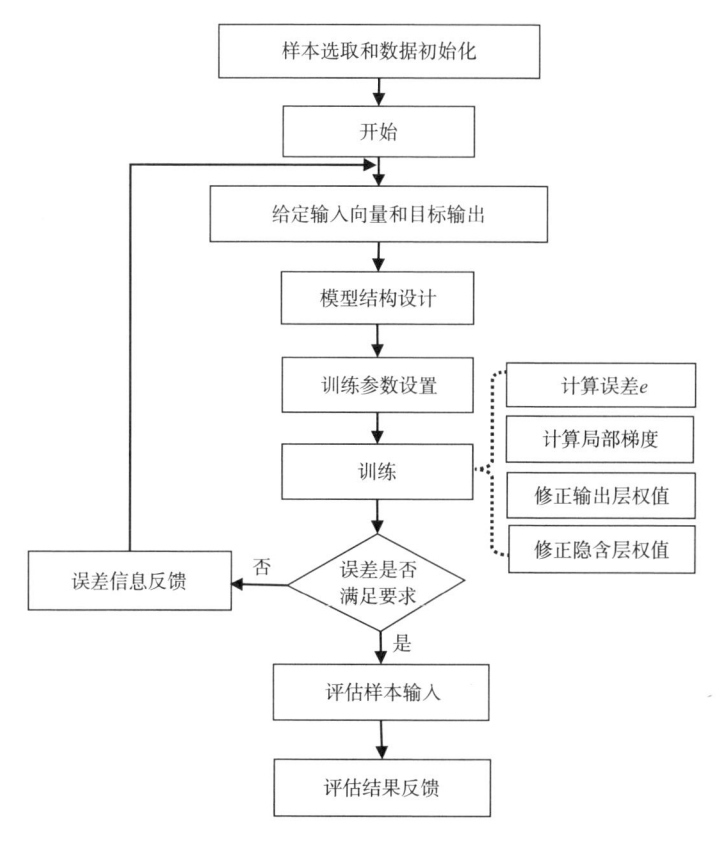

图4-2 BP神经网络学习算法流程图

本文以只含有一个隐含层，且隐层的各个单元传输函数为S型函数的BP神经网络为例，对其训练过程的数学实现进行说明，主要可以分解为三个阶段：

4.1.2.1 信号前向传播阶段

第一，算出隐含层中各个单元的净输入值I_j。

$$I_j = \sum_{i=1}^{n} w_{ij} x_{ij} - \theta_j, \quad (j=1,2,3,\cdots,p) \tag{4-1}$$

公式中W_{ij}表示输入层中的第i单元与隐含层中的第j单元间连接权重值；θ_j表示隐含层第j单元的偏置值，$j=1$，2，$\cdots p$表示隐层单元总数量。

第二，计算隐层各单元输出 Y_j。

$$Y_j = f(I_j) = \frac{1}{1+e^{-I_j}} \quad (j=1,2,3,\cdots,p) \qquad (4-2)$$

第三，根据隐含层净输入值的计算方法，算出输出层各个单元的净输入和实际输出值。

$$I_i = \sum_{j=1}^{n} w_{ji} y_j - \theta_i, \quad Y_i = f(I_i) = \frac{1}{1+e^{-I_i}} \quad (i=1,2,3,\cdots,p) \qquad (4-3)$$

其中，$t=1,2,\cdots,p$ 表示输出层单元总数量。

4.1.2.2 误差反向传播阶段

一般常用实际输出值与目标输出值间的方差 e_i 来表示误差。

$$e_i = \frac{1}{2}\sum_{i=1}^{q}(d_i - y_i)^2 \qquad (4-4)$$

其中，d_i 表示实际输出值，y_i 表示目标输出值。

4.1.2.3 权值和偏置值调整阶段

BP神经网络训练会预先设定一个误差允许值，用训练的实际输出值与期望的输出值的误差相比较，如果小于预先设定值，则接受训练结果；反之，则需要不断调整训练值，直至输出误差小于设定的允许值。这个过程中，为了缩短训练时间，通常采用效率较高的最速下降法进行训练。

第一步，修正隐层偏置值和输出层与隐层间的权值。

$$\Delta\theta_i = -\alpha\frac{\partial e_i}{\partial \theta_i} = -\alpha\frac{\partial e_i}{\partial I_i}\frac{\partial I}{\partial \theta_i} = -\alpha(y_i - d_i)y_j(1-y_i) \qquad (4-5)$$

$$\qquad (4-6)$$

公式中，α 为常数，$\Delta\theta_i$ 为各层神经元结点之间连接权值的偏置值修正值，ΔW_{ji} 则是偏置值修正值。

令 $\delta_i = -\frac{\partial e_i}{\partial I_i} = -(y_i - d_j)y_j(1-y_i)$ 为输出层的调整误差；

则 $\Delta W_{ji} = a\delta_i y_j$，$\Delta\theta_i = a\delta_i$；

所以，修正后的输出层与隐层间权值 W_{ji} 和隐层偏置值 θ 为：

$$w_{ji} = w_{ij} + \Delta w_{ji}; \quad \theta_i = \theta_i + \Delta\theta_i \qquad (4-7)$$

第二步，修正隐层和输出层间的权值和输出层偏置值。

$$\delta_j = -\frac{\partial e_i}{\partial I_j} = -\frac{\partial e_i}{\partial y_j}y_j(1-y_j) = y_j(1-y_j)\sum \delta_i w_{ji} \qquad (4-8)$$

$$\Delta w_{ij} = -\beta\frac{\partial e_i}{\partial W_{ij}} = -\beta\frac{\partial e_i}{\partial I_j}\frac{\partial I_j}{\partial W_{ij}} = -\beta\frac{\partial e_i}{\partial y_j}\frac{\partial y_j}{\partial I_j}\frac{\partial I_j}{\partial W_{ij}} = -\beta\frac{\partial e_i}{\partial y_j}(1-y_j)x_j \qquad (4-9)$$

则 $\Delta_j = \beta\delta_j$，$\Delta W_{ij} = \beta\delta_j X_j$，$\theta_j = \theta_j + \Delta\theta_j$，$W_{ij} = W_{ij} + \theta W_{ij}$。

第三步，按以上步骤反复训练，直到输出误差小于设定的允许范围，训练终止。

4.1.3　BP神经网络用于风险预警的优势

首先，BP神经网络具有非线性函数无线拟合、多模型分类处理、多维函数映射等特性，输入信息主要储存在网络神经元权值上，容错性较好，且自适应和自学习能力强，能以并行处理的方式实现输入信息储存、推理及显示等；其次，BP神经网络是由大量神经元分层组成，且具有多种拓扑结构，可同时处理多层次问题，在风险预警中可以对子系统进行预警，同时处理确定信息与不确定信息，不仅扩大了处理信息的范围，更进一步强化了预警结果的精度；再次，BP神经网络采用误差反向传播原理，根据训练样本期望输出值与实际训练结果产生的误差，循环反复地调整权值和阈值，直至输出可接受且较为稳定的结果，结束训练；最后，使用训练样本和检验样本验证输出结果，提高了预测结果的真实性。

4.2　BP神经网络模型构建

4.2.1　样本数据来源与处理

4.2.1.1　样本数据来源

研究对象选取的合理性直接关乎研究的结论。对象的选取不仅要具有可行性（数据可采集），还要考虑其所在领域的典型性和代表性。因此，研究根据国内马拉松赛事的发展现状及中国田径协会公布的国内金牌赛事，选取了影响力和知名度较大的广州马拉松为对象。以参加过广州马拉松赛事的大众选手、相关赛事人员及专家作为调查对象，所有调查对象均至少参加过1次全程马拉松或从事相关专业1年以上。通过问卷调查来获取研究数据，问卷采用李克特五级量表法，要求被调查者根据给出的评判分值和标准，判断指标对选手参赛过程中的风险影响程度，并选择相应的分值（附录3）。

由于调查对象的不固定性，研究采用网络问卷和纸质问卷相结合的方法发放调查问卷。最终回收94份问卷，处理后得到有效问卷91份，有效率96%。有效问卷中，调查对象的跑马时间或从事相关专业年限的平均值为2.52年，最小值为1，最大值为6，从根本上保证了问卷的有效性。

4.2.1.2 数据归一化处理

问卷采用5分制判断存在的风险问题，分数越高，风险威胁就越大。反之，分数越低，风险威胁越小。为了使收集得到的数据具有可比性，建模分析前，需要对数据进行无量纲化处理，将所有数据归一化到[0，1]区间。所得结果越接近1，面临的风险越大；反之，面临的风险越小。运用数理统计法对收集的91份问卷进行统计分析得到样本数据，限于篇幅，表4-1仅列出部分数据。

（1）归一化公式为：

$$y = \frac{T - \min(T)}{\max(T) - \min(T)} \qquad (4-10)$$

（2）使用MATLAB软件对获得的样本数据做归一化处理，最终结果如表4-1所示，限于篇幅，仅列出部分数据（行代表指标，列代表调查对象）。

表4-1 马拉松大众选手参赛风险度归一化数据

	1	2	3	4	5	6	7	8	9	…	88	89	90	91
F_1	1.00	1.00	1.00	1.00	0.67	1.00	1.00	1.00	1.00	…	1.00	0.67	1.00	1.00
F_2	0.67	1.00	1.00	1.00	0.67	0.67	0.67	1.00	1.00	…	0.67	1.00	1.00	1.00
F_3	1.00	0.67	0.67	1.00	1.00	0.33	0.67	1.00	1.00	…	1.00	1.00	1.00	0.33
F_4	0.67	1.00	0.67	1.00	0.67	0.67	1.00	1.00	1.00	…	0.67	1.00	1.00	1.00
F_5	1.00	0.67	1.00	1.00	0.67	1.00	1.00	1.00	0.33	…	1.00	0.67	1.00	1.00
F_6	0.33	0.67	0.67	0.67	1.00	0.67	1.00	1.00	0.67	…	1.00	0.67	1.00	0.33
F_7	0.67	0.67	0.67	0.67	1.00	0.33	1.00	0.33	0.67	…	0.67	1.00	1.00	0.67
F_8	0.33	0.33	0.00	0.33	0.67	0.33	0.00	0.33	0.67	…	1.00	0.67	1.00	0.67
F_9	0.67	1.00	0.33	1.00	1.00	0.67	0.33	1.00	1.00	…	1.00	0.33	1.00	1.00
…	…	…	…	…	…	…	…	…	…	…	…	…	…	…
…	…	…	…	…	…	…	…	…	…	…	…	…	…	…
…	…	…	…	…	…	…	…	…	…	…	…	…	…	…
F_{55}	0.00	0.33	0.00	0.33	0.33	0.33	0.00	0.33	0.67	…	0.33	0.33	0.33	0.33
F_{56}	1.00	1.00	1.00	1.00	0.67	0.67	1.00	1.00	1.00	…	0.67	1.00	1.00	1.00
F_{57}	1.00	1.00	0.67	1.00	1.00	0.67	1.00	1.00	0.67	…	1.00	1.00	0.67	1.00
F_{58}	0.00	0.67	0.67	0.33	0.67	0.33	0.33	0.33	0.00	…	1.00	0.67	0.67	0.67
期望输出	0.32	0.48	0.39	0.49	0.65	0.21	0.30	0.56	0.64	…	0.35	0.71	0.52	0.35

4.2.2 预警期望输出与警情划分

4.2.2.1 期望输出的确定

在参考梁华伟等（2018）和郭鹏等（2015）对风险预警期望输出值的确定方式，本文采用专家打分法和层次分析法对马拉松大众选手参赛风险期望输出值进行综合评定。具体过程如下：

（1）对收集得到的91份有效问卷数据进行处理，取每个三级指标打分平均值作为风险值，并进行归一化处理，得到打分归一化风险值。

（2）根据上文确定的指标权重，运用各指标归一化风险值乘以对应三级指标权重，再将得到的乘积归一化处理，即为期望风险值。根据调查对象打分结果和各指标权重，统计出马拉松大众选手参赛风险期望输出值，表4-1仅列出部分。

4.2.2.2 警情区间划分

预警分析需要更好地体现风险实际情况，通过实际输出值与期望输出值对比，判别风险等级，便于提前做好风险防控。研究通过文献资料和专家咨询，将马拉松大众选手参赛风险发生情况分为5个等级，输出数据用［0，-1］区间的向量表示风险大小程度和状态。根据输出值大小，将风险值设定为［0，-0.3）、［0.3，-0.5）、［0.5，-0.7）、［0.7，-0.9）、［0.9，-1.0］5个等级，分别代表巨警、重警、中警、轻警、无警5个风险级别，并分别设置对应的报警信号等为红灯、橙灯、黄灯、蓝灯及绿灯（表4-2）。

表4-2 马拉松大众选手参赛风险预警警情划分表

警情	风险级别	警示灯	输出风险值
危机	巨警	红灯	［0.9，-1.0］
较差	重警	橙灯	［0.7，-0.9］
一般	中警	黄灯	［0.5，-0.7］
良好	轻警	蓝灯	［0.3，-0.5］
健康	无警	绿灯	［0.0，-0.3］

4.2.3 BP神经网络结构设计

BP神经网络结构设计，直接影响网络函数映射和网络性能。研究采用MATLAB（R2019a）工具箱系统，构建马拉松大众选手参赛风险预警的BP网络模型，并运用该系统训练和检验构建模型。主要使用到的函数是newff函数，其调用格式为：

  net=newff（PR,[S_1 S_2 ...S_i],{TF_1 TF_2....TF_j},BTF,BLF,PF）;

  执行该指令即可建立一个N层的BP神经网络。其中，PR表示$R×2$维的矩阵，即在R组输入中，由每组输入元素的最大值与最小值组成；S_i、TF_j分别表示在N层的结构中，第i层的神经元个数和激活函数；BTF表示网络训练函数；BLF表示权值、阈值学习函数；PF表示网络性能函数。

4.2.3.1 网络层数确定

  目前，BP神经网络层数设定问题还没有固定可循的程序。BP神经网络通常由一个输入层、一个输出层及若干隐含层构成。输入层和隐含层不难确定，网络层次主要是确定隐含层节点数。隐含层数量越多，网络结构越复杂，越能够处理网络非线性拟合问题，但也会相应地造成训练复杂化和训练时间增加等问题。反之，减少网络层数，可以缩短训练时间和降低网络结构复杂程度，但也会出现网络难以收敛的情况。Robert Hecht-Nielson研究证明，对于闭区间内任意连续函数均可以用只含一个隐含层的BP神经网络进行拟合，一个三层的前馈神经网络可以实现任意n维到m维的映射。因此，根据研究需求，本书采用只含一个隐含层的三层前馈神经网络。

4.2.3.2 输入输出层节点数设计

  输入层的作用是接收外界信息，其节点数通常等于选取样本的矢量维数。研究样本矢量是已经识别出的参赛风险因素，即指标体系的三级指标。因此，输入层节点数为58个。输出层节点数与期望输出的结果值类型和数据大小相关，需要与评价得出的结论相一致。本书输出为马拉松大众选手参赛风险预警值，故输出层神经元节点数确定为1个。

4.2.3.3 隐含层节点数确定

  考虑到网络系统的复杂性和训练时间等问题，隐含层节点数的多少至关重要。隐含层神经元数量过少，会造成网络容错性较差，从而错误识别训练样本；但过多的神经元又会增加网络学习时间，影响模型学习能力。因此，本书根据输入、输出节点数与隐含层的关系，结合以往学者总结的经验，采用公式（4-11）确定隐含层神经元数量。

$$H=\sqrt{m+n+z} \qquad (4-11)$$

  其中，H是隐含层神经元数量，m代表输入节点数，n为输出节点数，z为取值［1，-10］的常数，计算得到H的取值范围为$8.68 \leq H \leq 18.68$。经过多次训练后，发现当隐含层节点数为10时，网络的训练次数最少且收敛程度最佳，故设置隐含层节点为10层。

4.2.3.4 训练参数设置

前面已经设置模型的输出值范围在[0，1]区间，所以选用S型函数Tansig作为训练函数，而隐含层和输入层使用logsig传递函数。同时，采用共轭梯度法进行训练。依据上文确定的网络层次，设置网络结构为58-10-1；显示间隔show设置为50；最大迭代次数epochs设为1000次；训练精度设为0.001；网络学习效率lr为0.01；目标误差goal为0.01；动量系数mc为0.9。具体训练参数设置如表4-3所示，当训练达到设置的要求时，训练结束。

表4-3 网络训练参数设置

序号	参数名称	参数值	序号	参数名称	参数值
1	输入层传递函数	logsig	5	学习速率	0.01
2	隐含层传递函数	logsig	6	最大迭代次数	1000
3	训练函数	Tansig	7	动量系数	0.9
4	训练精度	0.001	8	目标误差	0.01

4.2.4 BP神经网络模型仿真训练

本书的学习样本是问卷调查得到的91份有效问卷数据，数据归一化处理后，形成91个网络学习样本，由于数据量较大，限于篇幅，表4-1仅列出部分数据。依据BP神经网络一般样本选取比例，从总样本中随机选取75%（约71个）作为训练数据，25%（约20个）作为检验数据。导入MATLAB软件图形用户界面（GUI），建立一个三层神经网络，根据确定的节点数，网络结构设置为58-10-1（图4-3），根据表4-3进行参数设置并训练，当结果符合表4-3设置的任一条件时，训练停止。

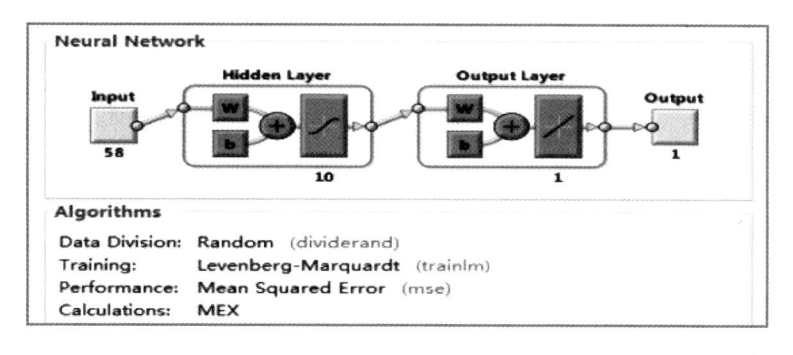

图4-3 网络训练结构

研究中，网络训练运用整批处理模式，首先输入load函数导入所有归一化后的数据，输入数据用P表示，输出数据用T代表；再创建函数，应用train函数触发整个训练，其语法形式为：

load malasongyujing_data.mat;

net=train(net,P,T)。

其中，参数P和T表示训练样本输出值和期望值。使用MATLAB（R2019a）软件编写的马拉松大众选手参赛风险预警模型代码（附录6），对收集数据按（表4-3）的设定的参数进行设置，运行得到预警模型训练迭代结果（图4-4）。

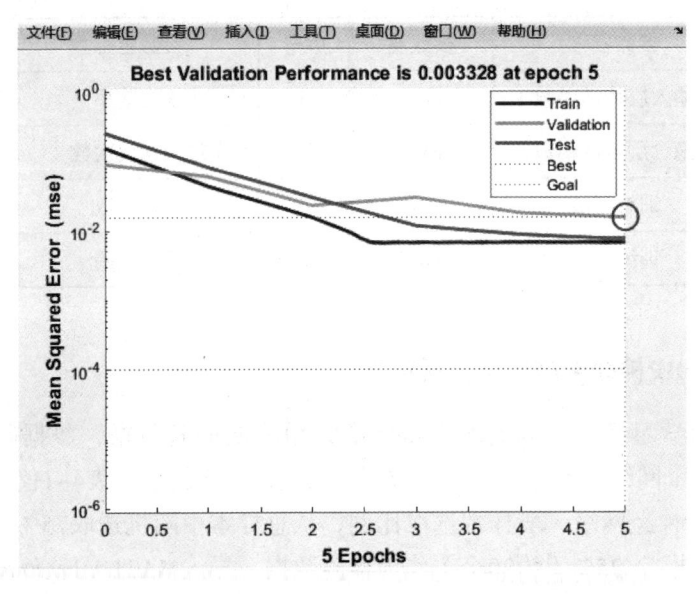

图4-4 网络训练迭代图

如图4-4所示，网络目标误差经过5次迭代后达到预先设定的要求，网络训练精度为0.003328，远低于设定值0.001。图4-4中，马拉松大众选手参赛风险样本训练误差是一个非线性过程，纵坐标为误差，随着图中的动态误差变化，可知伴随训练次数的增加，训练样本与测试样本间误差逐步减小。其中，前2.5次的迭代误差减小较快，2.5次迭代后，误差下降减慢，3条曲线趋于平行，直至迭代5次后，误差达到设定要求，训练结束，形成马拉松大众选手参赛风险预警模型。

在马拉松大众选手参赛风险模型拟合图中（图4-5），训练样本、测试样本和全部拟合优度分别为99%、95%、95%。99%的训练样本拟合优度充分说明网络训练效果的可信度，该模型可以解释99%左右的数据样本，排除个别干扰因素，模型具有较好的训练效果。而全部拟合优度达到95%，表明构建的BP神经网络模型结果合理，可以较好地解释马拉松大众选手参赛风险的预测问题。

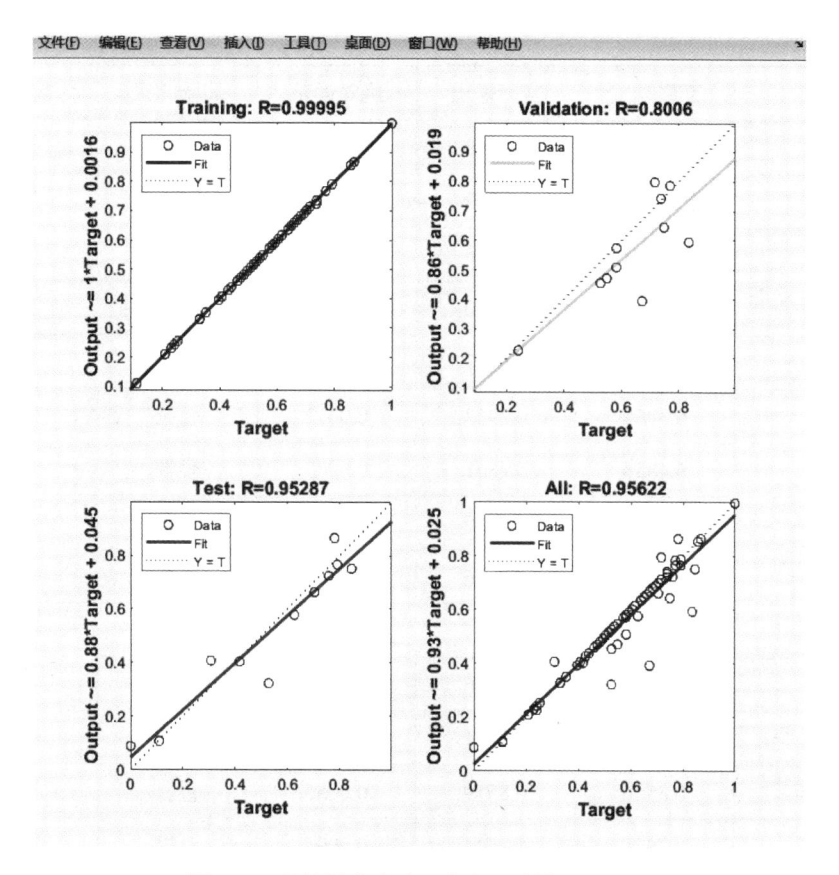

图4-5 马拉松大众选手参赛风险模型拟合图

4.2.5 BP神经网络模型检测

尽管BP神经网络模型拟合度较好,但其完备性还有待检验。仅有当检验样本输出值与期望值误差值较小,达到预设值时,才能说明构建的网络通过一致性检验,可以用于风险预测。使用调查所得的91组数据的后20组作为检验集,对马拉松大众选手参赛风险预警模型进行检验,检测结果如表4-4所示。从检验结果实际输出值与期望结果来看,二者基本相同且误差值较小,说明构建的BP神经网络模型通过检验,模型预测效果良好,对马拉松大众选手参赛风险预警作用明显。

表4-4 检测结果

样本	期望输出	实际输出	绝对误差	风险等级	警示灯
1	0.7364	0.7360	0.0004	重警	橙色

续表

样本	期望输出	实际输出	绝对误差	风险等级	警示灯
2	0.7370	0.7468	0.0098	重警	橙色
3	1.0000	0.9057	0.0943	巨警	红色
4	0.4000	0.3996	0.0004	轻警	蓝色
5	0.6874	0.6870	0.0004	中警	黄色
6	0.6200	0.6517	0.0317	中警	黄色
7	0.3964	0.3952	0.0012	轻警	蓝色
8	0.4858	0.4861	0.0003	轻警	蓝色
9	0.3350	0.3355	0.0005	轻警	蓝色
10	0.6800	0.6546	0.0254	中警	黄色
11	0.7201	0.7204	0.0003	重警	橙色
12	0.5200	0.5606	0.0406	中警	黄色
13	0.7796	0.7884	0.0088	重警	橙色
14	0.8506	0.8559	0.0053	重警	橙色
15	0.7638	0.7644	0.0006	重警	橙色
16	0.4346	0.4357	0.0011	轻警	蓝色
17	0.3466	0.3500	0.0034	轻警	蓝色
18	0.7100	0.6845	0.0255	中警	黄色
19	0.8006	0.8209	0.0203	重警	橙色
20	0.4764	0.4767	0.0003	轻警	蓝色

图4-6是BP神经网络训练输出的测试集风险与实际风险结果图。蓝色针状线为期望输出真实风险值，红色折线为BP神经网络模型的预测风险值。从图4-6的预测结果来看，实际值与预测值间的误差不大，仅有第三个绝对误差达到了0.09，其余预测误差均在0.04以内，小于0.05，证明该模型的风险预警效果较好。同时说明本文构建的BP神经网络模型可以用于预测马拉松大众选手的参赛风险。

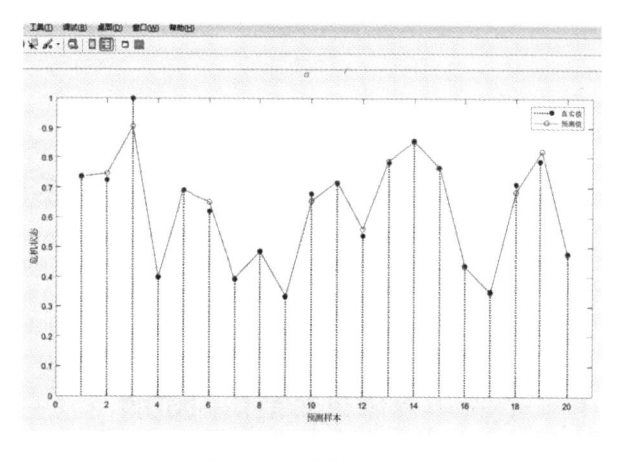

图4-6 预测结果图

4.3 预警模型应用结果分析

本书预警模型的训练样本和检测数据均源于参加过广州马拉松的大众选手和赛事相关人员，研究选取的样本量有限，导致得出的结果出现一定程度偏差。但这并不影响模型效果，从模型检测结果来看，研究构建的模型具有较好的拟合度。因此，只要样本的数量和质量得到保障，该模型用于预测马拉松大众选手参赛风险是可行且有效的。根据运用BP神经网络分析出的风险预警结果（表4-4），广州马拉松大众选手的参赛风险等级主要集中在中警和轻警2个级别。其中，轻警比例最大，占比35%。预测结果中，仅出现一个巨警。另外，重警的预警值多数在中警风险值边缘，说明广州马拉松大众选手的参赛风险较小，安全性高。但这并不代表赛事组织者和选手等可以轻视风险问题。良好的预警结果是多方面因素共同作用的效果，其中广州马拉松高质量的赛事组织和选手较高的风险意识发挥了关键性作用。

4.4 本章小结

本章介绍了马拉松大众选手参赛风险预警模型的构建和应用。首先，从神经学习算法及数学实现等方面阐述了BP神经网络的基本原理；其次，构建了马拉松大众选手参赛风险的BP神经网络预警模型，并运用MATLAB软件实现预警模型的仿真训练；最后，运用收集的广州马拉松大众选手参赛风险数据样本，仿真训练和检测了预警模型，并取得较好效果。

5 马拉松大众选手参赛风险的应对策略与预警管理系统

5.1 马拉松大众选手参赛风险的应对策略

5.1.1 参赛风险应对的基本方法

参赛风险应对是指为了消除或减少参赛过程中各种可能性风险事件的发生或降低风险损失而采取的有效措施与方法。良好的风险应对措施和方法是风险管理取得成功的关键。根据马拉松大众选手参赛风险的预警管理基本程序,当风险预警模型发出预警警报时,马拉松大众选手、赛事风险管理者及相关人员应及时从风险应对系统中调出相应对策,形成风险应对策略,以便进行有效风险处理和控制。因此,本章在分析马拉松大众选手参赛过程中面临的风险类型、影响后果、概率大小及风险性质等因素的基础上,结合风险管理的作用和性质,选择了风险规避、风险控制、风险转移三种方法运用于马拉松大众选手参赛风险应对。

5.1.1.1 风险规避

当风险发生的可能性较大,不利后果较为严重,且未找到有效应对措施或方法对其进行控制时而做出的停止比赛或改变比赛方式的措施称为风险规避。风险规避是从源头消除风险最有效和最直接的方法。风险规避策略主要包含完全规避和主动预防两种。完全规避即取消或终止参赛:如恶劣天气、自然灾害、社会动乱等情况出现时,需要考虑是否继续参加比赛;另外,参赛者如患有严重心血管疾病和伤病未愈,也需要考虑是否退出比赛。主动预防是指通过改变外部条件减小风险带来的不利后果:如避免在当地气温较高的季节举行马拉松赛事;赛道应避开交通较为复杂的地段,防止交通事故发生;比赛时如遇大雾,能见度较低时,可尝试推迟发枪时间,减少与风险接触的机会,从而避免或减小风险损失。

5.1.1.2 风险控制

风险控制是风险应对中最常用的应对手段。马拉松大众选手参赛风险控制指管理者或选手自己采取各种有效的措施和方法,消除或降低风险发生的可能性及造成的损失。风险控制包括风险预防和风险减轻两个方面。风险预防主要用于风险发生前，根据风险形式，采取有效措施从源头上控制风险，降低风险发生的可能性。风险减轻是指当风险发生时，采取措施抑制主要风险以减轻其不良后果的影响。风险识别的全面性是有效进行风险控制的关键。因此，采取多种手段和方法识别马拉松大众选手参赛风险，找出每个具体的风险因素，提前进行控制，将风险的不利影响控制在可接受范围内。

5.1.1.3 风险转移

当参赛风险无法通过风险规避和风险控制等手段进行改变时，通过合同或协议的方式，将风险损失转移给第三方的形式称为风险转移。体育保险是参赛者选择转移风险最常用的一种方式。购买保险仅仅是将风险损失转移，并不能消除或降低风险的发生。目前，马拉松主办方均会根据参赛者的报名信息为跑者购买保险，但这类保险的额度有限。因此，建议有经济能力的参赛选手自行购买一些额度较高的保险，以最大限度地减小损失。

5.1.2 马拉松大众选手参赛风险的具体应对策略

风险具有复杂性，故马拉松大众选手的参赛威胁并不是局限于某种具体风险。故针对某一风险问题不能局限于单一的应对方法，在充分了解风险源、风险特征、风险性质及风险影响等的基础上，可以使用混合式的多种应对方法进行控制。

根据马拉松大众选手参赛风险因素识别和评估结果可知，运动员自身风险、环境风险、组织管理风险、场地设施风险、医疗卫生风险等是大众选手参赛面临的主要风险来源。为此，本文根据不同风险的权重和应对方法的可行性，对各二级风险因素提出了针对性的应对策略（表5-1），旨在为业余跑者和相关人员提供风险应对参考。

表5-1 马拉松大众选手参赛风险的应对方法与策略

风险因素类别	权重均数	风险因素	权重	应对方法	应对策略
运动员自身风险F_1	0.3503	生理因素F_{11}	0.3417	风险规避	报名时必须提供二级甲等以上综合医院体检证明；不准患有心血管疾病、高血压及不适合运动的疾病患者参赛
		心理因素F_{12}	0.2780	风险预防	注重自我调节，合理控制自己的情绪和心理反应；摒弃盲目攀比逞强的心态

续表

风险因素类别	权重均数	风险因素	权重	应对方法	应对策略
运动员自身风险F_1	0.3503	知识能力F_{13}	0.1144	风险控制	创建马拉松训练及知识科普网站；正确认识马拉松运动风险，量力而行；丰富理论知识和实践经验；增强安全意识和风险预见能力；运动前做好准备活动
		运动水平F_{14}	0.1926	风险控制	规范技术动作，合理运用战术；避免盲目自大，跑出自己的节奏
		自我管理F_{15}	0.0733	风险预防 风险转移	赛前进行规律性训练；循序渐进地增强身体素质；根据自身实际，安排运动量和跑量；购买体育保险
环境风险F_2	0.0640	自然环境F_{21}	0.7333	风险控制 风险规避	地震、台风、冰雹等不可抗力的自然灾害发生时停止比赛；气候异常（高低温、严重雾霾等）时调整比赛时间或停止比赛；根据当地气候特点安排训练和比赛
		社会环境F_{22}	0.2667	风险规避 风险控制	相关部门制定和完善参赛规章制度和应急管理制度；拒绝替跑；严惩抄近道和其他不正当行为；相关部门维护好当地治安环境，执行好赛事安全工作；加大宣传，注重媒体的社会作用；积极争取社会的支持；注重地域差异，提前做好准备，加强文化宣传
组织管理风险F_3	0.1792	组织决策能力F_{31}	0.5213	风险控制 风险规避	运用大数据分析细化赛事风险因素，提升组织能力；赛前加强对相关工作人员的思想教育和业务培训；聘请经验丰富团队运营赛事，制订赛事风险方案，提升预警能力；完善风险管理规章制度并严格执行；建立动态风险数据库，提高决策能力；完善风险应急预案；提高组织者风险防范意识
		管控能力F_{32}	0.4767	风险控制 风险预防	做好参赛人流应急方案设计；加强沿途观众安保管理；做好参赛者人身安全预案管理；提高相关部门的组织能力，完善赛事日程、交通、食宿等问题
场地设施风险F_4	0.1043	主体设施F_{41}	0.6333	风险规避 风险预防	政府部门加强对城市基础设施的建设；出现赛道损坏要及时更换路线或停止比赛；注重赛道设计的合理性和空间安全性，避开交通复杂和拥堵地带；严格按照规定设置标识
		附属设施F_{42}	0.2605	风险控制	严控补给点的设置及补给物管理；标准化电子设备；注重穿戴设备的质量；完善配套设施

续表

风险因素类别	权重均数	风险因素	权重	应对方法	应对策略
场地设施风险 F_4	0.1043	临时设施 F_{43}	0.1062	风险控制	保证设施的便捷性和安全性；完善临时设施布局和数量
医疗卫生风险 F_5	0.3058	医疗资源 F_{51}	0.0983	风险控制	加大医疗卫生资金投入；积极提升当地医疗的救助技术水平和应急救援人员心肺复苏和止血包扎等水平
		医疗事件 F_{52}	0.4003	风险规避风险控制	加强医务监督，做到赛前体检；出现运动员晕倒或昏迷等状况时，及时进行心肺复苏和急救处理；加强赛事期间流行性病毒或疾病管理；及时灵活处理突发医疗事件
		医疗救助 F_{53}	0.1578	风险控制	保持救援通道的通畅性；提高救援的及时性和有效性能力
		医疗监管 F_{54}	0.3435	风险控制	完善内部管理机制，提升工作效率；落实医务监督工作

5.1.2.1 运动员自身风险具体应对策略

从风险评估结果来看，运动员自身风险在整个风险评价系统中所占比重最大，权重为0.3503。换言之，大众选手参赛面临的主要风险来源于自身。运动员自身风险包括生理、心理、知识能力、运动水平及自我管理等五个方面。其中，生理因素（0.3417）和心理因素（0.2780）权重最高，是风险防范的重点。

1.生理因素

生理因素是参赛选手自身风险中最主要的威胁，主要源于个人身体素质状况，但参赛过程中也会因为组织的疏忽而造成风险事故的发生。因此，研究从赛事组织者和选手自身的角度提出了以下应对策略：一方面，赛事组织者必须从源头上控制风险，报名时要求参赛者必须提供二级甲等以上综合医院体检证明，不准患有心血管疾病、高血压及不适合运动的疾病患者参赛；另一方面，选手自身应该在赛前加强身体锻炼，保持良好的身体机能，减小患疾病或伤病的可能性；同时选手要有针对性地增强心肺功能性练习，以提高自身生理功能，减小风险事故发生。

2.心理因素

良好参赛心态不仅是选手取得优异运动成绩的前提，更是参赛安全的保障。因此，赛事组织者和选手可以从以下几个方面做好风险应对：首先，赛事主办方要营造良好的参赛氛围，在赛前、赛中、赛后设置不同的活动气氛，从外部环境方面营造选手积极的参赛心态，鼓励选手和谐参赛；其次，参赛者赛前应该结合个人身体健康水平，选择适合自己的距离，避免盲目跟风报名参赛；赛中摒弃盲目攀比逞强的心态，保持自己合理的速度，避免与他人发生冲突，控制好自己情绪；赛后及时做好机体恢复处理，切忌抱有完赛即完事的侥幸心理。

3.知识能力

马拉松由于不需要复杂的技术动作而广受群众喜欢，逐渐演化为一项大众健身项目。然而，正是由于简单易参与，导致参与者对马拉松相关知识认识不够，造成风险事故的发生。知识能力风险的控制，不仅需要参赛者积极主动的参与，也需要赛事组织者和社会共同参与。首先，主办方或社会等创建马拉松训练及相关知识科普网站，让大众选手正确认识马拉松运动中的风险，量力而行；其次，个人注重加强马拉松运动相关理论知识的学习，提高自身对马拉松运动项目的认识。另外，加强对运动风险知识的学习，提高自身风险预见和处理风险事故的能力。

4.运动水平

运动水平主要体现在参与者技战术运用情况、运动强度把控和运动量适应等方面。因此，主办方在组织选手报名时，要通过各种途径提示选手全面评估自己的运动水平，根据自身实际情况选择不同距离的项目。选手赛前应该做好技战术布局，提前演练，合理运用战术，避免赛事中因外在因素和自身原因而错误使用技战术，造成运动损伤或其他风险。另外，选手还应该保持长期锻炼的习惯，避免赛前加量突击或赛中猛然提量，造成运动强度过大，运动量不适应而引发风险。

5.自我管理

自我管理风险主要体现在自我约束能力、自我调节能力等方面。该风险主要体现在选手自身方面。因此，选手可以从以下措施规避自我管理风险：第一，赛前应该进行规律性训练，做到有计划和有组织地训练；第二，注重自身常规锻炼管理，循序渐进地增强身体素质；第三，根据自身实际安排运动量和跑量；第四，赛前做好准备活动；第五，购买体育保险等。

5.1.2.2 环境风险具体应对策略

环境风险中主要包括自然环境和社会环境。其中，社会环境是大众选手参赛的主要风险因素。因此，完善相关法律和规章制度，重视社会环境建设，对发展马拉松赛事和提高选手参赛的安全性都具有重要意义。

1.自然环境

对于马拉松赛事而言，风险规避的主体是赛事主办方。在自然环境风险应对方面，赛事组织者应联合气象部门、地质灾害部门、突发事件监测部门等机构做好自然环境风险预测，根据以往数据选择最小风险时段举办赛事；当发生地震、台风、冰雹等不可抗力的自然灾害时，应立即根据实际情况调整比赛，做好疏散或躲避等保护措施；遇到气候异常的情况，应合理调整比赛时间或停止比赛。另外，选手个人在日常训练中，要根据当地的气候特点合理安排训练，尽量避免在高温、雾霾及雨雪等天气进行训练。

2.社会环境

社会环境所包含的内容较广，风险更为复杂。社会环境风险防范要取得良好效果，需要从上到下全方位发力。首先，国家相关部门和赛事主办方要制订和完善参赛规章制度和应急管理制度，让赛事组织者和参赛者"有法可依"；其次，赛事组织者要严查替跑、抄近道和其他不正当行为，从源头上遏制因选手不当行为引发的风险事故；高度重视安保问题，维护好当地的治安环境，执行好赛事安全工作；加大宣传，注重媒体社会作用，注重地域化差异，提前做好准备和文化宣传；积极争取社会的支持，减少不良社会影响；最后，选手在参赛前要充分了解当地的风土人情，参赛过程中尊重当地的文化和社会管理等。

5.1.2.3 组织管理风险具体应对策略

组织管理因素是影响整个赛事成功举办的基础保障，涉及赛事主办方的管理和组织能力，主要通过赛事组织和管理水平体现。组织管理关系到参赛选手的生命财产安全，是风险预警应对工作的重要节点[89]。组织管理风险主要包括组织决策能力和管控能力两个方面。

1.组织决策能力

组织决策能力在风险评估中属于中警状态，其风险状况直接关系整个赛事的举办和参赛者安全。针对该风险，可以采取以下措施进行防控：首先，运用大数据分析细化赛事风险因素，提前预防，提升组织能力；其次，赛前加强对相关工作人员的思想教育和业务培训，降低人员风险；再次，聘请经验丰富的团队运营赛事，制订赛事风险方案，减小参赛者面临的组织风险；最后，完善风险管理机构的组织工作和风险管理规章制度，建立动态风险数据库，及时应对赛事过程中发生的风险，最大程度保障选手正常参赛。

2.管控能力

从参赛资格审查到入场安检再到人流控制等一系列的过程，都是管控能力的体现。因此，可以从以下三个方面采取管控能力风险的应对策略：首先，赛事组织者要做好参赛人流应急方案设计，避免在进场和起跑时发生踩踏风险；其次，加强沿途观众安保管理，保障参赛者人身安全；最后，提高相关部门的组织能力，完善赛事日程、交通、食宿等问题，提高选手人身安全保障和参赛体验感。

5.1.2.4 场地设施风险具体应对策略

马拉松赛事虽然不需要专业体育场馆,但对赛道的选择和相关赛事配套设施提出了一定规格的要求。研究从场地设施风险包括的主体设施、附属设施和临时设施三个方面提出针对性措施,对防控风险的发生具有重要作用。

1.主体设施

主体设施因素是场地设施的主要风险问题。马拉松赛道通常采用城市道路,路线规划上常常涉及城市重要标志和名胜古迹所在之处,往往会经过一些道路狭窄地区和老旧街区,造成空间性风险。为最大程度减小主体设施给选手带来的风险问题,政府部门首要加强对城市基础设施建设,出现赛道损坏要及时更换路线或停止比赛,避免因赛道损坏而造成选手参赛风险;其次,主办方要注重赛道设计的合理性和空间安全性,选择适合的场地路面,尽量避开交通复杂和拥堵地带。因为竞赛路面情况、比赛场地四周环境、竞赛服务志愿人员等都是影响运动员比赛的客观因素[90];最后,选手参赛过程中要留意赛道中的标识和道路指引,减少借助高大建筑物和道路两旁设施遮阳,避免高空落物。

2.附属设施

附属设施是对主体设施功能的补充,是参赛者取得更好成绩和获得优质参赛体验的保障。附属设施权重值为0.2605,属于轻警。选手在参赛过程中,首先要注意自身穿戴设备的质量,特别是鞋子,避免因装备而导致风险发生;其次,组织者要严格按照赛事标注设置补给点,特别是可以适当增加后半程补给点的设置,同时加强补给物管理,避免发生后程无水和能量棒不够等状况,影响选手参赛;最后,主办方要及时完善配套设施,最大可能地提高选手赛事期间的食、住、行等生活保障。

3.临时设施

临时设施是指为了满足赛事的短暂性需求而搭建的暂时性基础设施。由于临时性特点,往往导致赛事组织者忽视安全问题,造成风险事故发生[91]。因此,选手在参赛过程中,有针对性地留意临时设施,尽量避开临时搭建的物体。另外,赛事组织者要合理规划临时设施的布局位置和数量,在保证设施安全性的前提下提供便捷性,避免发生风险事故。

5.1.2.5 医疗卫生风险具体应对策略

医疗资源、医疗事件、医疗救助及医疗监管是评价医疗卫生风险的四个关键点。医疗卫生风险的重要度仅次于选手自身风险,且调研过程中多数专家都重点强调了该风险因素,它与每个参赛者息息相关,是整个赛事生命安全的屏障。

1.医疗资源

精心布置医疗力量,完善医疗救助设备和加强人员培训等能够有效防控医疗资源风险问题[92]。因此，赛事组织者可以根据当地医疗状况和赛事组织能力，合理分配赛事救助医院、医疗人员、医疗物资、急救设备和医疗自愿者等，实现医疗资源的最大化和精准化运用，为赛事保驾护航。另外，根据马拉松赛事后半程风险高发的特点，结合线路规划情况，合理布局医疗点和投放急救设备，在资源允许情况下在赛道上增加急救流动队伍，以实现医疗资源全程覆盖，减少风险事故发生。

2.医疗事件

医疗事件是选手面临的最大医疗风险。控制和减小医疗事件的发生，可以采取以下策略：第一，加强流行性疾病和传染性病毒的防控。赛事主办方要做好医疗卫生消毒和疾病控制，发现病源及时控制并做有效处理；参赛者要注意自身防范，远离病毒区。第二，保持运动合理性，避免过度运动。赛中发现自己身体不适，应立即停下来，就近寻求医疗救助，以避免运动损伤或死亡。第三，发生运动员晕倒或昏迷等状况时，及时进行心肺复苏和急救处理，减少死亡风险发生。第四，注重食宿卫生，避免发生食物中毒，选择具有合法经营许可的酒店和餐馆，从源头上规避风险。

3.医疗救助

马拉松作为一项超长距离的耐力性项目，不可避免地会发生运动伤害。有效的医疗救助可以最大限度地减小伤害带来的损失，保障参赛者生命财产安全。因此，可以从以下三个方面应对医疗救助风险：首先，主办方赛前做好救助预案，提前进行演练，提高医疗救助反应速度，保证在救援黄金时间内施救是应对医疗救助的重要原则；其次，赛事组织者在规划赛道时要提前考虑好救援通道的通畅性问题；最后，精选医疗人员，提高医疗救助者水平，保障损伤得到及时有效处理。

4.医疗监管

严格的医务监督是马拉松大众选手参赛的安全保障。马拉松运动体能消耗大，不仅运动中具有较大风险，比赛结束后往往也是风险的高发时段。针对赛事不同阶段风险发生的条件和产生的影响效果，研究根据赛前、赛中、赛后三个阶段的不同风险情况，提出了医疗监管的针对性措施。首先，赛前主办方要认真做好选手的报名资料筛查，从源头上切断风险源；而参赛者在报名前要对自己的健康状况做出真实客观的评价，对自己负责；其次，赛中医疗人员和自愿者等要注意观察选手的状态，发现情况及时劝说选手退赛或休息后再继续；同时选手自身也要避免逞强盲目坚持；最后，赛后组织者和选手均要注重完赛后的康复管理。另外，赛前做好医疗部门、医疗交通、医疗设备等环节间的有效沟通，能够避免风险事故产生时互相推卸或不作为而导致的风险事故的发生。

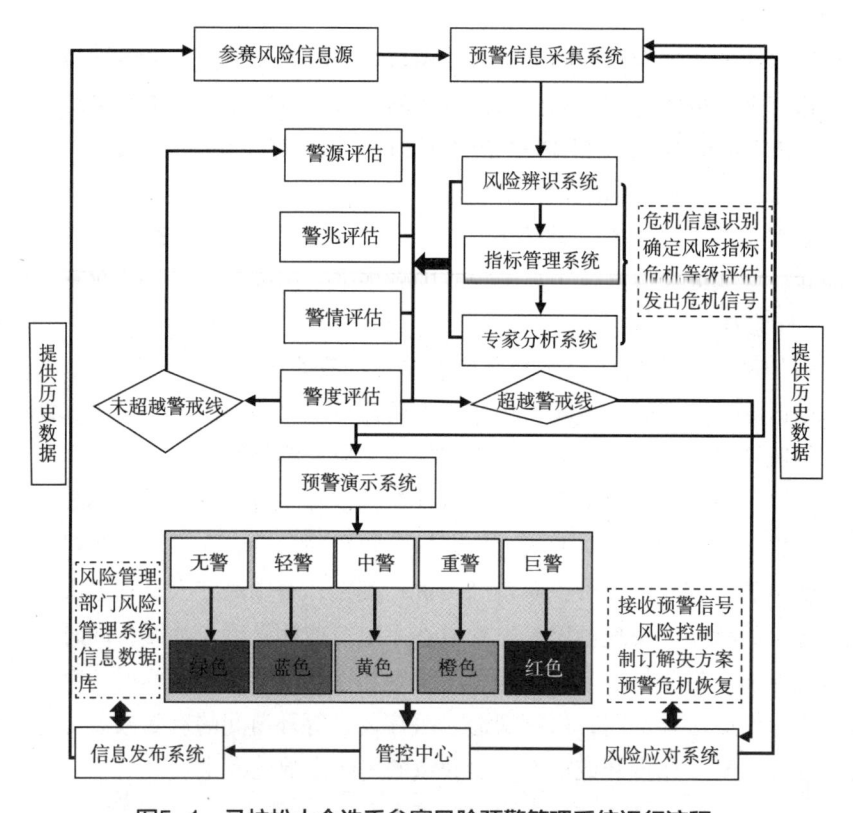

5.2 马拉松大众选手参赛风险预警管理系统

管理马拉松大众选手参赛风险是为了找出选手在参赛过程中面临的各种风险，提前做出预警和防控，最大限度减小风险带来的损失。但管理作为一个复杂性系统，需要多种手段和因素共同作用。因此，构建一个预警管理辅助系统尤为必要。

研究以风险预警、参赛风险、赛事管理等领域的相关理论和方法为基础，结合大数据的理念，拟构建一套人机智能互联的智能化风险管理系统。该系统通过计算机软件的预测和仿真技术对风险进行动态监控，提前做出预警判断，并通过数据库中建立的预警对策系统提出针对性的参考建议，为马拉松大众选手和赛事管理者提供决策依据。目前类似的风险预警管理系统，在群体性事件预警等领域已有运用，但在马拉松大众选手参赛风险预警中并未见到。因此，本文提出建立马拉松大众选手参赛风险预警管理系统，无论是从开创性角度，还是实际价值方面都有重要意义。

研究初步设计了马拉松大众选手参赛风险预警管理系统运行流程（图5-1）。整个系统以信息采集系统为起点，先进行信息收集，初步确定风险来源；再进入

图5-1　马拉松大众选手参赛风险预警管理系统运行流程

5 马拉松大众选手参赛风险的应对策略与预警管理系统

系统的核心部分,在风险识别系统、指标管理系统和专家分析系统完成危机信息识别,并使用训练好的BP神经网络模型做出风险等级评估,根据风险危害大小发出相应危险信号,以供参赛选手和相关人员参考;最后,风险应对系统和信息发布系统作为整个系统流程的终点,主要负责接收核心部分分析输出的预警信号,根据风险性质和影响大小,制订解决方案,对风险进行有效控制,并及时将信息传递和发布给相关人员。系统循环的风险识别、风险评估、风险应对又会形成新的历史数据输入信息采集系统,为后续研究提供案例支持。

风险预警管理系统涉及多种知识、多种管理手段和多个流程等因素,结构较为复杂。借鉴王征等(2016)对群体性事件风险预警管理系统的研究,本章设计了包含信息采集系统、风险辨识系统、指标管理系统、专家分析系统、警情演化系统、风险应对系统和信息发布系统等七个模块的马拉松大众选手参赛风险预警管理系统(图5-2),并详细阐述了各个模块的作用和方法,以便提高对风险预警管理系统的认识,提前做好相关风险的应急准备,提高风险防范效率。

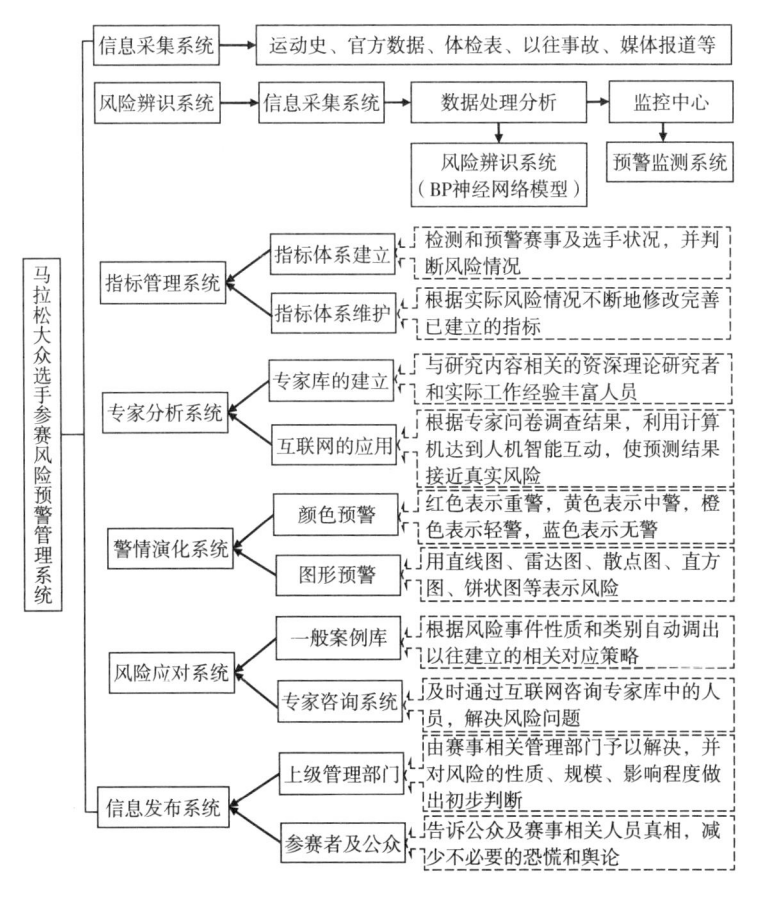

图5-2 马拉松大众选手参赛风险预警管理功能模型

5.2.1 信息采集系统

信息采集是通过各种手段和方法获取零散性信息并利用的关键一步[94]。采集信息的全面性、准确性和时效性是信息采集质量好坏的保障，而明确的内容范围、时间范围、地域范围又保证了信息采集的精准度。信息采集的方法多种多样，其中调查法、观察法、文献资料法是最常用方法。马拉松大众选手参赛风险信息的采集必须建立在预警指标内容的基础上，通过针对性的风险收集，建立一套多样化专用信息采集渠道，为满足指标体系需要而服务。参赛风险信息可以通过参赛选手的运动经历、报名表、体检表、以往事故、官方相关数据、新闻媒体报道等途径获取。

5.2.2 风险辨识系统

风险辨识的主要任务是针对性地筛选和分析收集的信息。马拉松大众选手参赛风险评价指标体系必须建立在具体数据上，做定量化分析。但大众选手作为马拉松赛事的参赛者主体，占所有参赛者人数的98%左右。因此，建立风险评价指标体系所需要的数据量较为庞大，必须建立以计算机为辅助的定量化信息处理系统。研究在第四章已经应用MATLAB软件构建了BP神经网络预警模型，处理收集数据后，输入模型，可以通过预先的网络参数设定实现风险评估结果的输出，显示风险指标的危险度，并将结果提供给监控中心，提前做出风险预防。

5.2.3 指标管理系统

指标管理系统主要体现在指标体系构建和管理两个方面。首先，指标体系建立是要能够最大限度地体现马拉松大众选手参赛面临的风险问题，确保进入预警管理系统的指标具有科学性和可行性。因此，所构建的指标应是在一系列科学研究方法的指导下，经过领域内权威专家严密论证且能够最大限度地反映大众选手参赛风险问题的一套敏感性指标。该套指标可以用来对赛事及选手状况进行监测和预警，并判断风险情况。其次，随着社会及赛事的发展进步，以往构建的风险指标会出现不适用的状况。所以结合参赛运动员的实际情况和社会发展状况，邀请专家小组对已建立的指标不断地修改完善，甚至对指标结构体系进行调整，这有利于提高指标的适时性，增强风险防范能力。

5.2.4 专家分析系统

专家分析系统包括专家库建立和互联网应用两部分。首先，计算机可以模拟人脑识别风险，但并不能完全代替人脑工作，人的主观能动性是计算机无法代替的。因此，在马拉松大众选手参赛风险预警管理系统中需要建立专家库系统，挑选一批领域内的资深专家，利用他们的专业知识、主观经验及实践经验等，完成对风险状况的分析和判定。专家选取应包含领域内资深专家和实践人员，且数量上也应覆盖所构建指标内容的所有范围。其次，要充分利用好信息时代的优势，通过信息的及时沟通和反馈，在最短时间内完成专家咨询或汇集专家分析结果。然后结合风险识别系统识别出的风险状况，最大限度实现人机智能互动，使预测结果接近真实风险状况。

5.2.5 警情演化系统

警情演化系统是应用计算机的预测和分析功能，结合专家分析系统建立的人机智能互动风险预警信号输出系统。评估和预测是该系统最主要的功能。评估功能主要是根据参赛选手的自身状况、赛事组织管理及社会环境等因素做出的风险评估，根据不同评估结果通过计算机屏幕发出一组类似于交通信号灯的预警信号，如"红色"表示"重警"，"黄色"表示"中警"，"橙色"表示"轻警"，"蓝色"表示"无警"等。预测功能是通过专家分析，结合计算机模拟系统，对大众选手参赛的潜在风险问题提前做出预测，一般采用直观的图形变化趋势进行演示分析，如利用直线图、雷达图、散点图等表示风险未来的变化趋势。相关人员和部门可以依据警情演化系统结果及时做出相应的对策。

5.2.6 风险应对系统

风险应对系统通常由专家咨询系统和一般案例库构成。风险应对系统连接专家咨询，能够实现高效便捷的案例库使用和专家咨询，及时为大众选手或赛事管理者等提供风险应对策略。系统将马拉松风险的相关常规案例储存在计算机系统中，形成一般专家库，待出现风险问题时，可以根据事件性质、类别、相关性等调出相关案例，为解决风险提供应对策略和思路。另外，当出现非常规风险时，调取系统中的专家，通过互联网及时咨询，找到风险应对策略，化解风险问题，同时将咨询结果保存于专家库中，以备日后使用，形成一个风险应对循环系统。

5.2.7 信息发布系统

信息的公开性、及时性、可靠性是风险事件预防和处置的前提性条件，在解决和化解风险过程中起到关键性作用[95]。信息发布系统主要是把风险的性质、规模、影响程度等及时上报管理部门，由相关部门及时解决，并根据风险事实情况做出初步判断，以便及时有效地采取应对措施。另外，对于马拉松赛事可能面临的风险问题及风险处理结果，应该及时向参赛选手及相关人员公布，减少不必要的恐慌和舆论。

5.3 本章小结

本章主要介绍了马拉松大众选手参赛风险预警的应对策略和管理系统。首先，根据指标风险量大小选择不同的风险应对方法，并依据16个二级指标提出了针对性的具体风险应对策略，为大众选手和相关赛事人员提供了具体的参赛风险应对参考措施。其次，研究以风险预警和赛事管理等领域的相关理论和方法为基础，结合大数据理念，构建了一套人机智能互联的智能化风险管理系统，并分七个模块分析了马拉松大众选手参赛风险管理的作用和方法等。该系统最终目的是通过计算机软件的预测和仿真技术对风险进行动态性监控，提前做出预警判断，并通过数据库中建立的预警对策系统提出针对性的参考建议，为马拉松大众选手和赛事管理者提供决策依据，以促进我国马拉松赛事的持续健康发展。

6 结论与展望

6.1 结论

研究以马拉松大众选手在参赛过程中面临的风险为切入点，采用理论与实证相结合的研究方法，围绕大众选手参赛风险问题展开研究，旨在预先识别大众选手参赛面临的潜在危险，提高其参赛的安全性。本书的主要工作和结论如下：

（1）构建了马拉松大众选手参赛风险预警指标体系。采用德尔菲法，通过两轮专家问卷，最终构建了包含5个一级指标，16个二级指标，58个三级指标的马拉松大众选手参赛风险预警指标体系。

（2）运用层次分析法及MATLAB软件确定了各指标风险量大小。马拉松大众选手参赛风险预警指标的权重大小依次为运动员自身风险、医疗卫生风险、组织管理风险、场地设施风险、环境风险。另外，生理因素、自然环境、组织决策能力、主体设施、医疗事件等因素对大众选手的影响最大。

（3）建立了马拉松大众选手参赛风险预警的BP神经网络模型。以参加过广州马拉松的大众选手和相关赛事人员为调查对象，根据本书的研究目的，最终构建了包含58个输入层、10个隐含层、1个输出层的马拉松大众选手参赛风险预警模型。

（4）构建的马拉松大众选手参赛风险预警模型效果良好，具有较高的预测精度。预警模型的网络训练精度为0.003328，且模拟的训练样本、测试样本和全部样本拟合优度分别为99%、95%、95%，排除个别干扰因素，说明该模型可以解释99%左右的数据样本。模型预测结果实际值与预测值间，除个别绝对误差达到0.09，其余误差均小于0.05。此外，预测得出的广州马拉松大众选手参赛风险主要集中在中警和轻警2个级别，轻警占比35%。

（5）依据广州马拉松大众选手的参赛风险情况，选择了风险规避、风险控制、风险转移三种方法，形成混合式的风险应对方式，并从管理者视角和选手视角，对各二级风险因素提出了具体的参赛风险应对策略，并构建了针对性的风险预警管理系统，为大众选手和赛事管理者进行风险防范和控制提供了理论参考。

6.2 局限与展望

首先，风险预警指标体系待进一步完善。由于研究构建的马拉松大众选手参赛风险预警指标数量较多，且属性复杂。如果简单删除某些或某个指标，容易造成指标覆盖内容不全，在评估过程中产生误差；但指标过多往往会导致重复评估，甚至影响内容的准确性。因此，为了更加准确科学有效地评价马拉松大众选手参赛风险，未来研究中将通过降维的方式，对所构建的风险预警指标提取公共因子，找出更为合理的替换指标，以便构建更为准确的评估体系。

其次，专家数量和数据获取的局限性。研究在指标构建及指标权重分析中均采用同一批专家意见，难免造成结果存在一定误差。未来研究中将扩大专家访问和咨询数量，提升研究内容的可信度。另外，本文用于BP神经网络模型分析的指标数据主要源于广州马拉松的大众选手和赛事相关专家等，数据来源比较单一，且数量有限，不能充分展示BP神经网络预警的优势。在接下来的研究中，将收集多个马拉松的相关数据，用该模型进行对比分析，以便进一步证实此模型的实用价值。

最后，由于笔者自身知识能力、学术水平和资源获取能力的局限性，论文得出的成果还比较浅显和粗糙，存在一定的问题，将在下一步的研究中努力改进。同时，恳请各位专家和其他学者批评指正。

下篇

实用篇

7 马拉松运动基础知识

7.1 选择合适的跑鞋

跑鞋是马拉松参赛者参赛的重要装备之一,不仅会对选手参赛的成绩有影响,也对降低参赛者受伤风险有较好的帮助。面对当下市场上琳琅满目的跑鞋和各大商家的推荐以及自媒体的不同建议,很多马拉松爱好者在选择跑鞋时犯了选择困难症。因此,普通跑者如何选择一双适合自己的跑鞋成了跑者的困难。本节基于先考虑舒适度,再考虑功能的原则,提供一些建议。

7.1.1 认识鞋子

了解跑鞋由哪些要素构成是选择一双合适跑鞋的基础。一双跑鞋通常由鞋面、鞋舌、鞋头、鞋跟、鞋基底、鞋垫、鞋头翘度、鞋跟缓冲垫、鞋底夹层、跟趾落差等要素构成,跑者在了解这些要素的基础上选鞋,会事半功倍。本小节以鸿星尔克公司的跑鞋为例,分析跑鞋的相关要素和术语。

7.1.1.1 鞋面

鞋面,也叫鞋帮面料,主要指鞋子底部以上包裹脚后跟、两侧、脚面及脚尖的部分。跑鞋的鞋面面料通常由化纤织物构成,也有其他的材料,为了增加跑鞋的透气性,大多数跑鞋均是采用网眼状织物面料。

图7-1 鞋面示意图

7.1.1.2 鞋舌

鞋舌是指鞋子的鞋带下方与脚背正面之间的部分,由于造型酷似人的舌头,故称为鞋舌,多用于运动鞋中。大多数跑步鞋的鞋舌和鞋面一样均采用网眼状织物面料，以保证鞋子的透气性。另外，为防止鞋舌在运动过程中过度偏移，一般在鞋舌的正面中部会增加一个穿鞋带的孔，用于更好地固定鞋舌。

图7-2 鞋舌示意图

7.1.1.3 鞋头

鞋头也叫鞋尖，是鞋子的最前面部分，其最前端被称为脚趾帽。鞋头的主要功能是包裹和保护脚趾。为了保证鞋子不挤脚，选鞋时通常应保持脚趾与脚趾帽的距离为2~3cm或者一个大拇指的距离。

图7-3 鞋头示意图

7.1.1.4 鞋跟

鞋跟是指位于脚后跟下方的鞋子跟部位置。运动鞋中的鞋跟更多的是起到缓冲作用。

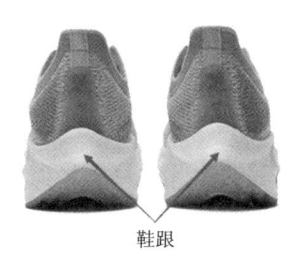

图7-4 鞋跟示意图

7.1.1.5 鞋基底

鞋基底是鞋的底部层，主要由外底、中底和鞋跟等构成。外底即鞋子底部最外面一层，通常采用坚硬的橡胶制成，上面刻有纹路或商品Logo，主要是提供良好的摩擦力和抓地力。中底采用发泡技术而成，主要起缓震作用，位于外底的里层。

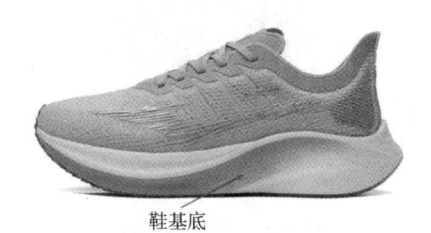

图7-5　鞋面示意图

7.1.1.6 鞋垫

此处所说的鞋垫特指运动鞋内位于鞋底夹层之上的鞋垫。这种鞋垫通常采用织物或泡沫制作而成，主要目的是减缓减低和地面之间的缓冲。运动鞋的鞋垫固定方式主要有可单独取出和与鞋底夹层连为一体式的两种方式。为了减少鞋垫滑出，降低运动风险，现在很多运动鞋均采用一体式鞋垫。

图7-6　鞋垫示意图

7.1.1.7 鞋头翘度

鞋头翘度是指鞋头向上翘起的弧度，目的是提升脚落地后向前滚动的动力，这种设计更符合人体跑步工学。但并不是翘度越大越好，过大的翘度不利于脚底板的均匀受力，因而鞋子的翘度一般建议选择5°~10°的即可。

图7-7 鞋头翘度示意图

7.1.1.8 鞋跟缓冲垫

鞋跟缓冲垫主要是指位于脚跟下方的鞋子脚跟部分的缓冲部件，目的是吸收地面对脚后跟返回的冲击力，起到缓震的作用。多数跑者在跑步过程中都是采用脚后跟落地，所以一双具有优良缓冲垫的鞋子对跑步者的意义重大。

图7-8 鞋跟缓冲垫示意图

7.1.1.9 鞋底夹层

鞋底夹层也叫鞋底中层，主要位于鞋垫与鞋底之间，通常采用泡沫、塑料、空气囊等作为材料，为鞋子提供缓冲和韧性。但鞋子夹层并不是越厚越好，太厚的夹层不仅会增加鞋子高度，提高了崴脚风险，而且会降低脚与地面的触觉，对跑步不利。

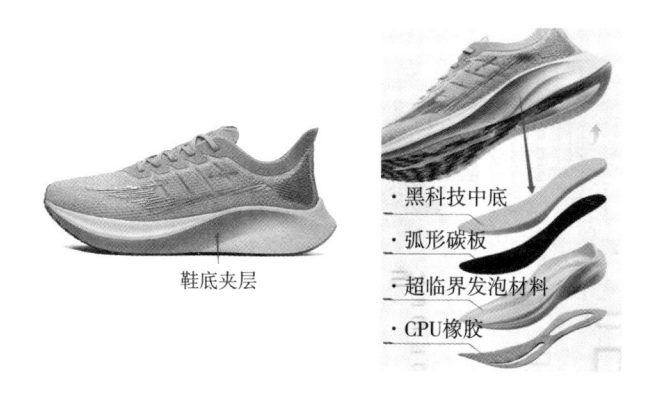

·黑科技中底
·弧形碳板
·超临界发泡材料
·CPU橡胶

图7-9 鞋底夹层示意图

7.1.1.10 跟趾落差

跟趾落差是指脚跟与脚趾的高度差，一定高度的落差有利于跑步过程中脚的滚动。但跟趾落差也不是越大越好，过大的跟趾落差会造成脚面接触地面面积减少，提升跑步风险。跟趾落差一般6mm为最佳。

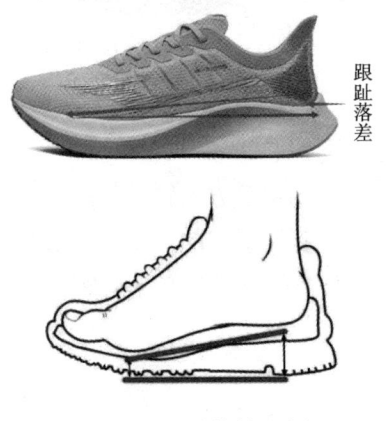

图7-10　跟趾落差示意图

7.1.2 选择鞋子

7.1.2.1 选择跑鞋应考虑的因素

第一是鞋子的大小。鞋子的大小直接影响穿着的舒适感，如果鞋子偏小，在跑步过程中脚会非常难受，甚至会因此受伤；如果鞋子偏大，跑步过程中容易滑落，不仅影响参赛成绩，还有可能导致风险事故发生。

第二是鞋子的质量。马拉松属于长跑运动，在买鞋子时要考虑是否有质量问题，以免在参赛或运动途中发生损坏，特别是鞋底脱落的情况。

第三是鞋子面料和鞋底材料。购买马拉松鞋子不仅要考虑到透气性问题，还要注意鞋底的减震效果，长时间的奔跑，如果没有鞋子的减震，脚会更容易疼痛。

第四是考虑参赛或运动的环境。比如，在城市马拉松和山地马拉松使用的鞋子就会有区别，要做好不同环境下的选择。

第五是考虑现在已有鞋子存在的问题，新鞋子是否可以弥补这个问题。

第六是考虑主办方对鞋子有没有要求，如果有就要根据主办方要求购买。

7.1.2.2 一双好跑鞋的要素

首先是跟趾落差，最好的跟趾落差不要超过6mm。

其次是轻量化，男性跑者的鞋子重量建议控制在285g左右甚至更轻；女性跑者建议控制在230g左右甚至更轻。

最后是自然中性，不要过度强调鞋子的某一个特性，鱼和熊掌是很难兼得的，假如过分强调有效缓冲，那么其他的方面可能就会稍微减弱了。所以对跑鞋而言，自然中性就可以。

7.1.2.3 选鞋的基本建议

第一，外形和鞋底的厚度不是选鞋的主要依据，跑鞋不必太炫酷，适合自己的脚型最重要。

第二，不要过分强调能很好支撑足弓的鞋。正常情况下，在跑步的过程中，档脚落地的瞬间，脚会出现轻度的外翻。但这是跑步的自然现象，不需要依靠鞋子进行调整。如果过度支撑足弓，可能会造成脚在落地瞬间不能正常外翻，进而引起脚踝和膝盖疼痛。

第三，对于扁平足的马拉松爱好者而言，可以通过加强髋、膝、踝等关节的力量来减小足外翻。

第四，确保鞋子的大小合适，要让脚在鞋内有足够的空间。最好的判断方法是系好鞋带后脚趾头还可以活动自如，脚后跟部分也还有少许的空间。

第五，注意鞋子是否过窄或左右较宽松。鞋子左右过窄或者过松也是不适合的，会造成跑步过程中脚在鞋内摇晃。

第六，可以穿上鞋子走一步或者跑一下，感受鞋子是否有鞋舌和鞋跟摩擦脚的感觉，如果有，建议更换。

第七，建议选择一双鞋垫一体式的鞋子，同时也可以考虑鞋垫的舒适度问题。

第八，如果条件允许的话，建议购买两双跑鞋，交替使用。长期穿一双鞋子首先可能会造成脚不舒服；其次，长期的使用会缩短鞋子的寿命。

7.1.3 鞋子的更换判断

第一，当鞋子穿的时间太久或出现鞋底过度磨损的情况时可以换新鞋。一般情况下，一双鞋子使用了240km时，鞋底的夹层会出现很大磨损；当使用到480~800km时，鞋底致密部分磨损超过50%，这就需要更换了。

第二，当鞋子出现鞋垫磨损时可以考虑更换。当鞋垫出现磨损后，就会改变脚与鞋子的贴合度，容易造成脚在鞋内滑移。另外，现在很多鞋子与鞋垫都是一体式的，一旦鞋垫破损是无法更换的，所以这个时候建议更换鞋子。

第三，鞋的减震功能下降时建议更换。一双鞋子在长时间使用后，会出现变形和失去弹性的情况，因为鞋底的泡沫在长时间的压力冲击下，会逐渐失去弹性，变得趴软，此时就需要更换鞋子了。

第四，当鞋子的面部或者鞋带发生磨损严重时需要更换。鞋面一般主要采用透气性比较好的材料来制作，出现破损时就随时有可能失去对脚的包裹，从而造成危险。

第五，需要注意的是如果你换了一双新鞋，建议在参加比赛前先使用一段时间，通过踩压让鞋子和脚更加贴合，这个过程叫作适应新鞋。

7.2 跑前正确的热身方法

7.2.1 跑前热身的益处

第一，跑前热身可以使体温升高，降低软组织黏滞性，预防肌肉拉伤；

第二，跑前热身可以唤醒机体，为长距离跑步做好准备；

第三，跑前热身可以激活肌肉，产生肌肉力量，使跑步更加轻盈和快速；

第四，跑前热身可以调动心肺，缩短进入最佳跑步状态的时间，推迟极点的发生；

第五，跑前热身可以促进关节滑液分泌，减少关节因为缺乏润滑而造成的僵硬和疼痛；

第六，跑前热身可以减少岔气的发生；

第七，跑前热身可以促进身体散热，避免体温过高；

第八，跑前热身可以激活神经系统，使跑步更加专注和协调；

第九，跑前热身可以激活核心力量，使跑步更加稳定；

第十，跑前热身可以更好地适应天气与场地，减少外界因素的干扰。

7.2.2 跑前正确的热身

慢跑、肌肉动态牵拉和专项热身是现代运动科学公认的热身方法。所谓慢跑就是在热身开始时找一个适合的场地缓慢地跑步，这个过程只需要身体微微出汗就可以了。动态牵拉是指在完成相应动作的过程中，把肌肉做短暂拉长（不超过2秒），并重复多次的拉伸方法。而专项热身是指在进行某项运动前根据项目的特点进行针对性的热身，比如排球扣球前，需要对肩关节及手臂还有踝关节进行专门的热身。同理，跑步前也需要根据跑步的特点做一些专门的动作进行热身。下面介绍一些常用的跑步热身动作：

（1）原地跑：主要包括原地跑—前后垫步和原地跑—垫步高抬腿，每个动作30秒左右，各完成一组。

原地跑—前后垫步

原地跑——垫步高抬腿

（2）肌肉动态牵拉：包括大腿前侧动态牵拉、大腿后侧动态牵拉、大腿内侧动态牵拉、小腿动态牵拉、臀肌动态牵拉、弓步转体牵拉以及世界上最伟大的热身；每个动作做12次，完成一组。

大腿前侧动态牵拉

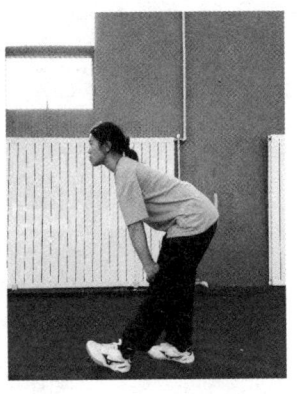

大腿后侧动态牵拉

大腿内侧动态牵拉

小腿动态牵拉

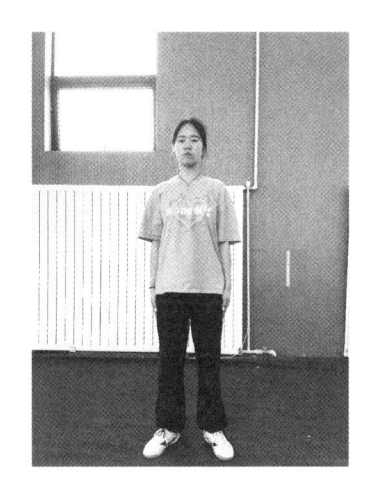

臀肌动态牵拉

弓步转体牵拉

世界上最伟大的热身

（3）肌肉激活：包括开合蹲跳、弓步交叉跳、单腿硬拉、单脚多方位下蹲；每个动作持续10~15秒，完成一组。

开合蹲跳

弓步交叉跳

单腿硬拉

单脚多方位下蹲

7.3 赛中正确的呼吸方式

呼吸看似一件很平常的事,但对马拉松跑步者来说却没有那么容易。我们常常会看到很多参赛者在跑步过程中或者完赛后气喘吁吁的样子,还有跑步者在跑步途中可能出现岔气的情况。因此,如何在比赛中正确呼吸,也是马拉松参赛者需要了解的情况之一。只有掌握了正确的呼吸方式,才能使得跑步更加轻松,参赛成绩也会有所提升。

7.3.1 呼吸的基本原理

呼吸属于自然的生理反应,主要是通过呼吸肌肉的收缩和舒张,最终达到人体吸气和呼气的过程。主要原理是呼吸运动原理和气体交换原理。

7.3.1.1 呼吸运动原理

参加呼吸作用的主要有膈肌、肋间外肌、肋间内肌和腹壁肌等呼吸肌。平和吸气时，膈肌与肋间外肌收缩，引起胸腔前后、左右及上下径均增大，肺随之扩大，形成主动的吸气运动。当膈肌和肋间外肌松弛时，肋骨与胸骨因本身重力及弹性而回位，结果胸廓缩小，肺也随之回缩，形成被动的呼气运动。

7.3.1.2 气体交换原理

呼吸的生理过程是从外界吸进氧气，同时排出体内二氧化碳。氧和二氧化碳在肺泡和肺毛细血管之间进行气体交换，称为外呼吸或肺呼吸。氧气进入血液后，到达身体各组织内进行气体交换，氧被释出供细胞利用，细胞的代谢产物二氧化碳被血液带走，在组织内的气体交换，称为内呼吸或组织呼吸。内、外呼吸配合完成整个呼吸过程。

7.3.2 跑步时的合理呼吸

运动中的呼吸调节主要以神经体液调节为主导。从热身开始时，大脑皮质就开始兴奋，这是呼吸已经开始逐渐加强了。此外，运动消耗体能的过程会产生二氧化碳，当体内二氧化碳浓度增加时，人的呼吸也会加快，这是体液调节的表现。运动中，合理呼吸氧气，不仅可以避免运动中岔气，也对发挥人体机能，提升运动成绩有一定的作用。

7.3.2.1 嘴巴呼吸、口鼻并用呼吸

跑步时，由于需要的氧气量比较大，为了增加通气量、减少呼吸道阻力，可以采用嘴巴呼吸或者嘴巴和鼻子一起呼吸，但是嘴巴呼吸在冬天容易造成嗓子疼痛，尽量减少张大嘴巴大力呼吸。嘴巴呼吸或者嘴巴和鼻子一起呼吸，由于通气量增加，可以减少呼吸肌克服阻力的额外消耗，对推迟疲劳出现和增加散热有一点效果。

7.3.2.2 控制呼吸频率

首先要清楚，在马拉松跑步中，呼吸频率过快和过慢都是不可取的。呼吸过快会造成呼吸快而浅，吸入的氧气大多停留在呼吸道，而没有进入肺部进行气体交换，这样反而会造成呼吸困难；过慢的深呼吸如果控制不好也会造成供气不足。因此，把控好呼吸的频率和加大呼吸深度对马拉松爱好者参赛具有一定的帮助，从已有研究来看，可以将呼吸频率控制在不超过30次/min。

7.3.2.3 采用偏重深呼气

很多马拉松爱好者常常会误认为深吸气会增加氧气的摄入量。其实不然，肺泡中新鲜气体的含量取决于肺泡腔内的余气量，也就是在人体呼气末或吸气前留

在肺泡腔内的氧气。当肺泡腔内的余气量越少，进入肺部的新鲜气体会越多，换言之，如果上一口气呼出的气体较多时，肺部将会被压入更多的气体。要明白，人体肺部的气体不是靠鼻子或嘴巴吸入，主要是靠压力压入的，当人体呼出的气体较多时，肺内的气体压力就会减小，大气压入肺部的气体自然就会增加。因此，在跑步过程中深呼气比深吸气更重要。但不是一味深呼气，要有重量，有节奏地深呼气才是可取的。

7.3.2.4 呼吸与跑步动作协调性

跑步时，有意识地根据呼吸节奏协调脚步是十分必要的。马拉松运动中的呼吸并不是一成不变的，要随着体力的下降，跑步动作的变化调整自己的呼吸，使呼吸节奏与跑步步伐之间协调，避免造成呼吸和步伐脱节的情况，导致体力的过度消耗。根据已有研究的的成果来看，通常建议采用2~4步呼吸法。具体来说，根据个人的习惯和跑步过程中步伐的大小等情况，可以采用2步一吸，2步一呼，也可以采用3步一吸，3步一呼的方式。这个过程中重要的是呼吸和步伐的节奏，不需要刻意改变呼吸或者步伐，这样反而会适得其反。

7.4 参赛的正确补水

运动中不免会大量流汗，导致盐分严重丢失或脱水，严重者甚至会出现休克的现象。因此，在参加马拉松赛事时，学会科学、合理地补充水分是十分必要且有意义的。

7.4.1 汗液过多流失对身体的影响

运动会导致汗液大量流失，这个过程中会对人的健康、生活及运动能力等带来一系列的影响。

对健康的影响：长时间运动出汗，会造成体内的钠离子和钾离子随着汗液排出，电解质摄入减少，出现代谢紊乱，进而带来恶心、呕吐等，甚至会出现酸中毒等症状。此外，汗液中还含有钙质，钙元素流失过多容易造成局部肌肉痉挛症状，所以我们常常看到有跑者在跑步过程中出现抽筋。同时，水分的大量流失，会造成体温升高，但机体为了保持体温平衡，又会大量排汗，进而导致脱水，严重情况下会引起心律失常，出现心脏骤停。

对运动的影响：大量汗液的排除会增加心脏和肾脏的负担，也可能导致神经系统和肌肉的异常（比如肌肉痉挛的发生），从而造成跑者运动能力下降。

对生活的影响：汗液的流失容易造成脱水，导致人体皮肤干燥、松弛。另外，脱水会导致血压下降，加剧运动疲劳的产生。同时脱水也会引起神经系统变化，出现烦躁不安、注意力分散等情况。

7.4.2 补水的判断

对马拉松爱好者来说，在参赛的过程中补水是至关重要的，特别是在炎热的天气参赛时，及时补水是健康的保障之一。往往有人误认为补水很简单，就是感觉口渴的时候补水，其实不然，这种观念是不合理的，口渴不是判断机体缺水的指标。判断机体是否缺水通常可以采用运动前后体重变化和尿液颜色两种方法来判断。

采用运动前后体重变化情况判断机体是否缺水，主要是在运动前后进行称重对比，运动前称重（最好在晨起排便后）对比运动后体重的变化，如果运动前后体重变化在1+1%区间，表示机体属于水平衡，不需要补水；当运动前后体重变化为-1%~-3%，表示机体处于轻度脱水状态；当运动前后体重变化为-3%~-5%，表示机体处于中度脱水状态；当运动前后体重变化大于-5%时，表示机体处于重度脱水状态。表7-1列举了体重为60kg的跑者的体重变化及脱水情况。

表7-1 体重为60kg的跑者的体重变化及脱水情况

体重/kg	变化区间	脱水情况
61.6	1+1%	水平衡
59.4~58.2	-1%~-3%	轻度脱水
58.2~57.0	-3%~-5%	中度脱水
<57.0	>-5%	重度脱水

采用尿液颜色测试机体水平衡主要是观察尿液的颜色变化。清亮和淡黄色尿液表明机体水平衡正常，不需要补水；深黄色表明机体水平衡处于脱水状态，需要补水；棕色以上表明机体水平衡处于深度脱水状态，需要立刻停止运动，并及时补水，严重者甚至需要就医。具体尿液颜色对照可以参照图7-11。

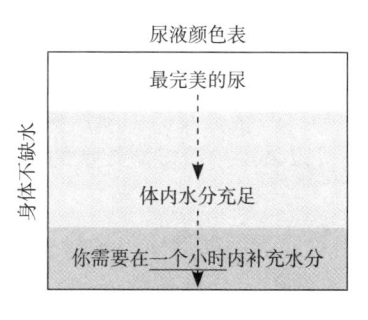

图7-11

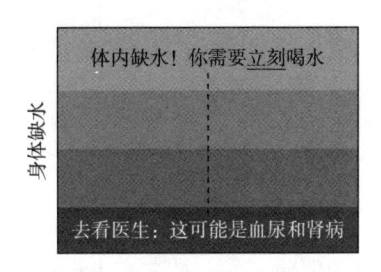

图7-11　尿液颜色对照图

7.4.3　正确的补水方式

补水是运动中极为重要的一件事，并不是简简单单喝水就可以的，运动员处于不同的阶段，其机体的需求以及其他因素会影响补水的方式，只有科学合理地补水，才能起到事半功倍的效果，将补水带来的风险降到最低。体育运动中的补水通常采取运动前补水、运动中补水和运动后补水三种情况。

7.4.3.1　运动前补水

运动前补水通常可以分为两次进行，第一次是在运动前至少4个小时，这个时候可以补充450~600mL的水或运动饮料。第二次是在运动前10~15分钟，补充200~350mL水。

运动前的补水可以起到提高机体的热调节能力，有效降低运动时的心率，留足够时间给肾脏代谢，将体液平衡和渗透压调节到最佳状态。同时，也可以适当补充一些含钠（盐）的饮料，这样可以刺激机体对水的需求，从而使机体保持水平衡。

7.4.3.2　运动中补水

运动中补水通常是按照运动时间的长短来划分的，主要有两种情况。一种是运动时间小于1小时的，运动15~20分钟，可以补充100~200mL的水。另一种是运动时间大于1小时的，运动15~20分钟，补充100~200mL运动饮料（含5%~8%碳水化合物和电解质）。但每小时的摄入总量建议不超过1升。

运动中机体会排出大量的汗，如果补水不当可能会影响人体健康。运动中适当补充点淡盐水，可以起到及时补充流失的离子，防止出现血钠症等状况。同时，运动中补水时的水温不宜过高或过低，水温在15~22℃为最佳；运动中补水不建议急速饮水和大口饮水，可以采用小口多次饮水的方式。

7.4.3.3　运动后补水

运动后的补水通常采用对比运动前后体重和检查尿液颜色两种方式判断，补水的时间通常是在运动后2小时内。体重每降低500g，对应补充550~700mL水或运动饮料。

运动后运动员感到口腔、咽喉干燥，出现口渴现象，很想大量喝水，甚至是清凉饮料。但要注意剧烈运动后，大部分血液都流向身体各部位肌肉，这时胃里血液较少，大量饮水会造成水积在胃里，影响呼吸，同时也会造成心脏负担过重。可以等休息一段时间后，心率恢复到相对平稳状态后，再加大饮水量，建议不要喝生水、冷水。

补水并不是越多越好，如果过多补水可能会导致"水中毒"，出现乏力、头晕、体重增加、呕吐、嗜睡、恶心、肌肉痉挛等状况，甚至会出现死亡的风险。因此，无论运动是否超过1小时，补水量建议不要超过1升/小时。但对马拉松跑步来说，这种情况出现的概率并不高，只需要多注意就可以。从以往发生的情况来看，马拉松比赛中出现补水不足的情况会远远大于补水过多的情况。

7.5 赛后的正确拉伸方式

7.5.1 拉伸的重要性

运动结束后，肌肉还处于兴奋状态，摸上去硬邦邦的，比较僵硬，甚至聚成一团。而运动后的拉伸可以使肌肉更快地从紧张收缩状态过渡到放松舒张状态，从而避免肌肉痉挛、预防局部损伤、减轻肌肉疼痛等症状。运动后的肌纤维细微结构排列紊乱，容易导致肌肉打结，这也是造成肌肉痉挛的原因之一，通过及时拉伸，用外界手段对其进行干扰，促进肌纤维恢复正常排列，减少长时间运动对肌纤维的破坏。同时也有利于消除运动疲劳和保持肌肉的弹性。运动后如果不及时进行拉伸，可能会造成代谢废物长时间堆积，延长疲劳时间，肌肉弹性下降，从而引发不必要的损伤。

运动后及时拉伸，其一，能缓解肌肉紧张或酸痛，运动后的拉伸能保护韧带、降低肌肉的紧张，松弛紧缩的肌肉，促进血液循环，消除身体疲劳，使身体最快的得到恢复；其二，可以促进肌纤维短时间内恢复排列，最大程度地减轻肌肉损伤；其三，通过拉伸消除肌肉疲劳,加快肌肉恢复；其四，拉伸是一个让身体从激烈运动状态逐步过渡到安静状态的过程；其五，拉伸可以促进身心放松，跑步结束后有良好舒适的感觉；其六，运动后有规律地拉伸，可以保持肌肉良好伸展性和弹性，减少运动损伤的发生；其七，运动后的拉伸可以纠正肌肉不平衡，改善身体姿态。

7.5.2 拉伸的时间和次数

科学合理的拉伸才能发挥应有的作用，而错误、破坏性的拉伸可能会适得其反，导致损伤的发生。时间和次数是运动后拉伸的重要问题，拉伸时间过长，可能会适得其反，造成肢体麻木不适；拉伸时间过短，有可能会达不到拉伸效果。同时，拉伸的次数过多或过少可能也会导致物极必反或效果不佳的情况。因此，有研究表明，一般的拉伸建议不少于20秒，不超过1分钟，最佳的时间一般为20~30秒，间歇时间以10~15秒为宜，一次完整的拉伸时间控制在15~20分钟为宜。但拉伸并不是一成不变的，具体还要根据每个跑者的情况不同而变化。表7-2是一次完整拉伸的次数和时间，可以做参考，具体还要因人而异。

表7-2 跑步后拉伸时间参考表

拉伸部位	一次拉伸合理时间	最佳重复次数	间歇时长	总时长
胯部	30″	4次	10″	2′40″
臀部	30″	4次	10″	2′40″
大腿前侧	30″	4次	10″	2′40″
大腿后侧	30″	4次	10″	2′40″
大腿内侧	30″	4次	10″	2′40″
大腿外侧	30″	4次	10″	2′40″
小腿后侧	30″	4次	10″	2′40″
总时长				18′40″

7.5.3 拉伸肌肉的过程

拉伸的过程是肌肉从没有感觉—有牵拉疼痛感—疼痛越来越强烈的过程。

弄清肌肉拉伸过程中肌肉内部是如何变化的，就便于理解肌肉的拉伸过程了。从字面意思来说，拉伸就是把物体拉长，肌肉拉伸也就是把肌肉等软组织拉长，肌肉具有弹性，很容易被拉长。但实际上，肌肉内部存在大量的肌梭和神经，当肌肉发生变化时，肌梭和神经是可以感受到的，甚至能感受到肌肉张力变化。肌肉被拉长时，肌梭受到刺激，导致肌肉出现反射性的收缩来对抗被拉长。而被拉长的幅度越大，反射的幅度也就越大，这种现象在生理学中称为牵张反射。但牵张反射并不是一直存在，当肌肉拉伸的力量逐渐增大时，达到某一个长度的时候肌肉就会停止收缩，此时的牵张反射小，主要是避免过度牵张反射造成肌肉损伤。如果此时牵张反射还存在，那么肌肉就会被极度撕扯，造成拉伤。

牵拉是消耗肌肉能量的过程，牵拉力越大，肌肉收缩对抗的牵张力也会相应增大，从而引起疼痛。长距离跑步结束，肌肉内部发生了变化，肌肉变得紧张僵硬，肌张力增高。此时就需要通过缓慢的拉伸，使肌肉逐渐放松。而如果大力快速地拉伸，不但肌肉得不到放松，反而会更加紧张，产生更大的牵张力，甚至可能会导致损伤的发生。因此，拉伸时产生的疼痛感可以算作是一个信号，当此信号发出时，就表明肌肉对抗收缩开始了，不需要过度拉伸了，只要肌肉有轻度牵拉感就足够了。适度的拉伸可以放松肌肉、促进血液循环、降低肌肉张力、改善肌肉弹性。

马拉松是一项以下肢为主的全身运动，每场比赛结束后拉伸下肢是十分必要的。只有充分拉伸放松下肢的主要肌群，才能更全面地消除疲劳、改善肌肉弹性，最终达到放松的目的。而如果不采取积极有效的拉伸甚至只针对部分肌肉进行拉伸，可能达不到放松的效果，进而影响肌肉的整体性能。因此，对上肢及躯干的拉伸也是十分有必要的。

7.5.4　正确规范的拉伸动作

面对马拉松终点庞大的人群和有限的拉伸条件，如何才能更好地拉伸？站立位利用支撑物拉伸、垫上拉伸及泡沫滚筒放松等不同的拉伸方式可供参考。

（1）站立位利用支撑物拉伸：这种拉伸方式主要适合跑步结束时，室外场地大多数地方都会有台阶、栏杆、架子以及地面广告牌等，可以借助支撑物进行拉伸。但需要注意的是，要注意观察周围环境是否安全，支撑物是否稳固，以免发生意外。

站立位大腿后侧拉伸：面对支撑物，将一只脚搭在支撑物上，另一只脚尽可能地站直，双手护住膝盖上体向前弯曲，两只脚交替拉伸。

站立位大腿内侧拉伸：肩对支撑物侧站，将一只脚搭在支撑物上，另一只脚尽可能地站直，弯腰用外侧的手缓慢地去摸支撑物上的脚，两只脚交替拉伸。

站立位大腿外侧髂径束拉伸：肩对支撑物侧站，一只手扶支撑物，另一只手放于腰间，支撑脚弯曲，另一只脚交叉搭于支撑脚上，两只脚交替拉伸。

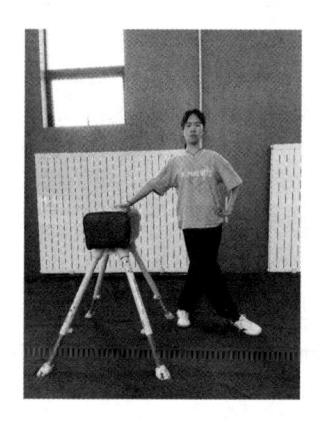

站立位大腿前侧拉伸：背对支撑物，双手叉腰（也可以展开保持平衡），将一只脚的脚背搭在支撑物上，另一只脚尽可能地站直，尽量缩小支撑物上脚膝关节的角度，两只脚交替拉伸。

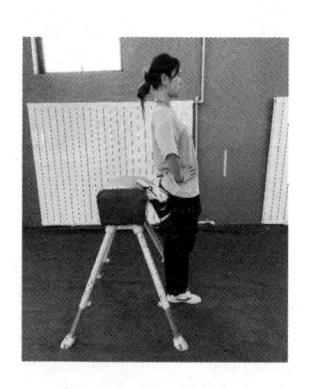

站立位臀肌拉伸：面对支撑物，将一只脚折叠搭在支撑物上，另一只脚尽可能地站直，双手保住折叠脚，两只脚交替拉伸。

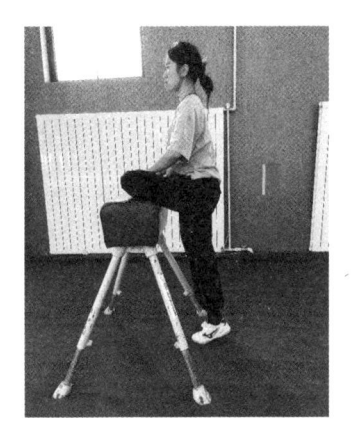

站立位髋前部拉伸：肩对支撑物侧站立，一只手扶支撑物，另一只手放于腰间，做弓步压腿动作，上体保持正直，两只脚交替拉伸。

站立位小腿部拉伸：面对支撑物，手扶支撑物，一只脚作为支撑脚，另一只脚前脚掌踩住支撑物下方的墙体（其他物体）进行拉伸，两只脚交替进行。

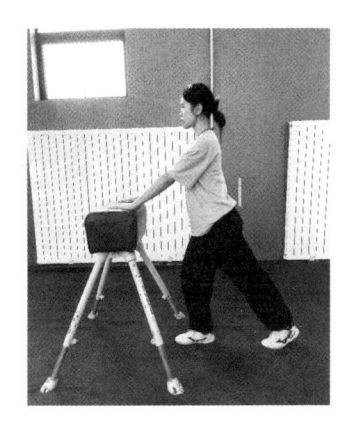

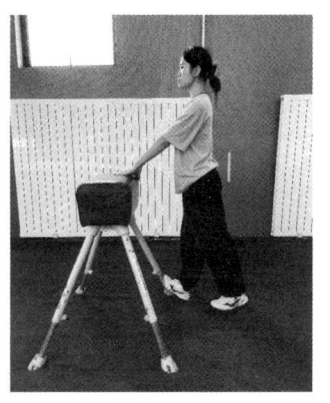

（2）垫上拉伸：是比赛结束后主办方提供垫子或自己带了垫子，跑者在垫子上进行的一系列拉伸动作。在没有垫子的情况下，也可以采用在草坪上或干净的地上等拉伸，但不建议采用此种方式。

垫上大腿前侧拉伸：大腿前侧拉伸采用卧姿，拉伸感往往不是很强烈，采用跪姿则牵拉感十分强烈。

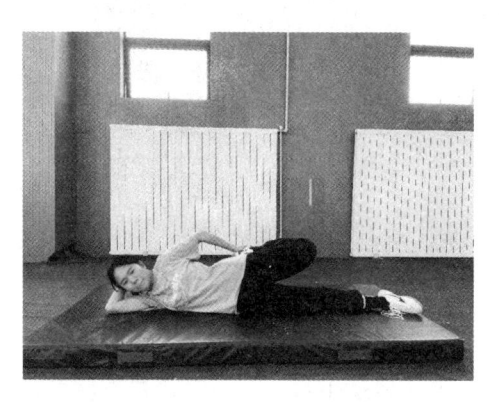

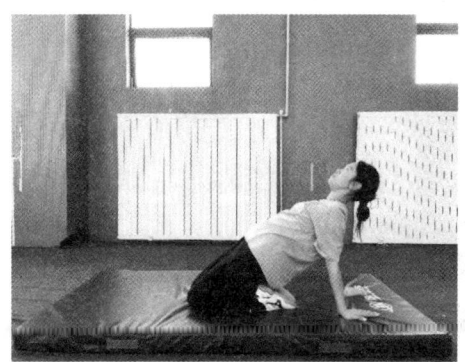

垫上大腿后侧拉伸：采用坐姿或者卧姿牵拉大腿后群。坐姿拉伸时，上体缓慢向伸直腿方向靠近；卧姿时，要求两腿尽量伸直。

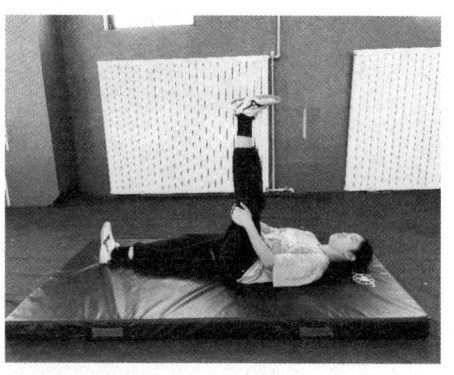

垫上大腿内侧拉伸：脚心相对，身体前倾，用肘关节下压膝盖。也可采用单膝跪于垫上的姿势进行大腿内侧拉伸。

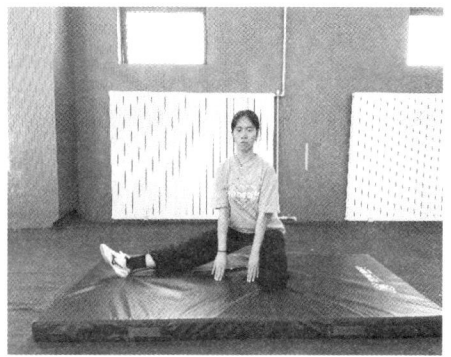

垫上小腿拉伸：采用俯卧撑体位，脚跟下落。

垫上小腿外侧拉伸：抓住脚踝，让脚踝轻度内翻，做用力伸膝动作。

垫上臀肌拉伸：在拉伸臀肌时，要让膝盖向对侧肩部方向用力，这样拉伸感才会更加充分。另外，采用跷二郎腿动作拉伸臀肌感觉也较为强烈。

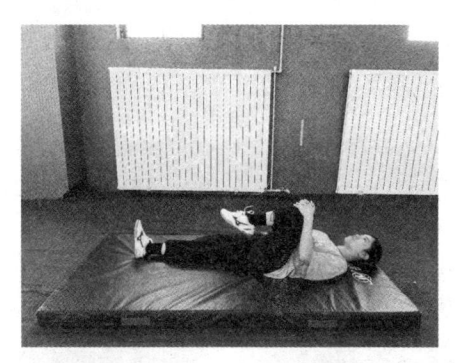

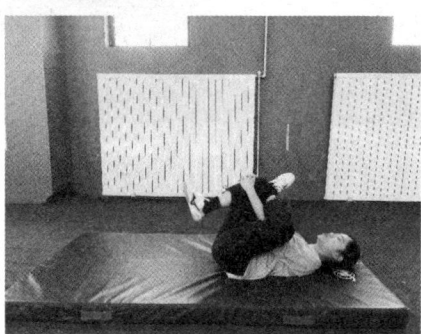

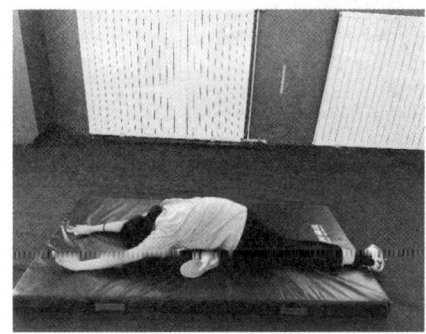

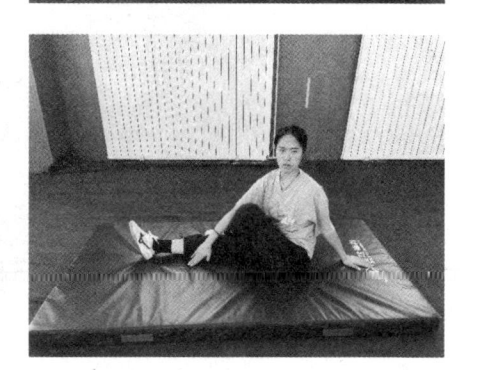

垫上髋前部拉伸：单膝跪于瑜伽垫上，前腿呈弓步，重心向前。

垫上腰部拉伸：仰卧于垫上，一只脚屈膝交叉于另一只脚上，上体保持平卧。

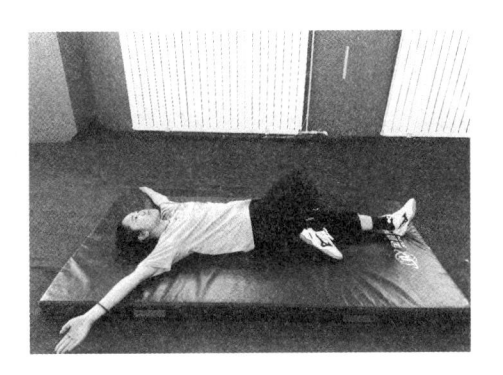

7.5.5 泡沫滚筒放松方法

（1）小腿肚放松：主要是将泡沫滚筒放于小腿肚位置，脚尖朝上，人仰卧，一只脚作为支撑放于滚筒旁边，另一只脚放于滚筒上来回滚动。

（2）小腿肌肉外侧放松：主要是将泡沫滚筒放于小腿肌肉外侧位置，脚尖朝外，人仰卧，一只脚作为支撑放于滚筒旁边，另一只脚放于滚筒上来回滚动。

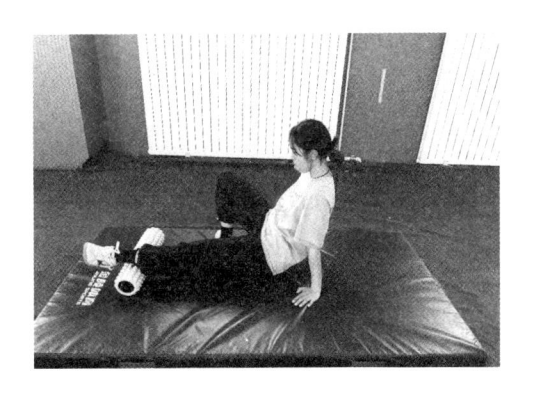

（3）小腿肌肉内侧放松：主要是将泡沫滚筒放于小腿肌肉内侧位置，脚尖朝内，人仰卧，一只脚作为支撑放于滚筒旁边，另一只脚放于滚筒上来回滚动。

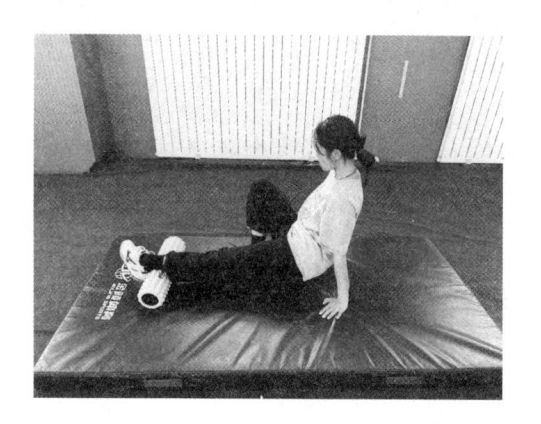

（4）小腿外侧腓骨肌放松：主要是将泡沫滚筒放于小腿外侧腓骨位置，人仰卧，一只脚作为支撑放于滚筒旁边，另一只脚放于滚筒上来回滚动。

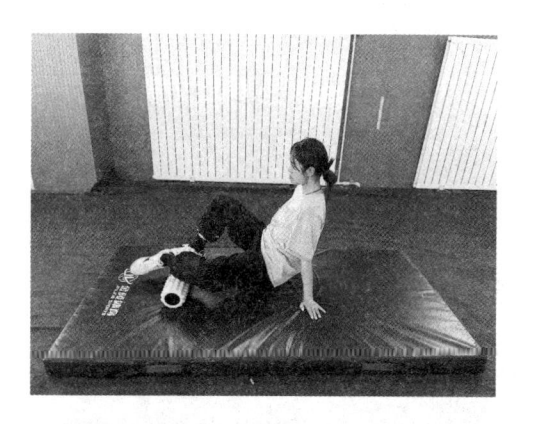

（5）小腿前侧肌肉放松：主要是采用单脚双手支撑，脚尖呈内八字，将泡沫滚筒放于小腿前侧肌肉位置，来回滚动。

（6）小腿肌肉强化放松：主要是将泡沫滚筒放于小腿肌肉位置，人仰卧，将一条腿架在另一条腿上，但双腿同时压上去会因为压力过大造成痛感强烈。

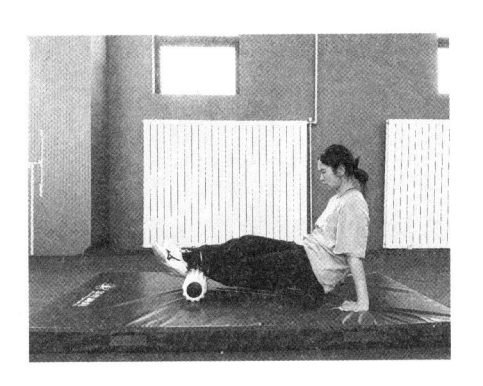

（7）大腿后侧放松：主要是将泡沫滚筒放于大腿后侧位置，人仰卧，一只脚作为支撑放于滚筒旁边，另一只脚放于滚筒上来回滚动。

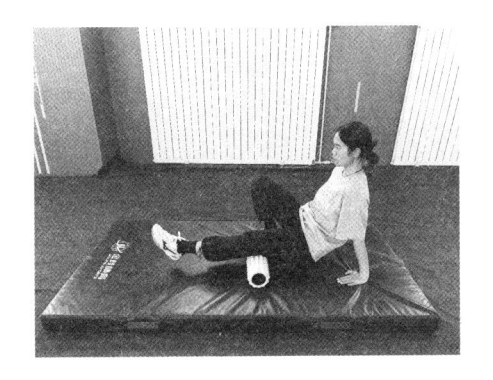

（8）大腿后侧强化放松：主要是将泡沫滚筒放于大腿后侧位置，人仰卧，将一条腿架在另一条腿上，但双腿同时压上去会因为压力过大造成痛感强烈。

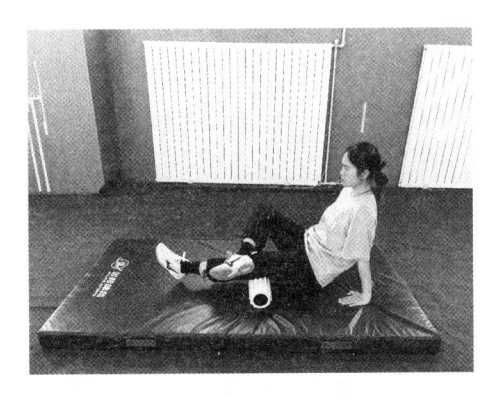

（9）大腿外侧放松：主要是双腿交叉，将泡沫滚筒放于近地面大腿外侧位

置,人侧卧于泡沫滚筒上来回滚动。

(10)大腿外侧强化放松:主要是将泡沫滚筒放于大腿外侧位置,人侧卧于泡沫滚筒上来回滚动,可以采用一只脚弯曲作为支撑点,也可以双腿同时压上去,但会因为压力过大造成痛感强烈。

(11)大腿前侧放松:单膝跪地,以此为支点,将泡沫滚置放于另一只脚的大腿前侧,人卧于泡沫滚筒之上滚揉大腿前侧。

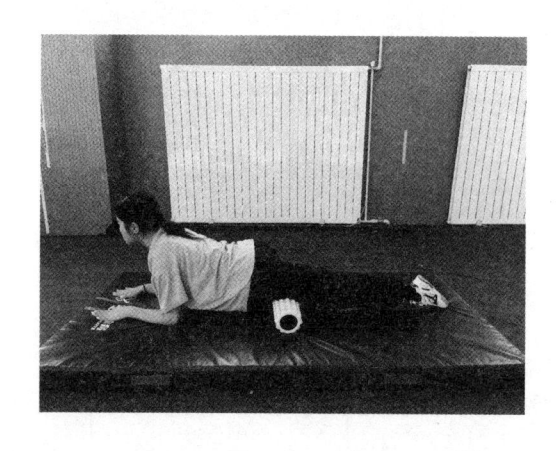

（12）大腿前侧强化放松：双腿同时放在泡沫滚筒上，来回滚揉大腿前侧。

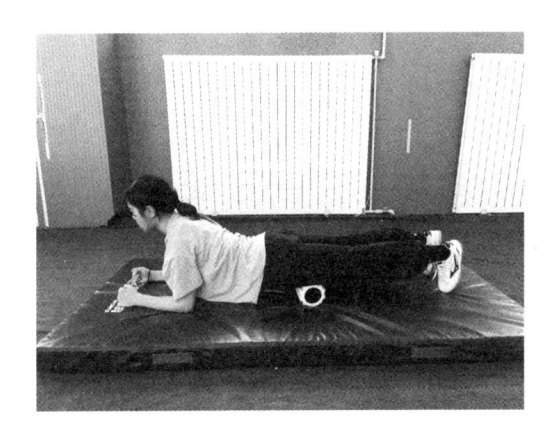

（13）大腿内侧放松：将泡沫滚筒斜置放于一只脚的大腿内侧，人侧卧于泡沫滚筒之上顺着大腿内侧方向滚揉大腿内侧。

（14）臀肌放松：主要是将泡沫滚筒放于臀部位置，跷二郎腿坐于泡沫滚筒上来回滚动，跷哪边腿就放松哪边臀肌。

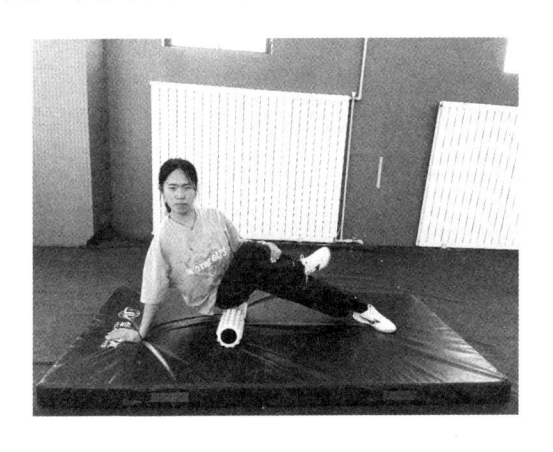

（15）腰部放松：主要是将泡沫滚筒放于腰部位置，侧卧于泡沫滚筒上来回滚动。采用侧卧位主要是避免腰椎过度前凸。

（16）背部放松：主要是将泡沫滚筒放于背部，仰卧于泡沫滚筒上来回滚动。

泡沫滚筒使用注意事项：

（1）滚揉肌肉的时间建议控制在每个部位30~45秒，次数控制在3~4次。

（2）滚揉肌肉并不是越痛越好，使肌肉有滚揉感或轻微疼痛感为宜。过度疼痛会引发肌肉反射性收缩，不利于放松肌肉。

（3）滚筒不一定要滚揉肌肉，也可以用于某一个痛点的按压。在滚揉过程中如果出现某个点疼痛明显，可以采用滚筒持续按压的方式进行按摩，起到舒缓作用。

（4）条件允许的情况下，建议结合使用拉伸和泡沫滚筒两种方式，对消除肌肉疲劳，放松肌肉效果更加明显。

（5）泡沫滚筒的使用过程中，由于手长时间支撑身体，上肢会出现乏累，因而在放松下肢的同时也要注意上肢的放松。

8 大众选手如何安全参赛

8.1 科学合理的心脏评估

8.1.1 不宜参加马拉松的人群

马拉松比赛可以分为全程马拉松、半程马拉松、10km马拉松、迷你马拉松或其他距离的马拉松,其中全程马拉松和半程马拉松具有高强度和长距离的运动特性,运动风险性较高,对参赛者的身体条件也有较高的要求。通常具有以下情况的跑者不宜参加马拉松比赛:

(1)患有先天性心脏病和风湿性心脏病的跑者。
(2)患有高血压和脑血管疾病的跑者。
(3)患有心肌炎和其他心脏病的跑者。
(4)患有冠状动脉病和严重心律不齐的跑者。
(5)患有哮喘、肺炎及其他呼吸道疾病的跑者。
(6)血糖过高或过低的跑者。
(7)比赛日前两周内患过感冒的跑者。
(8)从未跑过(或走跑交替)20km或以上距离的跑者。
(9)感染新冠病毒或有发热、干咳、乏力、嗅觉味觉减退、鼻塞、流涕、咽痛、结膜炎、肌痛和腹泻等症状之一,而未就诊排除新冠病毒感染者。
(10)其他不适合参加比赛(如孕妇、赛前疲劳者、过度饮酒者等)以及现代医学上其他不适合此类运动的疾病患者。

8.1.2 评估自己的运动风险

运动风险的评估是一件烦琐的事,但又是关系跑者生命健康安全的重中之重。正确的运动风险评估,不仅可以减少马拉松爱好者的参赛危险,也有助于提升个人成绩和赛事安全性。以下是国际上通用的运动风险评估问卷(简称PAR-Q),以供广大马拉松爱好者做风险评估时参考。

(1)医生是否告诉过您仅能参加医生推荐的体力活动?

（2）医生是否告诉过您患有心脏病？

（3）医生是否告诉过您患有高血压？

（4）近半年您在进行体力活动或运动时，是否有过胸痛或严重憋气的感觉？

（5）近半年您在进行体力活动或运动时，是否曾因为头晕失去平衡、跌倒或发生晕厥？

（6）您是否存在因体力活动或运动加重的骨、关节疼痛或功能障碍？

（7）您是否知道您不能参加体力活动的其他原因？

对于这些问题，如果你回答的都是"否"，且答案真实，那么通常情况来说，你参与马拉松比赛是安全的。但是这个答案仅仅是参考，最好到医院做一个检查。另外，如果你目前存在或者在比赛前存在感冒、发热或者其他身体不适的情况，建议等身体恢复到良好状态再开始跑步。

如果你回答的都是"是"，且答案真实，那么你的身体是不具备参与马拉松比赛条件的，建议你到医院咨询医生，在马拉松备赛前体检，最大限度地防患运动风险，排除某些潜在的疾病因素。

8.1.3 参赛的身体和心脏检查

马拉松比赛中出现跑者猝死的事件每年都有发生，看似概率非常小，但一旦发生，后果是不可挽回的。从以往的猝死案例来看，很多类型的心脏疾病平时并无症状，猝死是首发症状，所以必须重视它。猝死多源于潜在心脏病，如果跑者没有心脏疾病，在跑马拉松时出现跑不动或疲劳等症状，只需要稍缓一下，减缓疲劳后，这种不适感就会消失。但是如果跑者本身就患有心脏疾病或存在潜在的心脏疾病，那么跑步过程中出现的跑不动或是疲劳等情况可能诱发致死性心律失常。一般情况下，并没有无缘无故的猝死，往往都是基于心脏疾病，而马拉松跑步中的猝死仅仅是一个诱因。虽然说高强度、长时间、长距离的激烈运动会大大增加马拉松爱好者发生猝死的风险，但是跑者在此之前有进行赛前训练，有经常运动的习惯，发生这种风险的概率是很小的。但是如果平时缺乏训练，也不经常运动，突然进行长距离激烈的马拉松比赛，猛然增加心脏的负荷，那么出现猝死的风险就会非常高。因此，疫情得到控制后，各地马拉松赛事正在陆续恢复，越来越多的马拉松爱好者不断加入其中，但为了减小猝死等情况的发生，在开始备赛马拉松之前有必要对自己的心脏承受能力做出判断，如以下一系列的方式：

（1）12导联心电图检查。心电图是反映心脏兴奋的产生、传导及恢复过程的客观指标，其检测结果能够较好地反映心脏的基本功能，心电图对鉴别诊断心律失常、心肌受损程度以及心脏各腔室的结构功能具有较好的效果。由于其检查得比较实惠，常常被用于运动训练和比赛前的运动性猝死预防和筛查。

当前，国内的很多马拉松也要求报名全程和半程的跑者提供体检合格报告（含心电图检查），同时建议参加10km和健康跑等跑者进行心电图、心率、血压、心肺功能等检查。

（2）24小时动态心电图。24小时动态心电图也称为Holter心电图，主要是通过观察被测试者的心电活动来判断其是否存在心律失常、心肌缺血等症状。通过24小时的连续记录，最终分析被测试者在活动和安静状态下的心脏变化情况。这种测试可以弥补普通心电图短时测试未捕捉到的一些问题。但由于监测的时间太长，马拉松跑者通常在检查时很少使用。24小时动态心电图的检查主要是在被测试者的胸前粘贴10个左右的电极片，将电极片连接到记录盒，持续检测24小时，之后进行分析，具体如图8-1所示。

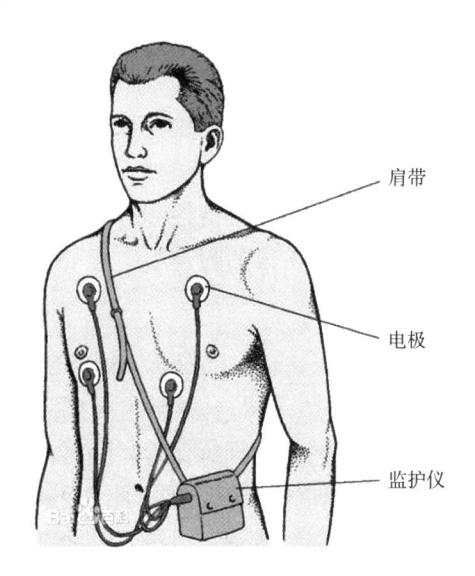

图8-1　24小时动态心电图监测图

（3）超声心动图。超声心动图是利用超声的特殊物理学特性检查心脏和大血管的解剖结构及功能状态的一种无创测量技术。超声心动图能够对心脏解剖结构进行较为清晰地分辨，观察血流灌注情况，主要包括M型、二维、频谱和彩色多普勒等技术。但是由于该种技术的使用成本较高，不适用于马拉松跑者的赛前检查。

（4）运动平板试验。运动平板试验是一种运动负荷试验，通过分级运动来增加心脏负荷，增加心脏的耗氧量，激发心肌缺血，检查过程中随时监测心电图变化。测试时，被测试者在类似于跑步机的平板上戴着心电监护，通常是按照设定好的方式从走逐渐过渡到慢跑，逐渐增加活动量，增加心脏耗能，以此实时监测被测试者的心电图、血压变化。一般主要用于怀疑有冠心病但常规心电图正常者，有心动过缓或其他心血管疾病、冠状动脉搭桥术、支架术、球囊扩张术后的患者、需要做康复运动治疗指导的心脏病患者以及参加极限运动需要进行心脏筛查等人群。

（5）心脏磁共振成像。心脏磁共振成像是指用磁共振成像技术诊断心脏及大血管疾病的方法。磁共振技术具有多平面成像、高软组织分辨率、可重复性强、无辐射等优点，而且是无创的，适合不同的人群。心脏磁共振成像一次检查即可获得心脏的解剖、功能、灌注、代谢及冠状动脉分布等综合信息。

8.1.4　如何选择检查方式

对马拉松大众参赛者而言，赛前进行心脏检查并不需要将所有的心脏测试都试行一遍，或者是做心脏磁共振成像及超声心动图等精细的检查。一般情况下，只需要做一个标准12导联心电图进行基础的筛查就可以，如果12导联心电图检查出现异常，才需要在医生的指导下做其他的检查。每个不同的心脏检测方法各有侧重，有重叠的地方，但并不能相互代替。另外，运动平板试验对评估个人的心脏健康也具有很好的效果，加上测试的经济性和方便性，对全程马拉松的参赛者也可以采用此种测试方法作为高级阶段的筛查。

8.2　赛前合理训练

赛前合理的训练是正常参赛的最后训练保障。经过前期系统性的训练后，临近比赛前，不仅需要科学合理的训练以保证前期训练的效果不减退。同时还需要在比赛前进行调整，消除前期的训练疲劳，以最好的状态参加比赛，获取优异的成绩。

赛前减量训练，也称赛前调整或再生循环训练。主要是在比赛前一周通过减小训练量，以达到消除前期训练积累的生理上和心理上的疲劳，使前期训练获得的身体适应得以继续提高，最终能以一个高峰竞技状态参加比赛，取得好成绩。

并不是所有的参赛者都适合赛前减量训练。这种减量训练主要针对高水平的专业运动员或者是前期经过了半年以上系统性训练的大众选手。因为这些选手在此之前经过并维持了较高的训练强度和训练量，已经给身体造成了一定疲劳，此时，通过科学合理地减少训练量，使机体获得恢复，消除前期积累的疲劳，通过短暂的减量调整，让身体达到最佳状态。

对于前期没有经过长期系统性训练的大众选手来说，并不需要减量训练。对这部分马拉松跑者而言，前期的跑量积累不够，身体的训练量和训练负荷也没有达到跑马拉松的需求，这段时间不仅不需要减量训练，甚至可以适度增加训练，让身体机能可以适应，但切记不可以贸然增加大运动量的训练，避免突然的激烈运动让身体机能超负荷运转，造成不必要的危险。

减量主要是减少训练总量，并不是减少训练的强度。对马拉松训练而言，主要是减少每周跑步的公里数，并不是减小跑步配速，甚至可以适当提高配速，采用比赛时的配速进行训练，以便提前让身体机能适应这个速度，适应比赛的节奏。另外，在力量训练方面，可以适当减少总训练内容，保持一些常用的力量训练方法，用正常量就可以了，主要是保持力量对肌肉的刺激，切不可做一些新的力量练习，避免造成延迟性肌肉酸痛，影响比赛。

对专业跑马人员来说，赛前的训练是十分重要的，但是科学合理地训练才能起到事半功倍的效果。从以往的研究来看，可以采用不同的配速进行训练，在这个过程中找到适合自己的节奏，避免参赛时节奏混乱，导致身体出现不适反应，降低参赛成绩或带来不必要的风险。表8-1提供了不同水平的跑者马拉松配速表参考配速。

表8-1 不同水平跑者马拉松配速表参考配速

全马成绩	半马成绩	10km成绩	5km成绩	配速
≥4h49′	≥2h21′	≥63′	≥30′	7:03/km
4h16′	2h04′	57′	27′	6:10/km
3h49′	1h50′	51′	24′	5:29/km
3h21′	1h36′	43′	21′	4:46/km
3h01′	1h27′	39′	18′	4:10/km

赛前减量训练除了要合理控制训练量外，把控好训练的时间也至关重要。通常情况下，赛前的每次训练时间建议控制在半小时以上两小时以内。此外，赛前是否有必要跑一次30km的量，作为赛前拉练？对大部分的跑者来说，赛前2~3周进行这样的拉练是不适合的，大部分跑者需要3小时才能跑完30km的距离，容易导致身体严重疲劳，加之跑完30km后需要的恢复时间也会相对较长，如果在比赛期间还没有完全恢复，就会造成在比赛中身体透支。通常30km的拉练建议放到赛前30天左右进行。

8.3 熟悉参赛流程

熟悉参赛流程，无论是对久经沙场的专业运动员，还是对第一次参赛的爱好者而言都是有必要的。特别是对第一次参赛的跑者来说，熟悉完整的参赛流程，不仅可以减少慌乱，也可以避免一些不必要的风险事故。

8.3.1 比赛前一天

8.3.1.1 装备领取与检查

比赛参赛包是可以提前领取的，也可以在赛前一天领取，但排队时间可能比较长，要有思想准备。当领到参赛包后需要第一时间核对参赛物品是否齐全，特别是号码布、计时芯片、参赛指南等，如果不齐全，抓紧找工作人员核对补齐。另外，可以看看主办方发放的补给食物是否过期或者有没有误装入其他东西，避免出现类似于清远马拉松肥皂事件的情况。最后就是仔细阅读参赛指南。

8.3.1.2 饮食

比赛前一天的饮食问题是非常重要的，特别是晚餐。很多马拉松参赛者可能都是跨区域参赛，或者借参赛的机会，会和很多好朋友集会，就会品尝当地美食，吃一些油腻的、不易消化的食物或饮酒等，而这些在比赛前均是不可取的。因为比赛前一天晚上吃一些自己不常吃的食物可能会吃坏肚子，影响第二天的比赛。另外，如果比赛前一天晚上吃太多油腻的、不宜消化的食物，吃得太饱就会影响睡眠。通常情况下，比赛前一天的晚餐大致吃七八层饱就可以了，可以适当补一些碳水化合物。最后，比赛前一天甚至前两周左右就应该禁止饮酒。

8.3.1.3 睡眠

由于比赛大多都是在早晨8点半左右发枪，因而跑者需要提前进入场地热身，加上比赛当天，大赛道路交通管制，这就要求参赛者早起，所以赛前的前一天晚上建议22:00前睡觉，以保证充足的睡眠（提示：黑暗和较低的房间温度有助于向人体发放睡觉的指令，所以可以拉好窗帘，使屋子的光线变暗）。另外，在睡之前建议检查好第二天需要使用的物品，如计时芯片、号码布、比赛服装、鞋子、袜子、能量补给、创口贴（保护乳头）、遮阳镜、遮阳帽、凡士林（涂抹在易摩擦部位）等，将这些物品集中放于一个地方，避免第二天早起时忙中出乱，导致遗忘物品。

8.3.1.4 是否需要跑步

一般情况下，赛前一天是没有必要再跑步了，只需注意休息，调整好精神状态，让身体处于一个最佳状态就可以。但是如果你习惯了每天都跑步，那可以进行30~45分钟的跑步，但是不建议超过45分钟。同时，你可以按照比赛的配速来跑，这样可以提前在该地区适应这个配速。跑完之后，建议做好拉伸放松。

8.3.2 起床到终点冲刺

8.3.2.1 起床时间

起床时间取决于比赛发枪时间、检录时间以及你去往参赛地点的路程耗时等。通常情况下，你需要在发枪前一个半小时到两小时这个区间吃早餐，最好是提前两个小时吃，留足时间消化早餐，避免饱腹感影响参赛。另外，你还需要预留到达起点的时间以及赛前热身的时间。因此，如果比赛时8：30分发枪，你可能就需要6点起床。

8.3.2.2 早餐吃什么

比赛前的早餐是一定要吃的，而且还要吃好，切忌空腹参赛，但也不可过饱，增加肠胃负担。因此，选择一些容易消化、含热量高的食物就显得很重要了。通常情况下，赛前的早餐基本是按照"三少一多"的原则进行选择的。三少是指少油腻食物、少体积庞大的食物、少产气食物；一多是指含热量多的食物。因此，类似于稀饭、馒头、非油腻型面包、面条、少量水果等就是最佳选择，而类似红薯、豆类、玉米、油炸食品等不宜在赛前早餐中食用。此外，也可以摄入足够的水，让身体补充足够的水份，有利于推迟比赛时身体脱水。

8.3.2.3 存包

比赛当天发枪前，会有一段时间给全程马拉松、半程马拉松的参赛者存放主办方发放的参赛包，存包的具体时间通常都会在参赛指南中有说明，在这段时间内，参赛选手可以在起点指定区域按号段寄存衣物。但这些衣物通常情况下需要装在组委会发放的参赛包中，参赛包外贴附与参赛选手本人参赛号码一致的小号码布。

8.3.2.4 赛前是否需要补糖

会有跑者在开跑前补充一些食物和运动饮料。其实这主要看个人习惯，但是不建议在开跑前补充食物，特别是像面包、士力架、能量棒一类的高能量食物，容易产生饱腹感，加之不容易消化，会影响起跑。可以吃半根或1/3根香蕉，适当喝一些运动饮料。

8.3.2.5 发枪时的理性

起跑时，要注意控制自己的节奏，按照自己的计划和配速跑，不要在人群中迷失了自己。因为在比赛当天，可能会有几千人到几万人不等都在激动地等待开跑指令，当起跑枪一响，很多人都会拼命地向前跑，加上起点观众也多，在观众的呐喊声中很多参赛者会迷失自我，忽略了自己的节奏，结果往往会导致体能下降过快，冲出起点不远就感觉累了，跑不动了。

8.3.2.6 途中如何补水补盐

对大多数跑者来说，在比赛开跑1小时以内，只需要补水就可以，不需要补充盐，特别是大众参赛者，遇到补给点就可以补充水分，但是不要喝多，每次补充饮料或者水100~200mL就可以，如果是一次性纸杯的话大概是2/3到1纸杯的量，要采取少喝多补的原则。在开跑1小时后，由于大量出汗，盐分丢失，此时为了维持电解质平衡，有必要补充一些运动饮料或者少量盐水，也是采用逢站必进，少喝多补的原则。

8.3.2.7 途中如何补糖

马拉松比赛中补糖基本是在开跑10km以后，主要目的是弥补体内糖原消耗、减少饥饿感、推迟疲劳出现。比赛中补糖切勿吃饱，以免造成肠胃不适，特别是士力架之类的糖，建议少吃，补糖的原则与补水原则一样，逢站必进，少量多次。

8.3.2.8 途中如何吃能量胶

在马拉松跑步过程中，每隔8~10km，跑者可以补充能量棒或能量胶。但要注意，由于能量棒或能量胶含有较浓的糖，进食后会造成吸收变慢，因此，可以混合200~300mL的水一起补充，达到稀释的效果。这个过程可以提前在开跑前就准备好，随身携带，也可以交给主办方，请他们放到指定的位置。不建议补充士力架等食物。

8.3.2.9 配速策略

在跑马之前需要合理评估自己的能力，根据自身能力制订一个完赛时间，比如全程马拉松完成时间为5小时，那么就按照这个时间制订整个路程的配速。但是配速是一个绝对强度指标，如果配速不合理，造成心率过高，可能只能坚持短距离，如果长时间高心率跑步，是不可能而且非常危险的。因此，以平稳的配速完成比赛是最佳的选择。如果跑者能力有限，无法全程跑完或者无法保证全程匀速，可以采取先快后慢，先跑后走的原则。

8.3.2.10 终点前的处理

大部分跑者在看到终点时或者距离终点仅有1~2km时，可能会出现兴奋的状态，加上想取得一个好成绩，就会用尽最后一丝力量，向终点冲刺。如果跑者是冲刺到终点的，建议过了终点后不要立即停下来，降低速度继续慢跑或者快走一段，让心肺从激烈状态逐步恢复到平静状态，让肌肉继续发挥挤压血管、促进血液回流的作用。否则可能会引起危险。但是，并不建议跑者冲刺，因为在马拉松跑步的后半程，心脏负荷已经很大了，突然的冲刺会刺激心脏负荷再次增加，造成超负荷，甚至会出现猝死等风险，这也就是很多马拉松跑者为什么往往是在终点附近发生事故的原因之一。因此，建议马拉松跑者一直保持一个平稳的配速完成马拉松比赛。

8.3.2.11 取包

当比赛结束或者在主办方规定的时间内，参赛者可以到各自终点指定区域取回自己的寄存物品，取包的具体结束时间通常都在参赛指南中有说明，如超过时间没有领取的，通常第二天可以到赛事组委会领取。

8.3.3 跑马拉松时的常见情况及应对

8.3.3.1 抽筋

抽筋也叫肌肉痉挛，主要指肌肉或肌群持续或间断的不自主收缩。大众选手发生抽筋情况的比较多，主要是由于其平时训练量不够，加上跑步过程中大量脱水等导致抽筋。抽筋一旦发生，后面的跑步过程还会陆续出现，跑者可以选择降低速度，边抽筋边拉伸。抽筋最简单的处理方式就是做肌肉反向持续牵拉，如果小腿抽筋，采用勾脚尖，反向拉伸小腿肌肉，直至疼痛感消失为止，如果疼痛感一直未消失，需要停止比赛，寻求附近医疗点的帮助。因此，在跑马拉松之前，需要进行系统性训练，做好准备，不要贸然。

8.3.3.2 岔气

岔气也叫急性胸肋痛，指运动时，特别是跑步中，胸肋部产生的疼痛。主要是由于在开始激烈活动前，热身活动不充分或未进行热身活动引起的。因此，在马拉松跑步前进行充分的热身活动是十分有必要且必须的。另外，也不建议跑者一开始就加速快跑。当跑步过程中出现岔气时，可以单手压住疼痛点，减低跑速，深呼吸，逐渐调整呼吸的节奏，还可以采用两步一吸两步一呼或者三步一吸三步一呼的方式。一段时间后，如果疼痛并没有得到好转，建议停下来短暂休息，或者寻求附近医疗点的帮助。

8.3.3.3 撞墙

马拉松比赛中的撞墙一般指在比赛的后半段30km左右，由于跑者的体能消耗、肌肉疲劳、身体代谢物堆积等造成的的肌肉抽筋、僵硬、体能下降、呼吸急促等现象。当撞墙现象出现时，选择降慢速度，跑走结合，补充一些能量棒或者运动饮料，慢慢缓过来。撞墙与抽筋一样，本质是跑力不够的一种体现。因此，稳定自己跑步的配速和赛前进行系统化的长距离训练才是解决问题的关键。

8.4 顺利完赛

有部分跑者认为只要自己从起点到达终点就算完成了马拉松比赛，实则自己在跑步的过程中特别是在后半程，可能由于体力、抽筋甚至是拍照等原因，采取了走、走+跑、休息后再继续跑等方式勉强完成了比赛。其实，这并不是真正意义上的完赛，完整的完赛应该是跑完全程，只是速度不同。

要想顺利地完成马拉松，至少需要做到以下两方面：

一方面，跑者需要加强平时跑步训练，提高机能水平；

另一方面，跑者需要学习一些比赛策略，合理分配体力，制订比赛方案。

要想完整地完成一场马拉松，前期的跑量积累是必不可少的，对跑者来说，只有跑量上去了，才能逐渐承受住马拉松跑步过程中带来的负荷。

8.4.1 跑马拉松时心率过高

马拉松跑者在跑步过程中的心率是衡量运动过程强度的重要指标。通常情况下，同等配速，如果跑者的心率低，表明跑者身体机能对这个配速具有良好的适应性，显得比较轻松，可以继续坚持跑步或者可以根据身体状况适当提升速度。如果跑者心率高，则表明跑者身体机能不适应这个配速，显得非常吃力，甚至有可能出现危险状况，应该及时调整跑速。

由于马拉松比赛的时间较长，跑步者容易出现疲劳、脱水、体温升高等现象，特别是在后半程，极易造成心率偏高，这种现象又叫"心率漂移"。简言之，跑者在马拉松后半程即使是跑速不变的情况下，心率也会随着跑步时间的持续而逐渐偏高。

心率持续过高的情况下，心脏的收缩期和舒张期会明显缩短，而舒张期的缩短会造成心脏得不到充分休息，回心血量不足，导致心脏搏出量下降，进而可能出现一些不必要的危险。

8.4.2 跑马拉松时的心率和配速选择

假设马拉松跑者按照既定的配速跑步，在跑步的过程中，由于要维持既定配速，心率可能就会处于一个较高的状态，等到后期，随着"心率漂移"的到来，心率可能会更高，最终导致心脏负荷过大。因此，合理安全的马拉松应该是按照心率去跑，根据自身的健康状况，将心率控制在合理的水平。当配速和心率发生冲突时，建议优先选择心率。例如，跑者甲计划按照6：00的配速完成比赛，但在跑步的过程中出现了心率超过85%的最大心率状况，此时，跑者甲就应该放弃配速，降低配速到6：30或者7：00甚至时更慢的速度，使自己的心率降下来，避免危险事件发生。

8.4.3 跑马拉松时心率的保持

保持一个合理的心率是安全跑完马拉松的保障。如果参加马拉松仅是为了体验，对成绩没有任何要求，那么建议在跑步的过程中可以将心率控制在最大心率的65%~78%。

如果参加马拉松对成绩有一定的要求，自己平时也有一定的训练基础，积累了一定的跑量，想通过正式的比赛实现自己平时的配速或有点突破，那可以按照自己制订的计划去跑，但要注意此时心率应该控制在最大心率的79%~84%。

如果是专业马拉松跑者，通常情况下，他们会按照自己的配速去跑，但是也不会贸然提速，会将心率控制在最大心率的85%~90%。

无论是马拉松体验者，还是专业跑者，都不建议在比赛过程中让自己的心率超过最大心率的85%，这里强调的是正常跑步心率，不包括"心率漂移"现象。对专业跑步者来说，在跑步的最后几公里，由于"心率漂移"现象，是可以短暂出现心率超过最大心率的85%的现象。主要是因为专业跑者具有较好的跑步基础，前期跑步量积累较多，能够承受住更高的心率水平，同时，专业跑者本身最大心率随年龄增长而下降的幅度较小。

例：跑者甲，今年40岁，如果最大心率是180次/分，那么跑者甲在比赛过程中的心率就应该控制在142~151次/分区间，换言之，跑者甲在比赛中的心率不应超过151次/分，如果长时间的超过151次/分，甚至更高，应该通过降低速度来减缓心率，即使当心率超过151次/分时仍然自我感觉良好，但长时间高心率，心脏负荷过大，乳酸堆积、疲劳将不可避免，进而会出现撞墙、抽筋等状况。

心率漂移值=$\frac{(B-A)}{A} \times 100\%$（$A$代表前1km跑的平均心率；$B$代表跑步结束时心率），采用这个公式就可以算出跑者在跑步过程中心率上升的比率。表8-2为心率漂移登记表，可以根据表格中的数据判断当前基础体能水平，只要跑者能将心率维持在10%以内就属于较为优秀的级别了，维持在5%以内就属于精英级别。

表8-2 心率漂移值等级表

等级	0	1	2	3	4	5	6
心率漂移/%	25	20	18	16	15	14	13
等级	7	7.5	8	8.5	9	9.5	10
心率漂移/%	12	11	10	7	5	3	1

8.5 赛后恢复指南

8.5.1 马拉松比赛对身体的影响

在马拉松比赛中，跑者的肌肉、肌腱、细胞、韧带、免疫系统等甚至是身体每一部分都会参与到运动中，并承受着生理方面的严峻挑战。因此，马拉松比赛往往也会对参赛者的身体造成一定程度的损伤。

8.5.1.1 肌肉损伤

马拉松跑步属于长距离运动，对小腿肌肉的损伤时很难避免的。有调查研究表明，马拉松比赛后，多数参赛者的小腿肌肉发生了局部炎症，而炎症会对肌肉的爆发力和耐力产生影响，甚至会造成肌肉延迟性酸痛。因此，在马拉松比赛后，跑者需要检查分析自己的肌肉损伤情况，并在下一次跑步前留足充分的时间修养恢复。

8.5.1.2 细胞损伤

细胞损伤主要通过肌酸激酶（CK）和肌红蛋白进行判断。比赛后，对CK进行测量，如果血液中的CK浓度越高，表明跑者在比赛过程中细胞损伤程度越严重；反之，损伤程度则较轻。有研究结果显示，马拉松比赛后的一个星期内，血液中CK的含量会持续升高，肌红蛋白也会在比赛后3~4天内一直保持较高水平。要让受损细胞完全恢复，只能通过休息。与肌肉酸痛感不同的是，细胞损伤往往不会有太大的感觉，不会出现类似肌肉酸疼的痛感，可能会造成跑者以为肌肉不酸疼了就代表恢复了，其实并不是这样，细胞的修复时需要时间的，并没有肌肉酸疼恢复得快。所以，肌肉酸痛感消失并不意味着细胞损伤完全恢复，还是需要留有充分的时间，恢复之后再投入训练和下一次比赛。

8.5.1.3 破坏免疫系统

马拉松比赛也会对人体的免疫系统造成损伤，这也是为什么长时间剧烈运动后人容易感冒的原因，这被称为"开窗理论"。人体免疫系统因为长时间运动受损，给病原体侵入体内提供了机会，导致生病，这个时候就等于给病原体打开了一个窗口。过度的训练和长时间的跑步会造成免疫系统被抑制，进而产生疾病。

8.5.2 马拉松比赛后不宜马上做拉伸

在马拉松比赛的后半程中，由于长时间的体力消耗，跑者的身体和肌肉可能都会出现变化。一开始可能出现配速下降，其实这主要是肌肉开始疲劳的提示，但为了完成比赛，跑者会继续坚持跑下去，随着时间的延长和疲劳程度的加深，跑者慢慢会出现机械化迈腿，甚至失去知觉，或者腿脚有麻木感，这说明肌肉疲劳已经带动神经疲劳了，而肌肉又是受神经控制的，所以在后续的跑步中，可能就会出现局部的抽搐，就像半痉挛一样，最终这种状态就有可能演变为肌肉抽筋。

8.5.2.1 跑马拉松后很多跑者的肌肉处于半痉挛状态

在马拉松终点附近，你可以观察到两种人，一种是在跑步过程中就出现了抽筋现象，靠自己的调整最终冲过终点；另一种是在跑步过程中没有发生抽筋，但是停下来后发生抽筋的，因为这种人的肌肉其实在跑步过程中已经很疲劳了，停止后，肌肉就会发生收缩情况，出现抽筋。

8.5.2.2 跑马后是否应该立即拉伸

在大多数运动参与者的观念中，运动结束后就应该拉伸，这无疑可以起到减缓肌肉疲劳，消除肌肉紧张感，促进乳酸的释放等作用。但是跑完马拉松后，立即采取拉伸进行放松是不可取的，因为长距离的马拉松运动会使肌肉处于半痉挛状态下，可能会适得其反，引发抽筋。此时应该继续走一段或跳一段，通过几分钟缓慢运动，让肌肉得到恢复。

肌肉是弹性体，在跑步的过程中被拉长，它就会出现反射性的收缩，主要是为了阻止被拉长。如果肌肉被拉长的幅度越大，产生的对抗拉力也就会越大，这种生理现象就是牵张反射。

在马拉松跑步结束时，长时间的运动使肌肉处于半痉挛状态，换言之，这时的肌肉是出于半强直收缩状态，如果此刻进行力度较大的拉伸，肌肉产生的牵张反射就会引发肌肉进一步收缩，最终导致抽筋。这也是很多马拉松跑者在跑步过程中没有发生抽筋，反而在结束后的拉伸过程中发生抽筋的原因。

8.5.2.3 冲过终点后需要做什么

从肌肉痉挛的发生过程来看，当跑者冲过终点后，可以先慢走或者抖动双腿，让肌肉逐渐恢复到安静状态，之后再拉伸放松。通常这段时间可能需要30分钟左右，也就是说在跑步结束30分钟左右再拉伸更有利于放松。

8.5.3 比赛当天的恢复方式

运动后良好的恢复是下一次运动的开始。马拉松比赛可能会造成肌肉的深度疲劳，更有必要进行赛后恢复，认真做好赛后放松，消除肌肉疲劳，减少运动损伤的发生。

8.5.3.1 赛后先走跑放松

长距离的运动结束后不宜立即停下来，可以慢跑15~20分钟，或步行30~60分钟，通过一段时间的缓慢运动，让心肺从激烈的状态逐渐恢复到安静的状态，之后再拉伸，一方面可以防止重力性休克的发生，另一方面也避免肌肉痉挛的出现。

8.5.3.2 赛后尽早补糖补水

马拉松比赛结束后，长时间远距离的运动造成人体内糖亏空，加上大量流汗，容易出现脱水状态，整个身体的消耗较大。从前期的研究成果来看，在运动结束后越早补充糖和水，越有助于消除疲劳，纠正体内电解质紊乱的情况。运动后早补糖和水的效果远远好于晚补糖补水的效果。

马拉松跑者虽然在跑步的过程中都会注意补糖和补水，但这个过程中，由于还要不断运动，为了不给肠胃造成太大的负担，通常都不会大量补糖和水，均是采用少量多次的补给方式。换言之，这种补给方式是很难满足运动中的身体消耗的，也就是补给的能量小于消耗的能量，身体还是处于一种能量亏空的状态，所以赛后需要及时补充，可以采用喝运动饮料、喝水、吃香蕉、吃甜点等方式及时补充能量。

通常情况下可以采用尿液的颜色来辨别跑者是否处于脱水状态，当跑者赛后的尿液颜色从黄色变成澄清透亮时，表明已经完成了水合过程，身体不脱水了。如果跑者的尿液颜色一直呈黄色，那就需要不断补水，直到尿液颜色变清澈。

赛后的补糖方式很多，除了直接使用甜品之外，食用主食，如吃米饭、面条、馒头等也可以补糖。在马拉松跑步的过程中，由于血液主要供给到肌肉中，会造成肠胃处于缺血状态，因此，比赛结束后跑者往往会出现胃口不佳的状态，此时可以先补充一些面包或者能量棒之类的食物，等待1~2小时后，状态逐渐缓解，就可以选择一些营养均衡的饭菜。但是比赛结束的第一顿不建议吃太多，吃太油腻，建议选择一些清淡的、容易消化的、含有优质蛋白的食物。

8.5.3.3 赛后洗澡可消除疲劳

马拉松比赛结束后不适合立即洗澡。因为长时间远距离的运动，血液供给主要在肌肉中，比赛结束时大量的血液还停留在四肢肌肉。如果结束后立即洗澡，在热水的辅助作用下，皮肤和浅层大肌肉群的血流量会进一步增加，从而造成大脑和心脏以及身体其他部位供血不足，进而可能会引起晕厥。

比赛后的洗澡时间和方法如下：通常情况下，在比赛结束1小时左右，人体的温度逐渐恢复到正常状态，心肺功能也会回到安静状态，身体不再继续排汗，此时洗澡是较为安全的。但需要强调的是，洗澡的水温不宜过高，冬天的水温一般可以控制在42℃以下，夏天的水温可以控制在37℃以下，洗澡的时间也不宜过长，尽量在20分钟以内洗完。如果洗澡的时间过长，可能会造成血液流向全身，回心血量不足，加之长时间处在温度较高的密闭环境中，可能会导致缺氧、眩晕甚至晕厥的情况。

8.5.3.4 赛后做按摩放松

马拉松比赛会给跑者的肌肉造成深度疲劳，赛后如果仅是依靠牵拉放松是不够的。因此，可以选择泡沫滚筒、按摩棒等辅助工具进行滚揉按摩放松，这些工具对消除肌肉痛点、降低肌肉张力等具有较好的作用。最佳的放松方式通常是将肌肉牵拉与放松二者有机结合，这样可以最大限度地发挥二者各自的优势，实现肌肉放松的最优化。

8.5.3.5 赛后保持充足的睡眠

睡眠对消除跑马造成的疲劳也具有重要的作用。通常情况下，很多跑者往往会忽视赛后睡眠对消除疲劳的作用，因为参加马拉松跑步的大多数人都是属于职业人群，他们有自己的工作，加之可能由于参加马拉松造成工作堆积，需要加班，所以常常会晚睡，最终导致睡眠不够，使得跑步造成的疲劳迟迟得不到清除。很多专业运动员在比赛前后都会按时关灯睡觉，主要就是为了保持充足的睡眠时间。

当然，也不排除由于身体极度疲劳导致的大脑疲劳，造成身体极度疲劳，但是无法入睡的情况。此时可以将房间的光线调暗，保持室内的温度低一些，因为黑暗和低温有利于身体进入睡眠状态。

8.5.3.6 赛后强化恢复措施

马拉松跑步结束后，如果在条件允许的情况下建议采取多种方式消除跑步带来的疲劳，更加有效地恢复体力。

冰水泡脚：冰敷可以有效缓解由于跑步引起的毛细血管扩张，减缓血液流动，但是采用冰敷进行机体修复的证据目前没有得到证实，跑者需要根据个人的情况合理选用。此种方法用得最多的是前女子马拉松世界纪录保持者拉德克里夫。冰敷的时间不宜过长，一般10~15分钟即可。

足疗：足疗是放松的主要手段，热水泡脚后，按照一定的手法按压双脚的经穴、反射区，既可以达到放松脚底、腿部的效果，又能缓解跑马带来的疲劳。

压缩袜：有研究结果证实了在运动后的24小时继续穿着压缩袜，运动者的肌肉酸痛感会得到一定程度的减轻，从这个结论来看，压缩袜在帮助运动后的恢复和消除疲劳方面具有一定的作用。因此，对马拉松跑者而言，不仅在跑步的过程中可以穿压缩袜，在赛后的恢复中也可以借助压缩袜消除疲劳。

9 国内外马拉松赛事大众选手风险事故案例分析

9.1 国内马拉松赛事大众选手风险事故案例分析

9.1.1 2023年桂林马拉松风险事故

赛事介绍：

桂林国际马拉松赛是由中国田径协会、广西壮族自治区体育局、桂林市人民政府主办，桂林市机关事务管理局、桂林市体育局、桂林市文化广电和旅游局、共青团桂林市委员会承办的国际性马拉松赛事。该赛事创始于2016年，是广西第一个全程城市马拉松赛事，2018年初被中国田径协会评为"银牌赛事"和"自然生态特色赛事"；2019年，桂林国际马拉松赛升级为中国田径金牌赛事；2020年，再次升级为世界田径铜标赛事。2023年桂林国际马拉松赛于3月26日在山水甲天下的桂林市开跑。

风险事故介绍：

据央广网报道，在3月26日开跑的桂林马拉松赛事中，一名跑者突然倒地，虽然赛事医务人员第一时间对其进行了抢救，但遗憾的是该跑者仍不幸离世。离世跑者今年69岁，开跑后，离开起点1km多就倒了，附件的医疗人员和救护车立马赶到，但跑者最终心脏骤停。根据桂林市体育局工作人员的消息，此名跑者因为年龄超过65岁，按照报名规则需要直系亲属签署协议，他已按照规定履行程序，发生这样的事故属于一个意外。

风险事故归因：

风险事故的原因一般可以分为内部原因和外部原因，此次事故的原因主要是内部原因，跑者对自己的健康状况评估不够，赛前可能没有做详细的身体检查。从以往的死亡案例来看，大部分是由于跑者具有潜在的疾病，所以在参赛前进行必要且全面的身体健康状况检查是不可缺少的，特别是在疫情过后，很多跑者的身体都需要重新评估，这是对自己生命的负责。另外，无论现在的医疗条件有多发达，对于类似马拉松猝死一类的突发状况抢救成功率并不高，因此，赛前对自己做好健康评估，赛中切勿逞强，赛后做好恢复是每个跑者都要注意的。

9.1.2 2021年(第四届)黄河石林山地马拉松百公里越野赛暨乡村振兴健康跑风险事故

赛事介绍：

2021年的黄河石林百公里越野赛，是由中国田径协会和白银市人民政府主办，白银市体育局和景泰县承办的赛事。该赛事创办于2018年，首届赛事就获得了中国田协"铜牌赛事"和"自然生态特色赛事"称号，至2021年已连续举办四届。

风险事故介绍：

2021年5月22日，(第四届)黄河石林山地马拉松百公里越野赛暨乡村振兴健康跑在黄河石林大景区发枪开跑，此次赛事共设置5km乡村振兴健康跑、21km越野赛、100km越野赛三个组别，其中共有172人参加百公里越野赛。百公里越野赛线路见图9-1。当天13：00左右，在距离起点20~31km处的高海拔赛段出现极端天气，突变的极端天气造成局部地区出现冰雹、冻雨、大风等灾害性天气，气温骤降，导致参赛者出现失温、身体不适等情况，甚至部分参赛者失联，比赛停止。据人民网甘肃频道报道，在省委、省政府全力组织的救援下，截至5月24日上午9时，有21人不幸遇难，8人受伤。

图9-1 2021年(第四届)黄河石林百公里越野赛线路图

风险事故归因：

此次事故主要是外部原因造成的，从时间的调查报告来看，赛事组织管理不规范、运营执行不专业是导致这次公共安全责任事件的主要原因。因此，主办方要科学合理地安排比赛时间，评估好赛事环境情况，特别是天气情况。恶劣的天气情况不仅影响参赛者安全，也不利于跑出好的参赛成绩。

9.1.3　2018年南宁国际马拉松风险事故

赛事介绍：

2018南宁国际马拉松赛事是由中国田径协会、广西壮族自治区体育局、南宁市人民政府主办，南宁市体育局、南宁市体育总会承办。赛事以"跃动南马，壮行天下"为口号，共设置全程马拉松、半程马拉松（分国际组、市民组）、10km跑、4km健康跑以及老年人健身走5个组别。总报名人数达30878人，通过抽签，最终由来自16个国家和地区的26000人参赛。

风险事故介绍：

据新浪新闻报道，2018年12月2日，南宁国际马拉松比赛在广西南宁开跑，在第一位选手刚冲过终点线后就发生了被终点工作人员立即拽停的状况，导致当时来自埃塞俄比亚的这位选手瞬间坐在地上，随后被拉到"奔跑中国"的旗帜前拍照留念。此事件引起不少跑友热议，随后中国田径协会也对赛事组委会作出了处罚。

风险事故归因：

导致这次事故的原因主要是主办方的赛事组织专业性欠佳以及工作人员安全意识淡薄。赛事主办方在工作人员培训时可能抓得不严，对工作人员安全知识培训不到位。因此，加强赛事工作人员或志愿者的培训也是至关重要的，类似这样的拉拽事故，严重的可能会直接导致选手出现损伤或猝死危险。

9.1.4　2017年重庆国际半程马拉松风险事故

赛事介绍：

2017重庆国际半程马拉松是由中国田径协会、重庆市巴南区人民政府、重庆市体育局主办，巴南区体育局承办的赛事。赛事共设置半程马拉松和迷你马拉松2个组别，参赛规模为1.5万人，其中半程马拉松1万人，迷你马拉松0.5万人。比赛从巴南区人民政府广场出发，经过融汇江山折返回到龙洲湾区行政中心广场。

风险事故介绍：

2017年11月19日，重庆国际半程马拉松比赛在巴南区人民政府广场发枪，比赛中，在距离终点2km左右的地方，一位男性跑者突然倒地，据澎湃新闻网报道，倒地的男性跑者33岁，由于心脏骤停，最终抢救无效身亡。该跑者是一名业余足球队的队长，但这是他第一次参加半马。

风险事故归因：

造成此次事故的原因主要是跑者对自己的参赛能力没有足够的认知，对马拉松的风险也认识不够，没有正确评估自己的能力和身体状况。大多数跑者千万不要误认为身体素质好就可以盲目报名参加马拉松赛事，马拉松是一项对前期系统化训练以及跑量积累要求非常高的体育比赛，赛事运动量对心肺功能的要求并不是短期跑步和良好的身体素质所能承担的。因此，赛前做好长期系统性的训练和身体检查是非常必要的。

9.1.5　2016年清远国际马拉松风险事故

赛事介绍：

2016清远国际马拉松赛是由中国田径协会、清远市人民政府主办，清远市体育局承办的赛事。赛事设置了全程（含市民组）、半程（含市民组）和5km跑3个项目，按照全程（含市民组）0.6万人、半程（含市民组）0.6万人和5km跑0.8万人的参赛规模设置，最终，共有来自国内外近2万名选手参赛。

风险事故介绍：

2016年3月20日，清远国际马拉松赛在广东省清远市鸣枪开跑。据南方日报报道，在此次近2万人的比赛中，有1.2万多人次接受救治，其中17人送院救治，3人入住ICU，2人入住心内科，还有大部分跑者出现肌肉痉挛、扭伤、晕倒等症状。此外，此次马拉松还出现装肥皂的外包装袋与面包包装袋相似，导致部分跑者误食。

风险事故归因：

此次事件的原因是多方面的：首先，内因方面是参赛者对自己的能力评估不够，对身体健康状况评估不足，盲目参赛；其次，是赛事主办方的管理不到位，对赞助方赞助的物品检查不到位，没有及时发现问题，最后造成问题的发生。因此，马拉松赛事不仅对参赛者的身体素质要求高，对赛事的组织要求也非常严格，一场完善的马拉松赛事是多方共同合作的结果。

9.1.6　2015年深圳国际马拉松风险事故

赛事介绍：

2015深圳国际马拉松赛主办方是中国田径协会、深圳市人民政府，承办方是深圳市文体旅游局等。此次赛事设马拉松（男子、女子、团体），男、女半程马拉松，男、女6km跑3个项目，共有2.5万名运动员参加，赛事主会场设在市民中心南广场。

风险事故介绍：

2015深圳国际马拉松赛组委会公告称，比赛当天上午10：40分，参加半程马拉松的33岁男性参赛者姚某，在距离半程终点400m处突然倒地。马路对侧救护车医护人员目击参赛者倒地，第一时间采取除颤和心肺复苏等现场抢救，并将该名参赛人员转运至南山区人民医院救治,但遗憾的是抢救无效,不幸死亡。

风险事故归因:

此次事故的原因主要是内部原因,跑者对自己的健康状况评估不够,对马拉松风险的认识也不到位,加之赛前可能没有做详细的身体检查。因此,赛前做好健康评估,赛中当身体不适的时候可以减缓速度甚至缓慢停下来,不要盲目冲刺,冲刺对心脏负荷要求极高,建议按照一定的配速安全跑完比赛。

9.1.7　2014年珠海国际半程马拉松风险事故

赛事介绍:

2014珠海国际半程马拉松赛是2014年12月13日在广东省珠海市由中国田径协会、珠海市人民政府主办,珠海市文体旅游局承办的国际性马拉松赛事。此次赛事设有半程马拉松、10km跑、5km迷你马拉松以及2.5km欢乐马拉松4个项目。其中,赛事规模按照半程马拉松(含男女双人)0.5万人,10km(含男女双人)0.6万人,迷你马拉松(含亲子、男女双人)1万人,欢乐马拉松0.9万人设置,最终共有来自20多个国家和地区的近2.5万名选手参赛。

风险事故介绍:

2014年12月13日上午,珠海国际半程马拉松赛在广东省珠海市发枪开跑。据人民网报道,在比赛过程中,一名30岁的男性在距终点1km左右处突然倒地。医务人员携救护车在3分钟内赶到现场,但跑者就已经神志不清,双侧瞳孔散大。医务人员立即对跑者进行了心肺复苏后,马上将其送至就近的医院抢救,遗憾的是4个多小时后,跑者还是不幸死亡。

风险事故归因:

此次,跑者又是倒在终点附近,足以见得马拉松赛事终点附近的风险是极其高的,应该引起高度重视。这次,跑者对自己的健康状况评估不够,对马拉松风险的认识也不到位,特别是对终点附近的高风险性意识不够。另外,尽管医务人员携救护车在3分钟内赶到现场,但对于类似马拉松猝死一类的突发状况就算是第一时间抢救,成功率也并不高,因此,建议不要盲目冲刺,冲刺对心脏负荷要求极高。

9.1.8　2013年天津国际马拉松风险事故

赛事介绍:

2013年5月25日上午由中国田径协会、天津市体育局、天津市武清区人民政府主办的第二届"武清开发区杯"天津国际马拉松赛在天津开赛。此次赛事共设置男、女全程马拉松,男、女全程马拉松接力赛,男女10km,男女5km迷你马拉松4个项目，共八个组别，共有15923人报名参赛。

风险事故介绍：

据中国经济网报道，在第二届"武清开发区杯"天津国际马拉松赛比赛结束后，来自杭州国术青少年体育俱乐部的肯尼亚运动队获得全程接力赛男、女项目前三名。根据赛事竞赛规程，赛事的比赛奖金单位为人民币，但在领取奖金时，该运动队的领队出示一张自己打印的表格，认为奖金的货币单位是美元，所以拒接领奖，颁奖仪式被迫取消。之后，经过沟通，尽管所有选手都领取了奖金，官方也澄清从未更改奖金货币单位。但由于网络的传播及部分媒体有误报道，赛事形象严重损害。

风险事故归因：

此次风险事故有赛事组织的原因，也有参赛选手的原因。首先，赛事组织不到位，宣传部门对赛事的信息保障工作做得不完善，导致信息出现被修改的情况；其次，赛事组织的公关也存在一定的问题，在事情发生后，没有及时地阻止舆论发酵和传播，导致舆论扩散，给赛事带来了不良影响；最后，参赛选手获取的信息应该以官方渠道获取的为准，出现不一致时，应该多方求证，核对信息的真假，避免被不良信息误导。

9.1.9　2012年广州马拉松风险事故

赛事介绍：

2012广州马拉松赛是由中国田径协会、广州市人民政府主办，市人民政府、市体育局、市田径协会承办的国际性马拉松赛事。此次赛事也是广州马拉松的首次赛事，赛事设置全程马拉松、半程马拉松、10km跑、约5km迷你马拉松等四个项目，以"名城、和谐、健康"为主题，吸引了2万多名来自世界各地的跑者参赛。

风险事故介绍：

2012年11月18日，广州马拉松赛在广州市花城广场鸣枪开跑。据岳阳日报报道，在迷你马拉松和10km比赛中，发生了两位跑者突然昏厥的情况。赛事主办方第一时间将两位选手送往医院抢救，但令人悲伤的是，21岁的大学生选手陈某第二天凌晨因心脏衰竭抢救无效，在医院ICU病房离世。另一位25岁的选手丁某与死神抗争了8天之后也不幸死亡。丁某参加的是约5km的迷你马拉松，据同行的同事说，丁某在距离终点800m左右时发力冲刺，但在终点前300m左右处晕倒了，随后立即拨打120电话，救护车约20分钟到达现场，但由于该救护车未配备呼吸设备，再过了20多分钟，第二辆救护车到现场，经过抢救后丁某被送往医院继续抢救。

风险事故归因：

此次事故由两个方面造成。一方面是由于主办方的医疗组织不力，医疗点分布不足，救援通道不畅，设施不够完善。通常心脏骤停后的抢救时间大概是4分钟，而此次事故的救援时间远远大于这个时间。另一方面是跑者对自身的认识和对马拉松风险的认识也不够，贸然冲刺，造成心脏负担加重，导致事故发生。因此，一场安全的马拉松赛事是多方共同作用的结果，需要大家协同发力。

9.1.10　2004年北京国际马拉松风险事故

赛事介绍：

北京马拉松是经国际田径联合会（IAAF）认证的中国最高水平马拉松赛。第一届马拉松赛事创办于1981年。2004北京国际马拉松赛共设置了全程马拉松、半程马拉松、10km跑和5km小马拉松跑4个项目，报名人数达2.5万人，其中，有2.4万人是群众以及高校学生。赛事起点设在天安门广场内，终点设在国家奥林匹克体育中心。

风险事故介绍：

据中国新闻网报道，在10月17日上午开跑的北京国际马拉松比赛中，在赛道17km处，北京交通大学的学生刘某突然倒地，同学立马找到警察，警察随即叫来救护车，3分钟后，救护车赶到并对刘某进行现场抢救，随后送往附近的海淀医院进行抢救，之后证实刘某因抢救无效身亡。之后，下午1点50分左右，在距离全程终点还有100~200m的距离，又一位选手倒地，医务人员第一时间上前抢救，但此名跑者的心、肺、脑都已经没有了反射，1点55分，急救车把跑者送到安贞医院进行抢救，随后证实抢救无效离世。

风险事故归因：

本次事故的主要原因是跑者对自己的健康状况评估不够，对马拉松风险的认识也不到位，特别是对终点附近的高风险性意识不够。因此，赛前做好健康评估，赛中切勿逞强，赛后做好恢复是非常必要的。

9.2　国外马拉松赛事大众选手风险事故案例分析

9.2.1　2022年渣打吉隆坡马拉松风险事故

赛事介绍：

渣打马拉松是指由渣打银行赞助的马拉松团体分站接力比赛，该赛事是目前规模最大的马拉松系列赛。当前，中国香港马拉松、泽西岛马拉松、孟买马拉松、内罗毕马拉松、吉隆坡马拉松、福克兰群岛马拉松和迪拜马拉松都属于这一系列赛事。吉隆坡马拉松是渣打马拉松系列赛之一,是国际田联和国际路跑协会AIMS认证的赛事,也是当前马来西亚最大规模的马拉松赛事。整个赛事路线的设计完美地将吉隆坡现代建筑和城市规划融为一体,让你在跑步中实现吉隆坡城市之旅。2022年渣打吉隆坡马拉松来有来自47个不同国家的1600多名外国跑者参赛,还有1万名左右来自马来西亚的跑者。

风险事故介绍:

据马来西亚媒体报道,在2022年渣打吉隆坡马拉松在比赛过程中,一名47岁的男性跑者在比赛期间昏倒,并在送医院抢救3天后无效身亡。随后,2022年吉隆坡马拉松主办单位也通过官方社交媒体发布了这个消息,该名叫阿都拉曼的47岁男性跑者比赛当天早上6点左右,被人发现昏倒在金马路,随后紧急送往隆中央医院进行抢救,遗憾的是经过3天的抢救,跑者还是不幸离世。

风险事故归因:

此次事故的原因主要是内部原因,跑者对自己的健康状况评估不够,对马拉松风险的认识也不到位,加之赛前可能没有做详细的身体检查;其次,选手参赛过程中应该结伴而行,切忌一个人单独出现;最后,赛事在组织方也存在管理疏忽的问题,没有及时发现参赛选手晕倒。由于多方的因素,最终导致了风险事故的发生。

9.2.2 2018年意大利威尼斯马拉松风险事故

赛事介绍:

威尼斯马拉松是此座城市每年的大型长跑比赛。比赛期间,会特地在大运河上会搭建起一座浮桥,参赛者经过浮桥到达对岸,用以表达威尼斯对马拉松比赛的重视和诚意。当然,浮桥赛后会立即拆除以恢复水上交通。威尼斯属于地中海气候,一年中最舒服的季节当属10月左右,因此,马拉松赛事的比赛时间就放在了这个时候。2018年的威尼斯马拉松比赛时间为10月28日,设置了全程马拉松、10km两个项目,全程马拉松的关门时间为6小时,10km跑的关门时间为1.45小时。

风险事故介绍:

据新浪新闻报道,当地时间2018年10月28日,威尼斯马拉松鸣枪开跑,但在比赛的过程中,威尼斯遇强风暴雨,引发城市内涝,造成威尼斯水位上涨,导致最后3km的赛段全在被水淹没的赛道中,甚至有部分地方水已经漫过膝盖,跑者在接近终点时,原本体力就已经透支了,在这种情况下跑步,不仅增加了阻力,还有感染风寒的危险,同时也严重影响了跑者的成绩和参赛体验。

风险事故归因：

此次事故看似是由于突发天气引发的马拉松风险事故，实则属于赛事管理或组织风险问题。赛事主办方对赛事的预警预案做得不到位，没有做好预防措施，当风险事件发生时，没有及时处理。对威尼斯的天气情况，赛事主办方提前有预测，却没有展现出预防措施。一场完美的大赛，不仅赛场上井井有序，还要做好应急预案、赛事保障等系列措施。

9.2.3　2017年德国科隆马拉松风险事故

赛事介绍：

科隆马拉松创办于1997年，被誉为在世界上最美的城市里奔跑，每年的秋季举行。比赛从莱茵河东岸出发，经过西岸最终到达科隆大教堂旁。2017德国科隆马拉松设置了全程马拉松、半程马拉松、全程接力赛（一个团队4个人）三个比赛项目。

风险事故介绍：

当地时间2017年10月1日，2017年德国科隆马拉松在上午八点半发枪开跑。据深港在线报道，一名35岁的男性上海跑者蒋先生在赛道11km处突然倒地，随后送往医院，抢救后宣告死亡。据悉，跑者蒋先生是一家德国公司上海分公司的员工，此次是和另外几名同事一起到德国参加科隆马拉松。

风险事故归因：

此次事故的原因可能有两个方面。一方面是蒋先生到德国参赛，可能由于旅途劳顿，加上时差问题，休息不够，身体没有得到良好的调整，在面对高运动负荷时，机体难以承受，造成事故发生。另一方面，跑者对自己的健康状况缺少准确的判断，加之赛前可能缺乏系统性的训练等。

9.2.4　2016年伦敦马拉松风险事故

赛事介绍：

伦敦马拉松是受纽约马拉松的启发诞生于1981年，是世界六大马拉松赛事之一。但伦敦马拉松与其他五个马拉松不同，其主要是以慈善为宗旨，参赛者中大约有三分之二是通过慈善捐款来获取参赛资格的。该马拉松赛事通常在每年的4月下旬举行，由于赛事的宽阔场地、优美的路线景色、热情的观众以及完善的管理深受马拉松爱好者喜欢。

风险事故介绍：

全球华语广播网报道，在2016年伦敦马拉松赛比赛过程中，在距离终点

5000m附近，1名男性跑者倒地，随后医护人员第一时间对其展开急救，并立即送往医院抢救，但最终因为心脏骤停，抢救无效不幸死亡。据悉，该名男性跑者来自英国，名叫大卫，31岁。另外，此次马拉松还被拍到近20名民众哄抢专门为运动员准备的矿泉水的情况。

风险事故归因：

此次事故的原因由两个方面的原因造成。一方面是跑者对自身的认识和对马拉松风险的认识也不够，没有正确评估自己的身体健康状况。另一方面是赛事组办方的管理存在疏漏，监管不到位，出现哄抢物品的问题。

9.2.5 2015年曼谷马拉松风险事故

赛事介绍：

曼谷马拉松也是渣打银行赞助的一系列马拉松赛事之一，是东南亚地区有名的马拉松品牌赛事。赛事设置了全程马拉松、半程马拉松、迷你马拉松10km、微型马拉松5km等四项比赛。比赛路线大多数是在曼谷老城中心地带，广受跑马爱好者的喜欢。2015年的曼谷马拉松吸引了3万名跑者。

风险事故介绍：

据中新网11月18日报道，在泰国曼谷举行的半程马拉松比赛上，由于主办方在规划路线时的失误，让原本21.0975km的半程马拉松赛道，多出了6.4km的距离，引起了参赛者的不满。

风险事故归因：

此次赛事的风险主要是由主办方赛事组织问题造成的，组织方工作不严谨，路线设计和测量马虎大意，造成选手多跑，出现赛事乌龙事件。同时，出现这种情况，很有可能会引起更严重的风险问题，比如大多数跑者会按照自己的配速跑半程马拉松，当到达半程的距离时，身体已经透支，如果继续跑，可能会增加身体负荷，造成猝死等事故发生。因此，马拉松赛事需要每个参与者严谨对待。

9.2.6 2015年莫斯科马拉松风险事故

赛事介绍：

莫斯科马拉松是国际马拉松和公路跑协会（AIMS）的成员之一。赛事通常每年9月在俄罗斯莫斯科举行，设置了全程马拉松和10km跑两个项目。莫斯科马拉松的比赛路线由AIMS认证，从莫斯科河堤岸到花园环，穿过Krymsky桥和克里姆林宫的城墙下，最后到达卢日尼基奥林匹克中心，沿线途径克里姆林宫和莫斯科大剧院等30多个世界著名景点，深受马拉松跑者欢迎。

风险事故介绍：

2015年9月30日上午，莫斯科马拉松鸣枪开跑。据BBC报道，在进行的10km比赛中，瑞纳斯·阿卡曼德耶夫在终点线前500m左右的地方，突然被一名警察拦住了去路，并说他不能继续跑下去了，而且并未告诉原因，在双方纠缠了半分钟后，他才得以重新起跑，并冲过终点。突然的阻拦，险些让瑞纳斯·阿卡曼德耶夫与冠军失之交臂。

风险事故归因：

此次事件发生的原因主要是赛事组织风险。主办方对赛事工作人员培训不到位，导致安保人员行为不当，险些让选手失去冠军。另外，个别工作人员表现出不专业的行为，面对突发问题时并没有及时反应，应急预案不到位。

9.2.7　2014年伦敦马拉松风险事故

赛事介绍：

当地时间4月13日，一年一度的伦敦马拉松赛开跑，此次赛事共有3.6万名跑者参赛。同时也为慈善组织筹得史上最多的善款。

风险事故介绍：

据《每日邮报》的报道称，在2014年伦敦马拉松赛比赛中，一名42岁男选手在通过终点线后，当场倒地，医疗队立刻采用AED等措施对跑者进行了医疗抢救，但不幸的是在送往医院救治的过程中，此名跑者不治身亡。

风险事故归因：

这次事故主要是跑者对自己的健康状况评估不够，对马拉松风险的认识也不到位，特别是对终点附近的高风险性意识不够。马拉松赛事的后半程，机体处于透支状态，心脏负荷加大，如果在终点前再次加速冲击，无疑会给心脏造成超负荷，最终导致风险事故发生。

9.2.8　2013年波士顿马拉松风险事故

赛事介绍：

波士顿马拉松创办于1897年4月19日，是全球首个城市马拉松比赛，也是世界六大马拉松之一，属于美国田径协会主办的赛事，于每年的爱国者日（四月的第三个星期一）在波士顿举行。2020年，波士顿马拉松第一次推迟比赛，由于受新冠肺炎疫情的持续影响，拥有124年历史的波士顿马拉松赛事不得不被迫取消。2023年4月，第127届波士顿马拉松赛将会在波士顿市举行。

风险事故介绍：

据美国有线电视新闻网（BBC）报道，美国当地时间15日下午2点50分，波士顿马拉松还在进行时，在大赛终点线附近观众区及一家体育用品店先后有两枚炸弹被不法分子引爆，造成3人死亡，183人受伤，17人情况危急。同时，警方还在不远处拆除了尚未引爆的第三颗炸弹，而据悉，马拉松路线沿途也已发现了多枚疑似爆炸物。美国联邦调查局将这起连环爆炸定性为恐怖袭击。

风险事故归因：

此次风险事故的原因是多方面的，但有一点值得肯定的是赛事组织者管理疏忽，赛事安全管理不到位，警方对赛道和人流聚集地点的安全管理大意，没有做好安全防控，最终让恐怖袭击者有机可乘。

9.2.9 2011年费城马拉松风险事故

赛事介绍：

费城马拉松是美国历史最悠久的马拉松赛事之一，同时也是波士顿马拉松的资格赛之一，该比赛在每年11月的第三个星期日在费城举行。比赛的起点和终点设在著名的费城艺术博物馆，赛道途径很多著名历史景区和标志景点，每年都会吸引上万人参赛。

风险事故介绍：

据中国新闻网报道，在11月20日举行的费城马拉松赛中，两名跑者因心脏病突发而死亡。据悉，年轻的21岁亚裔男子因心脏病发作在终点附近倒下，不治身亡；另一名40岁的白人男子倒在距终点0.4km处，被送往附近医院，随后被宣布因心脏病突发死亡。

风险事故归因：

费城马拉松不设置参赛门槛是造成此次事故的主要原因。费城马拉松在接受报名时不设置时间资格线，参赛者只需要在规定时间内完成注册即可参赛，这导致了部分跑者盲目参赛，最终酿成风险。另外，此次事故中，参赛者自身缺乏对自我身体健康的评估，对赛事风险带来的后果预判不足，导致事故发生。

10　跑步与减肥

10.1　科学的跑步

在这个大多数人都希望拥有一个健康好身材的时代，减肥被很多人提上了日程。运动是减肥最好的方式之一，但很多人又苦于运动的痛苦而无法坚持，在跑步与减肥的道路上煎熬着。为此，本章会帮助那些备受煎熬的痛苦者梳理跑步与减肥的关系，引导如何运动等，希望大家能在减肥道路上找到自己。

10.1.1　如何开始跑步

美国对从平民转为新士兵的人员做了一项研究，对新士兵进行每周累计7小时的行军和4小时的跑步以及每天2~4小时的体能训练，结果表明：体重超重的新士兵在这个过程中发生运动损伤的概率远远高于正常体重的新士兵，而且，在发生损伤的士兵中，有65%发生了慢性劳损，有35%出现了急性损伤。因此，从这个研究的结果来看，如果没有运动基础或者运动基础不好的运动参与者突然增加运动量，可能会造成严重的运动损伤。

对于想通过跑步减肥的人来说，刚开始是不宜进行大强度跑步的，特别是对于前期没有跑步基础或体重超重的人来说，会大大增加损伤的风险。体重较重的人如果刚开始就采用跑步减肥，由于自身体重较大，在跑步的过程中因为跑步带来的冲击力，会导致膝关节和腰部损伤。加之，这部分人群的心肺功能可能较差，一开始就跑步，大运动量可能会增加心肺功能负荷，出现不必要的危险。因此，建议这部分人群可以从一些低冲击力的运动开始，比如游泳、骑动感单车等，逐渐过渡，然后坚持下来，最终才能达到减体重的效果。

合理的目标是实现跑步减肥的开始。有这样一句话，跑步是最简单的运动。其实这句话存在一定的误区，跑步看似简单，只需要跑起来就可以。但是，要实现经济实惠的跑步，并达到目标的话，远远没有想象的那样简单。在想通过跑步减肥之前，大多数的人会制订一个看似很合理的目标。制订自己的每天跑步计划、每周跑量、每月里程等，甚至连每周瘦多少斤，几个月能达到自己的目标都计划完了，制作了一张完美的减肥计划日程。但事实上，这些目标在实施的过程中达成率能有多少？显而易见，很多人最后都没有坚持下来，随便找了一个理由放弃了。因此，在跑步之前，可以尝试先小跑几天，然后根据这几天的运动情况和自己的身体素质状况来制订计划，不要妄图短时间内就迅速降低自己的体重，减肥其实是一个减脂的过程，这个过程需要脂肪燃烧，不能急于求成，最终盲目增加运动量，导致运动损伤而放弃。建议刚开始选择跑步减肥的人群采用小步幅快走。

对肥胖的人来说，在运动的过程中会比正常体重的人消耗更多的热量，因为他们在运动的过程中需要比正常体重的人更努力才能移动自己的身体。只要运动，对燃烧脂肪来说都是有利的。虽然说运动的时间越长，速度相对越快，对脂肪的消耗就越有利，但是对于肥胖的人来说，这样也更容易造成关节负荷和心肺负荷增大，导致关节损伤，心肺功能受到伤害，甚至威胁到生命健康安全。有研究表明，如果将一个人的步长缩短至正常走路时候的15%，能够实现增加4.6%的能量消耗，而且这个过程还有利于减轻冲击力对关节的伤害。

10.1.2　如何从走到跑

对锻炼了一段时间小步幅快走的人群来说，可能已经逐渐适应了运动的节奏负荷，就会想着增加运动量，消耗更多的脂肪，这个时候不妨尝试转为慢速跑。但这里要强调的是，跑步的速度是需要有一个过渡期的，千万不要一开始就用很快的配速跑，没坚持多久又放弃了。因此，刚开始选择慢跑的时候速度是非常关键的，这个速度主要是由个人跑步过程中的自我感觉舒适度决定，让自己在跑步的过程中感觉轻松，心肺功能不至于负荷过重，出现气喘吁吁的状态，这个过程建议可以将配速控制在7分以内。

有研究表明，肥胖的人群一周进行3次慢速跑，每次坚持30~60分钟，持续半年，可以使体重下降9%左右。因此，建议刚开始跑步的肥胖人群可以采用这种方法。首先，每周3次，类似于隔天跑，每次运动完，中间可以休息一天，这样便于机体恢复，也不容易造成疲劳，更有利于慢跑的持续性得到保持，最终实现减肥目标。除此之外，间歇跑能够消耗更多的脂肪。间歇跑可以在跑的过程中休息，然后提高适当的速度跑，不断重复，这个过程有利于提高机体摄氧量水平，消耗更多的脂肪。从以往的研究数据来看，间歇跑在跑步减肥中能够消耗更多的脂肪，对控制体重的优势相比于持续性跑步更突出。

10.1.3　如何持久地跑

为了能够持久地坚持跑步，不仅需要具有持之以恒的决心，还需要加强力量练习。首先，加强力量练习，保护关节，减小关节损伤。加强关节周围的力量练习，可以使肌肉承担一些冲击力，有效减轻冲击力对关节造成的损伤。可以重点加强脚踝、小腿、大腿前侧、躯干以及髋外展肌群的力量练习。其次，在增加力量的同时，不要贸然增加运动量或者提高跑速，运动量的增加是一个渐进的过程，贸然增加运动量会带来机体不适用，导致不必要的风险事故发生。建议逐渐增加运动量，采取每周增加上周量的10%以内，例如上周总量跑了15km，这周就可以增加到16.5km左右，让机体慢慢适应。另外，每次跑完后的放松拉伸也是很有必要的，同时也建议采取隔天跑的方式进行，不建议每天连续跑步。

10.2　跑多长时间可以减肥

毋庸置疑的是跑步是减肥的最佳形式之一，因为跑步可以燃烧并消耗掉体内大量的脂肪。但这个是建立在科学合理的前提之下，过度运动也不利于身体的健康，过低的运动量又达不到减肥的效果。想要知道跑多长时间可以减肥前，需要清楚两个跑量，一个是为了健康跑步的运动量，另一个就是为了减肥跑步的运动量。我国对体育人口的定义就是每周至少参加3次及以上中等强度的体育活动，每次活动时间不少于30分钟，折算成每周的运动量就是至少运动90分钟。而《美国身体活动指南》建议大众的运动量为成年人每周至少150分钟，运动强度也是中等强度。

研究表明，人体在快走时每分钟的能量消耗是安静时的6~8倍，而跑步时每分钟消耗的能量是安静时的8~10倍，甚至可以达到10~12倍。在此基础上，结合健康跑的运动量来看，如果要想实现脂肪燃烧，每次跑步应该要达到多少时间？

10.2.1　减肥人群的运动量

消耗更多的脂肪才能达到减肥的目的，而跑步是消耗脂肪的最佳方式之一。因而科学合理的跑步就显得极其重要。对想通过跑步减肥的人群，每周至少需要进行5次中等强度的跑步，每次至少40~60分钟，不建议超过60分钟，避免长时间跑步，造成体力透支，发生风险事故。当然，减肥需要持之以恒，不建议断断续续地跑步，跑步需要有规律性，每周哪天跑步、每次跑多长时间、速度多快等等，这些都需要固定，这样减肥才会有效。如果是今天心情好就多跑一点，明天因为天气下雨或者其他原因就不跑，反而不利于减肥。

跑步是否要40分钟以上才开始消耗体内的脂肪？运动40分钟后才开始动用机体的脂肪这句话可能是很多人一直相信的谎言。为什么说这句话是谎言？我们要清楚人体的糖主要来源哪里。首先，人体中含糖最多的就是存储在肌肉中的肌糖原，通常情况下，正常成年人的肌肉中肌糖原的含量大约为400g左右；其次，人体中的另一个糖源是肝脏中的肝糖原,正常成年人的含量约为100g左右;最后一个人体的糖源便是血糖,也就是血液中的含糖量,正常成年人的血液含糖量约为5g。这是人体内糖的主要三个来源。如果我们将这些糖换算成热量的话大约是2020cal。因为1g糖大约可以释放4kcal的热量,人体的糖含量大约为505g(肌糖原400g+肝糖原100g+血糖5g)。为此,我们以一个体重为60kg的人为例进行糖消耗计算。

例:假设王某体重为60kg,她今天跑步的配速是6分,请问王某消耗完体内的糖需要多长时间?

从以往的研究可知,当跑步速度为6分配速时,1kg体重1小时能够消耗大约10大卡热量。

解:王某消耗完体内糖所需要时间 = $\dfrac{人体体内糖的热量2020cal}{60kg+(1kg体重1小时消耗大约10kcal热量)}$ = $\dfrac{2020}{400}$ =3.5。

因此,王某如果以6分的配速跑步,需要3.5小时才能消耗完体能糖产生的热量。再回过头去看"运动40分钟后才开始动用机体的脂肪"这句"谎言"就清晰了。

驱爱德华·L.福克斯在他撰写的《运动生理学》一书中提出,人体在运动开始半小时以后,会出现脂肪供能比例增加,糖供能比例下降的现象,但脂肪供能的增加其实是有限的,运动强度才是决定糖和脂肪供能比例的制约因素。运动强度与脂肪和糖之间供能变化见图10-1。

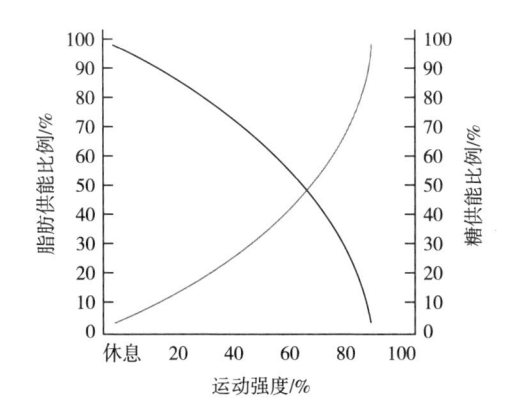

图10-1 运动强度与脂肪和糖之间供能变化图

人体的主要供能物质糖和脂肪都是以混合方式工作的,这里没有说蛋白质参与供能,是因为蛋白质供能很少,通常可以忽略不计。单纯的某种物质供能几乎是不存在的，糖和脂肪的供能之间只有供能多少的区别，并没有不参与供能的现象。人体在低强度运动时候，主要的供能来源于脂肪，糖的比例就会相对低一些；人体在高强度运动时，主要的供能又变为了糖，这时脂肪的供能又会相对低点。因此，建议跑步减肥的人采用中等强度的慢跑，一方面，这个运动量相对较小，对心肺的负荷不算高，一般人都可以承受；另一方面，中等强度的运动可以有效消耗脂肪，因为这个强度的供能方式主要是脂肪。

10.2.2 减肥人群的跑步速度

选择跑步减肥时，刚开始可以适当降低跑步的速度，中低速跑步就可以，不必要太快。因为慢跑不仅可以促进脂肪的充分燃烧，而且跑步者不会感觉太累，减低了跑步体验，产生放弃跑步的念头。从运动供能的基本原理来看，跑步速度比较快的时候，总体的耗能是比较多的，但是在这个过程中脂肪参与供能的比例相对较低，在同等时间内的减肥效果可能还不如中低强度的慢跑运动。表10-1列出了在不同运动强度下糖和脂肪供能比例。

表10-1 在不同运动强度下糖和脂肪供能比例

最大摄氧量	心率范围/（次/分）	脂肪供能/（大卡/分）		糖供能/（大卡/分）	
		脂肪供能	比例/%	糖供能	比例/%
90%~100%	178~185	4.3	31	9.6	69
80%~90%	172~177	5.1	41	7.3	59
70%~80%	164~171	5.8	53	5.1	47
60%~70%	145~163	5.5	60	3.7	40
50%~60%	140~153	5.9	67	2.9	33
40%~50%	111~137	3.9	68	1.8	32

从表10-1的数据来看，假如跑步时的速度较慢，最大摄氧量40%~50%，这时的运动强度较低，心率介于111~137次/分，此时68%的供能来源于脂肪供给，32%的供能时由糖供给；而当跑步的速度较快，最大摄氧量90%~100%，这时的运动强度较高，心率介于178~185次/分，此时脂肪供能下降为31%，糖的供能上升为69%，出现了慢跑和快跑供能相反的情况。但是不是慢跑就会消耗更多的脂肪，快速跑就会消耗更多的糖，这个结论需要进一步探讨。

当跑者采用低速慢跑时，虽然脂肪的供能比例较高，但因为低速跑的运动强度较低，总能量消耗不多，造成脂肪分解提供的能量也不多，1小时仅消耗39g脂肪。而快速跑，脂肪供能比例虽然比较低，但因为这个过程中总能耗多，脂肪分解提供的能量也较多，1小时可以消耗34g脂肪，相比于慢跑仅少了5g。

低强度慢跑是多数选择跑步人群选择的主要方式，因为这种方式强度低，容易被接受，如果采用较快速度的跑步时，由于强度较大，造成人体疲劳加快，很多人容易放弃。因此，采用低强度慢跑可以消耗更多的脂肪，但需要长时间的坚持，短时间的耗能是比较少的，这也是为什么减肥时需要长时间的运动，而短暂的运动不能达到效果。图10-2是运动强度与每分钟脂肪消耗图。

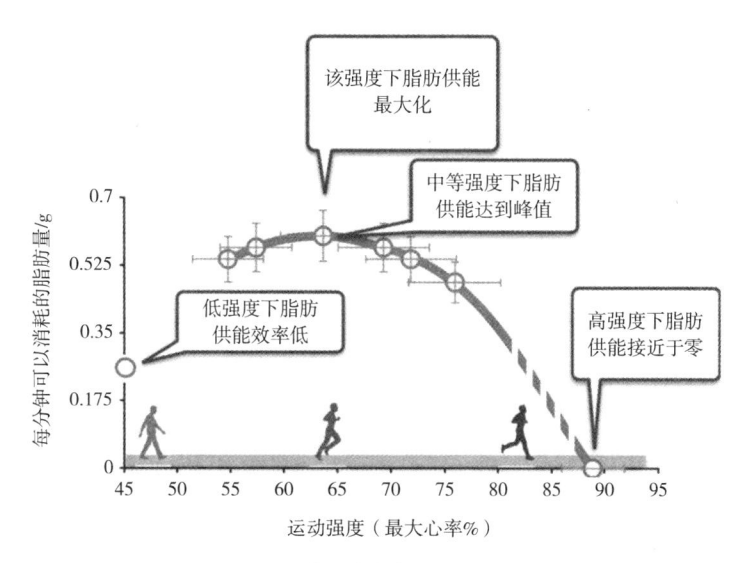

图10-2 运动强度与每分钟脂肪消耗图

10.2.3 减肥初期的体重上升

大多数选择跑步减肥的人群最终都是因为方法不对或者意志力不坚定而放弃。对希望通过跑步减肥的人来说，都是希望每跑一次就能见到自己体重明显下降，想通过短期的跑步就达到自己预期的效果，而最终的结果却是事与愿违，以失败告终。

从生物学的知识可知，人体的代谢不是立马见效的，需要一个适应过程。人体在不断进化过程中，具有了良好的脂肪储存能力，进而造成人容易长胖。如果选择采取运动消耗脂肪，那机体就会接收到你要开始消耗脂肪的信号，相应地就会增加脂肪吸收，减少安静时候的基础代谢，防止脂肪下降。这也就是为什么在减肥初期会出现体重不减反增的现象。但是，如果继续坚持运动，就会给机体发送这是一个常态的信号，使运动的过程中脂肪供能增加，燃烧更多的脂肪，最终达到减肥的效果。因此，刚开始跑步减肥的时候，要制订合理的目标，不要操之过急，长时间坚持下去，才能达到减肥的效果，不然就会出现体重不减反增的现象，最终放弃跑步。

10.3 跑步与控制饮食

10.3.1 能量平衡

理解能量平衡有利于弄清楚减肥的原理，达到更好的减肥效果。其实，身体中的能量平衡与物理学中的能量守恒定律具有相同之处。

当跑步者摄入食物的热量与运动时消耗的热量等同时，达到能量平衡。通常情况下，该阶段的体重维持不变。

当跑步者摄入食物的热量大于运动时消耗的热量时，多余的热量就会储存在体内，达到能量正平衡。通常情况下，该阶段的体重就会增加。

当跑步者摄入食物的热量小于运动时消耗的热量时，就会形成热量缺口，这时候就需要动用体内之前储存的能量来填补这个缺口，这种现象叫做能量的负平衡，通常情况下，该阶段的体重就会减少。

10.3.2 能量消耗

人体的能量消耗包括基础代谢的能量消耗、进食效应、身体运动的能量消耗。

基础代谢是指人体为了维持基本的功能所需要的能量，比如维持心脏功能的正常运转，呼吸系统的正常运转等。人体基本的能耗成年男性每天大约需要2000kcal，而女性相比男性要低一些，大约需要1500kcal。

进食效应是指人体因为进食而产生的能量消耗，这部分消耗包括夹食物、咀嚼食物以及食物在体内的消化吸收过程中消耗的能量。

身体运动的能量消耗是指包括日常走路、工作、做家务以及运动健身等过程产生的能量消耗。通常情况下，走路、工作以及做家务等能量消耗是较为固定的，只有运动健身的能量消耗变化幅度比较大。

10.3.3 能力消耗与食物能量计算

合理地计算出跑步能量消耗与食物含有的能量，可以达到科学运动与饮食，从而实现最佳的减肥效果。

本文以10km的跑步量为例，列举一些等同于跑10km才可以消耗完的食物供参考。

10km跑步可以消耗人体35g脂肪。

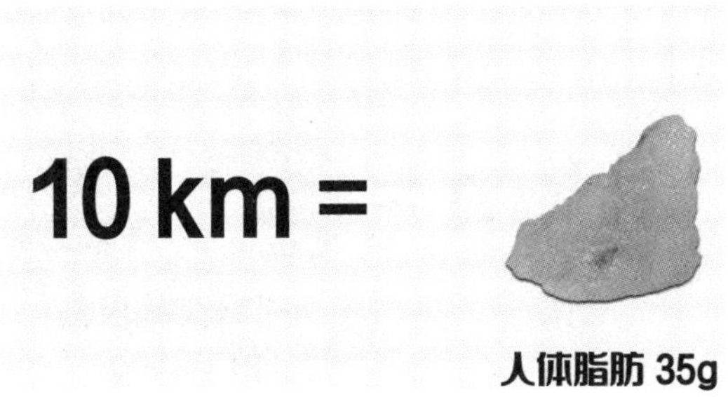

10 km = 人体脂肪 35g

饮用半杯摩卡星冰乐产生的热量需要跑10km才能消耗完。

10 km = 半杯摩卡星冰乐 中杯（12oz/355mL）

食用5个重量为每个55g的冰淇淋球产生的热量需要跑10km才能消耗完。

10 km = 5个冰淇淋球 每个55g

食用1份重量为150g的红烧肉产生的热量需要跑10km才能消耗完。

10 km = 1份红烧肉 每份150g

食用1份重量为300g的牛肉汉堡产生的热量需要跑10km才能消耗完。

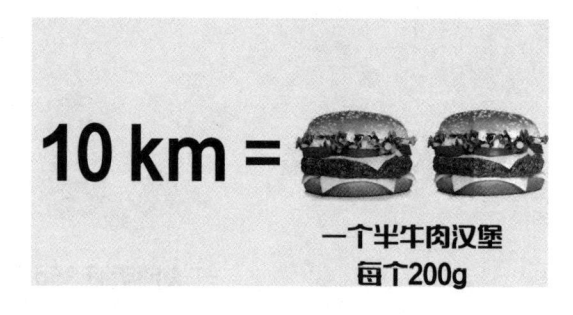

食用1份重量大约为200g的烤鸭产生的热量需要跑10km才能消耗完。

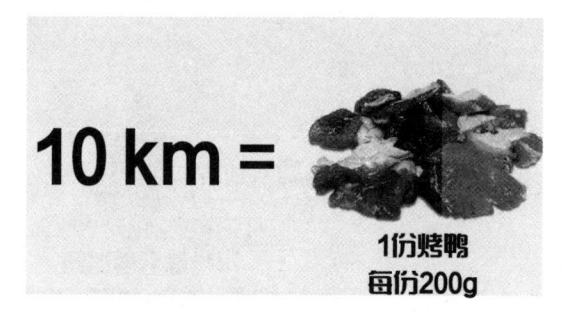

食用2.5根每根重量为55g的士力架产生的热量需要跑10km才能消耗完。

食用2份每份重量为120g的炸薯条产生的热量需要跑10km才能消耗完。

食用1份重量为400g的炸鸡排产生的热量需要跑10km才能消耗完。

10 km = 1份炸鸡排 每份400g

食用4.5瓶每瓶重量为348mL的百威啤酒产生的热量需要跑10km才能消耗完。

10 km = 4.5瓶百威啤酒 每瓶348mL

食用6串每串重量为50g的羊肉串产生的热量需要跑10km才能消耗完。

10 km = 6串羊肉串 每串50g

食用重量为100g的大肉粽产生的热量需要跑10km才能消耗完。

10 km = 半个大肉粽 每个200g

食用2个每个重量为125g的烧饼产生的热量需要跑10km才能消耗完。

10 km = 2个烧饼 每个125g

食用1份重量为300g的鸭脖产生的热量需要跑10km才能消耗完。

10 km = 1份鸭脖 每份300g

食用4勺每勺重量为25g的花生酱产生的热量需要跑10km才能消耗完。

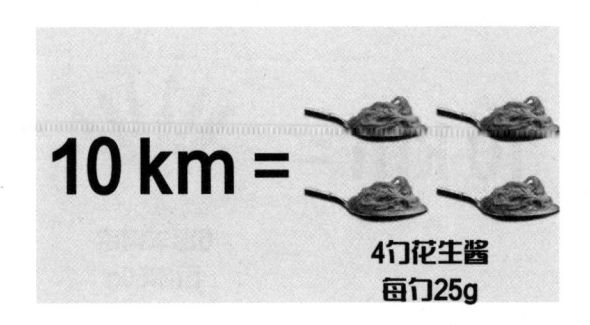

10 km = 4勺花生酱 每勺25g

食用1份重量为150g的月饼产生的热量需要跑10km才能消耗完。

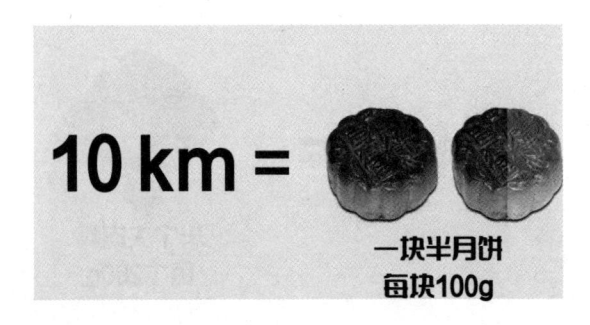

10 km = 一块半月饼 每块100g

食用4罐每罐重量为355mL的可乐产生的热量需要跑10km才能消耗完。

食用1份重量为150g的杂粮煎饼产生的热量需要跑10km才能消耗完。

食用3.5根每根重量为50g的油条产生的热量需要跑10km才能消耗完。

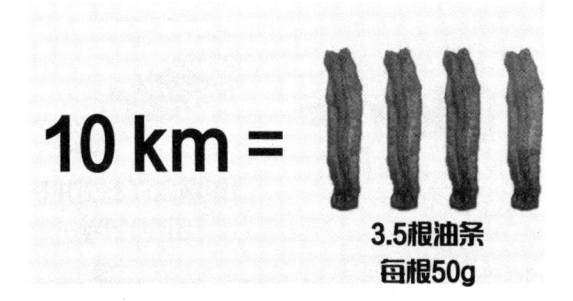

食用3个每个重量为100g的肉包产生的热量需要跑10km才能消耗完。

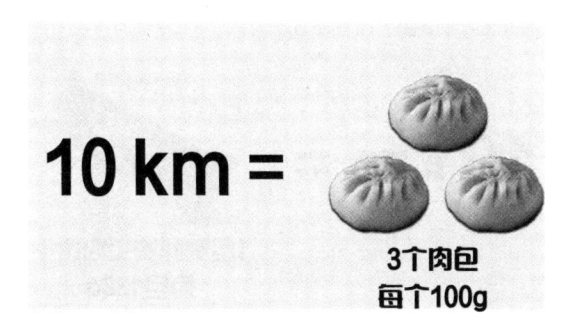

食用2杯每杯重量为150g的拿铁咖啡产生的热量需要跑10km才能消耗完。

食用重量大约为100g的乐事原味薯片产生的热量需要跑10km才能消耗完。

食用1包重量为125g的康师傅3+2饼干产生的热量需要跑10km才能消耗完。

食用1包重量为130g的奥利奥夹心饼干产生的热量需要跑10km才能消耗完。

食用重量大约为150g的闲趣饼干产生的热量需要跑10km才能消耗完。

10 km = 一包半闲趣饼干 每包100g

食用3瓶每瓶重量为450mL的果粒橙产生的热量需要跑10km才能消耗完。

10 km = 3瓶果粒橙 每瓶450mL

食用2碗每碗重量为300g的阳春面产生的热量需要跑10km才能消耗完。

10 km = 2碗阳春面 每碗300g

食用3碗每碗重量为200g的大米饭产生的热量需要跑10km才能消耗完。

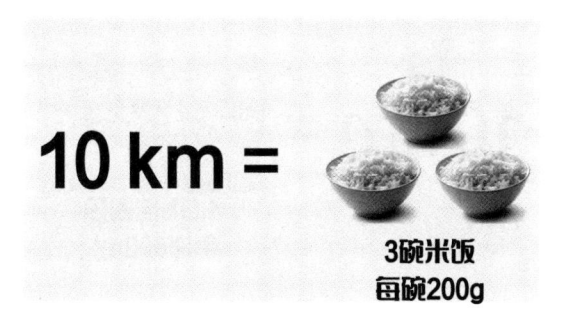

10 km = 3碗米饭 每碗200g

食用2份每份重量为150g的火腿鸡蛋三明治产生的热量需要跑10km才能消耗完。

食用1.5份每份重量为250g的赛百味产生的热量需要跑10km才能消耗完。

食用4杯每杯重量为300mL的牛奶产生的热量需要跑10km才能消耗完。

食用4.5瓶每瓶重量为600mL的佳得乐产生的热量需要跑10km才能消耗完。

食用6根每根重量为120g的香蕉产生的热量需要跑10km才能消耗完。

10 km = 6根香蕉 每根120g

第一步：计算跑步能耗。

采用国际通用的计算方式：

跑步能耗 = $\dfrac{速度（m/s）\times 0.2+3.5}{3.5}$ × 体重（kg）× 时间（小时）（单位：kcal）

采用此方式计算时值得注意的是，由于每个人的体重和跑步配速不同，最终消耗的能量也具有差异性。具体的跑步能耗数据，可以通过表10-2计算。

表10-2 不同体重和跑步配速的能量消耗情况表

体重配速	50	55	60	70	80
4′30″	514	565	616	719	882
5′00″	518	570	621	725	829
5′30″	522	574	626	731	835
6′00″	526	579	631	737	842
6′30″	530	583	636	743	849
7′00″	535	588	641	748	855
8′00″	543	597	651	760	869
9′00″	551	606	661	772	882

第二步：计算食物热量。

食物的热量可以参考《中国食物成分表》，本文仅列举了部分，如表10-3所示。

表10-3 部分食物热量表

食物名称	1份重量/g	100g热量	10K=份数
香蕉	120.0	91.0	5.8
百威啤酒	348	41.0	4.4
拿铁咖啡	120	220	2.4
赛百味	250	184	1.4
白吐司	35	271.0	6.7
米饭	200	116.0	2.7
奥利奥	130	483.0	1.0
达能闲趣	100	473	1.3
果粒橙	450	46	3.1
汉堡	200	250	1.3
星冰乐	355	300	0.6
红烧肉	500	478	0.3
火腿鸡蛋三明治	150	220	1.9
康师傅3+2	125	452	1.1
可口可乐	355	43	4.4
乐事薯片（原味）	75	532	1.6
肉包	100	227	2.8
士力架	55	467	2.5
大份薯条	120	298	1.8
阳春面	300	104	2.0
油条	50	386	3.3
粽子	200	495	0.6
花生酱（勺）	25	594	4.3
大脸鸡排	400	657	1
杂粮煎饼	300	336	0.6

续表

食物名称	1份重量/g	100g热量	10K=份数
月饼	100	399	1.6
饶饼	100	246	2.6
佳得乐	600	24	4.4
羊肉串	80	206	3.8
鸭脖	100	207	3.1
烤鸭	200	530	0.6
冰激凌	55	220	5.2

另外，本文也收集了一些常见食物的含热量图，并按照类别分类，以供跑步减肥者参考，实现合理饮食与科学运动的效果。

部分常见主食类食物所含热量：

主食（kcal/100g）

- 豚骨拉面（348）
- 鸡肉三明治（252）
- 煎饺（290）
- 小笼包（210）
- 八宝粥（85）
- 炒面（194）
- 油条（388）
- 芝麻汤圆（311）
- 苹果派（368）
- 粉丝汤（70）
- 方便面（473）
- 燕麦片（338）
- 米饭（116）
- 豆腐（84）
- 肉丸汤（62）
- 煎饼（354）
- 馒头（223）
- 汉堡（320）

部分常见肉类食物所含热量：

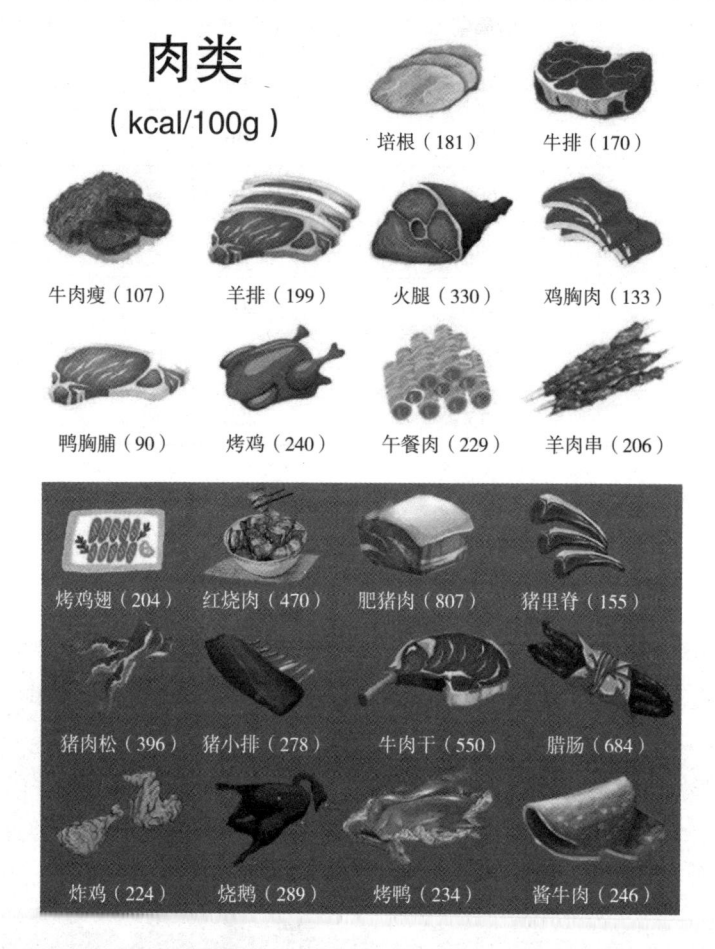

肉类
（kcal/100g）

培根（181）　牛排（170）

牛肉瘦（107）　羊排（199）　火腿（330）　鸡胸肉（133）

鸭胸脯（90）　烤鸡（240）　午餐肉（229）　羊肉串（206）

烤鸡翅（204）　红烧肉（470）　肥猪肉（807）　猪里脊（155）

猪肉松（396）　猪小排（278）　牛肉干（550）　腊肠（684）

炸鸡（224）　烧鹅（289）　烤鸭（234）　酱牛肉（246）

部分常见蔬菜类食物所含热量：

蔬菜
（kcal/100g）

胡萝卜（39）　香菜（33）

豆角（34）　木瓜（30）　韭菜（25）　茄子（23）

南瓜（23）　白萝卜（16）　黄瓜（16）　冬瓜（12）

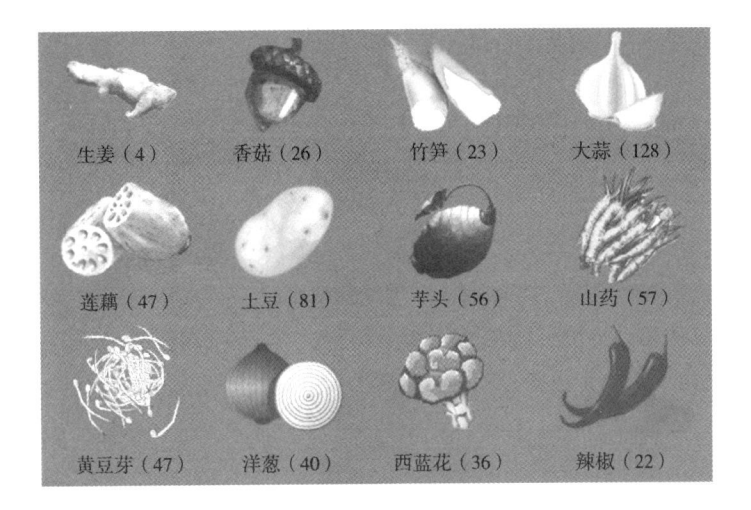

生姜（4） 香菇（26） 竹笋（23） 大蒜（128）
莲藕（47） 土豆（81） 芋头（56） 山药（57）
黄豆芽（47） 洋葱（40） 西蓝花（36） 辣椒（22）

部分常见水果所含热量：

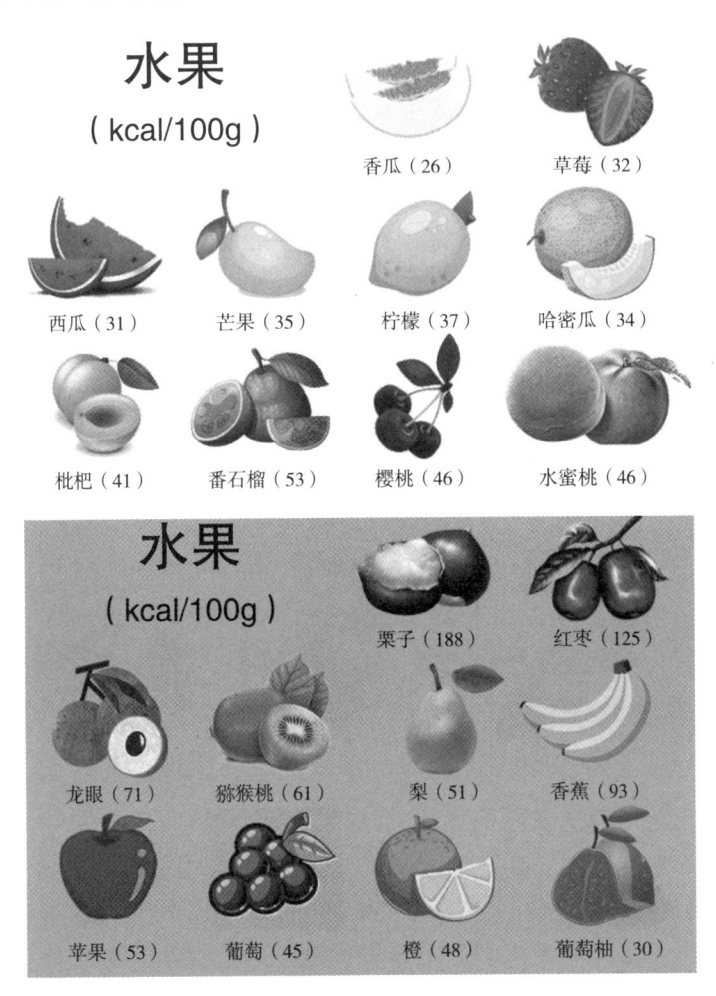

水果
（kcal/100g）

香瓜（26） 草莓（32）
西瓜（31） 芒果（35） 柠檬（37） 哈密瓜（34）
枇杷（41） 番石榴（53） 樱桃（46） 水蜜桃（46）

水果
（kcal/100g）

栗子（188） 红枣（125）
龙眼（71） 猕猴桃（61） 梨（51） 香蕉（93）
苹果（53） 葡萄（45） 橙（48） 葡萄柚（30）

部分常见蛋类食物所含热量：

蛋类（kcal/100g）

荷包蛋（199）　　鹌鹑蛋（160）　　生鸡蛋（144）

白煮蛋（151）　　松花蛋（171）　　生鸭蛋（180）

蛋类（kcal/100g）

鸡蛋黄（328）　　鸭蛋黄（378）　　鹅蛋（196）

鸡蛋白（60）　　咸鸭蛋（190）　　鸽子蛋（173）

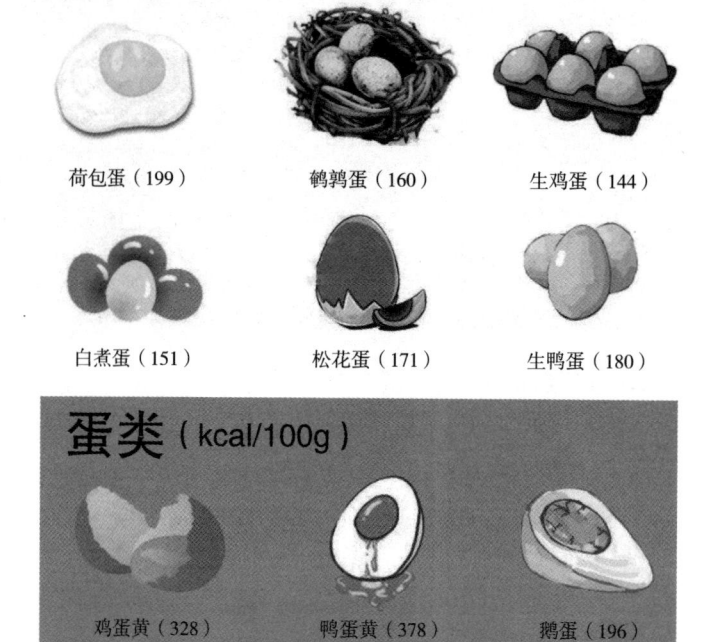

部分常见乳制品所含热量：

乳制品（kcal/100g）

酸奶（72）　　牛奶（54）　　脱脂牛奶（33）

羊奶（59）　　脱脂酸奶（57）　　芝士片（280）

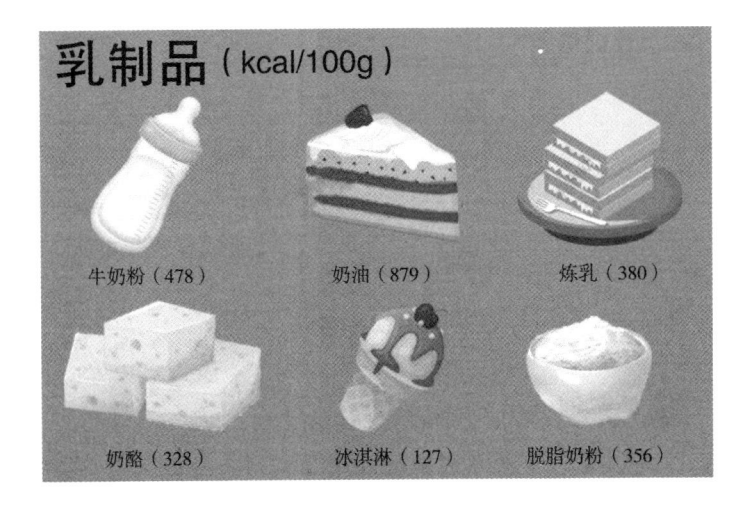

乳制品（kcal/100g）

- 牛奶粉（478）
- 奶油（879）
- 炼乳（380）
- 奶酪（328）
- 冰淇淋（127）
- 脱脂奶粉（356）

部分常见海鲜所含热量：

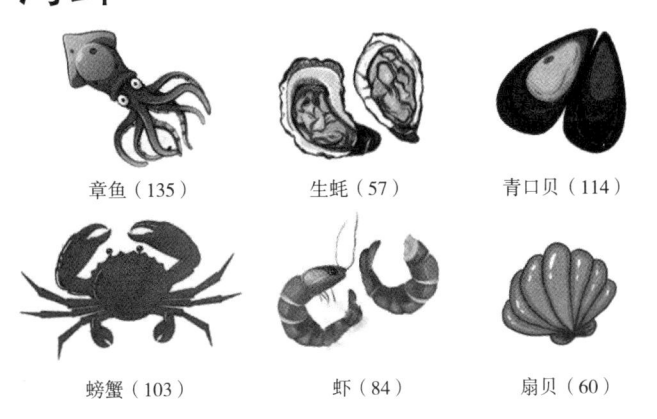

海鲜（kcal/100g）

- 章鱼（135）
- 生蚝（57）
- 青口贝（114）
- 螃蟹（103）
- 虾（84）
- 扇贝（60）

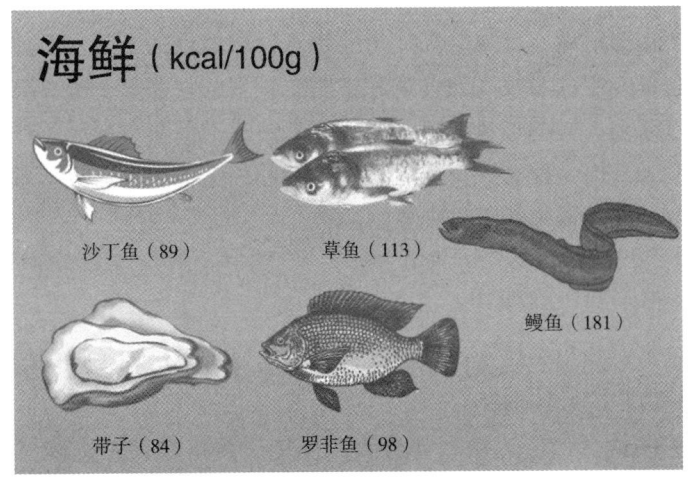

海鲜（kcal/100g）

- 沙丁鱼（89）
- 草鱼（113）
- 鳗鱼（181）
- 带子（84）
- 罗非鱼（98）

10.3.4 运动减肥的效果

运动是多数减肥者的不错选择,不仅可以消耗多余的热量,达到减肥的效果,而且有利于提高人体的心肺功能,提升健康水平。

运动减肥虽然有较多的优点,但任何事情都具有两面性,运动减肥也如此。在运动减肥的过程中,运动消耗的热量并不多,热量缺口太小,消耗的热量往往可能会因为喝一瓶可乐就抵消了。因此,出现光靠运动减肥效果不明显的问题。那么,是不是节食减肥比运动减肥的效果更好呢?

10.3.5 节食减肥的效果

所谓的节食减肥就是通过控制食物的摄取量控制体重。最常见的是大多数减肥人群不吃晚餐。人体正常情况下一天需要消耗2000~2800大卡热量,少吃一顿或几顿,造成食物摄入缺乏,相应的热量缺口会增加,机体就会通过消耗之前的储存能量来维持正常运转。如果一天少吃一顿,大约会少摄入600~800大卡热量。有研究表明,受试者断食6天,体重平均减轻6.1kg。但采用节食减肥往往会造成体重反弹。

节食减肥看似效果比较好,但具有很大的伤害性。由于没有食物的摄入,体内热量供给不足,人体的生理活动只能保持在低水平,往往可能会出现乏力、反应迟钝、甚至低血糖等状况。

采用节食减肥容易出现厌食症且丢失大量肌肉,导致人体基础代谢能力下降,损伤身体。因为这种方式是牺牲了食物摄取来换取热量的消耗,机体在缺乏能量摄入的情况下工作,通常容易导致体内缺乏营养元素,进而造成一些疾病的产生。

除了节食减肥之外,其实还能控制饮食减肥。所谓的控制饮食就是科学合理地控制摄入的食物热量,以减少高热量的摄入换取体重的下降。例如,少食用含热量高的食物,或含糖量较高的食物和含脂肪较多的食物等。减少高热量食物的摄入不仅可以缩小人体的热量缺口,也不容易造成类似节食减肥那样不摄入食物导致的身体危害。但是控制饮食减肥也有不利的一面,也会造成基础代谢降低,出现类似于节食减肥带来的后果现象。

10.3.6 减肥的正确选择

减肥不仅需要控制高热量食物的摄入,还需要科学运动,合理的饮食加上科学的运动才是减肥的最佳选择。

首先,控制饮食加上运动就会导致人体能量缺口增大,机体就需要动用更多的储备脂肪,更有利于脂肪的燃烧。假如减肥者甲今天慢跑一小时,消耗了600kcal的热量,再食用了含热量较低的黄瓜、香瓜以及鸡胸肉,产生140kcal热量,这样看来,减肥者甲既没有节食,又进行了运动,仅是控制了饮食的热量,今天他的能量缺口就达到460 kcal。

其次,合理的运动不仅能够减肥,还能促进机体基础代谢,提升机体健康水平。运动中的力量训练可以保持甚至增加基础代谢,从而可以进一步减小控制饮食带来的影响,合理的饮食加上运动,至少能够保持基础代谢不下降。加上运动能够分泌肾上腺素和多巴胺等物质,使人心情愉悦。

减肥的方式多种多样,本文仅强调了"迈开腿"和"管住嘴",在消耗的同时合理管住摄入,造成一种似平衡非平衡的状态,最终达到减肥的效果。

10.4　高强度间歇运动与减肥

10.4.1　低强度慢跑的减肥依据

以往的观念认为,采用跑步的方式减肥,采取中低强度的运动量是最佳的选择,将整体的跑步时间控制在半小时以上,达到充分燃烧脂肪的效果。原因如下:

(1)选择跑步减肥的人群通常体重相对较重,如果采用中低强度的跑步,不仅可以有效减轻膝关节损伤,而且也能够降低运动对身体造成的负担,避免大运动量导致的跑者放弃跑步。

(2)中低强度跑步方式,在运动过程中的供能主要是脂肪,而当运动时间达到半小时以后,脂肪供能会越来越明显,显然更有利于脂肪的燃烧。因此,这也是大多数跑者选择中低运动强度进行跑步减肥的原因,但这个过程需要坚持,不仅每次跑步的时间需要大于半小时,而且具有跑步周期的持续性。

10.4.2　高强度间歇训练

高强度间歇训练是相对于中低运动强度而言的,即在运动时提高运动的强度,当运动者疲劳时,合理控制中间休息的时间,安排运动者休息,达到间歇的效果,以此方式重复训练,使运动者的心率始终保持较高的水平,这就是高强度间歇训练。而跑步的高强度间歇训练其实就是高强度间歇跑,如跑者进行1500m×3组、1000m×3组、800m×3组等,在每组之间让跑步者休息一段时间,在跑者心率还未恢复到安静状态时又开始下一组的训练。

10.4.3 间歇跑与LSD跑的减脂效果比较

根据运动生理学的科学实验,得出了表10-4所示的不同运动强度下的最大摄氧量、心率范围、脂肪燃烧情况、糖燃烧情况等。

表10-4 不同运动强度下糖和脂肪供能比例

最大摄氧量	心率范围/ (次/分)	脂肪燃烧		糖燃烧		合计总能 耗/(kcal/ 分)	消耗脂肪/ (g/h)	消耗糖/ (g/h)
		脂肪供能/ (kcal/分)	比例	糖供能/ (kcal/分)	比例			
90%~100%	178~185	4.3	31%	9.6	69%	13.9	29	144
80%~90%	172~177	5.1	41%	7.3	59%	12.4	34	110
70%~80%	164~171	5.8	53%	5.1	47%	10.9	39	77
60%~70%	145~163	5.5	60%	3.7	40%	9.2	37	56
50%~60%	140~153	5.9	67%	2.9	33%	8.8	39	44
40%~50%	111~137	3.9	68%	1.8	32%	5.7	26	27

假如甲乙跑者想跑步减肥,他们的体重相当,体型属于中等,甲跑者以7分配速跑步1小时,跑步距离月8.5km,心率控制在111~137次/分;以跑者以5分配速跑间歇跑,进行4组1000m的跑步,每一组之间休息4分钟,总用时32分钟,包括休息的12分钟,这个过程的中心率控制在172~177次/分。参照上表,如何计算低强度下慢跑1小时的脂肪消耗和高强度间歇跑32分钟的脂肪消耗?

10.4.3.1 低强度下慢跑1小时消耗多少脂肪

参照上表的数据来看,甲跑者以7分配速跑步1小时,属于低强度慢跑,心率控制在111~137次/分。在低速慢跑中,供能的方式主要是脂肪,占总能耗的68%,比例较高;而糖的供能相对较低,仅占总能耗的32%,这也说明了低强度慢跑能够有效促进脂肪燃烧。以7分配速的慢跑强度,能量消耗大约每分钟为5.7kcal热量,按照该比例计算,脂肪的热量消耗为3.9kcal,糖的热量消耗为1.8kcal。具体能量消耗如下:

1小时慢跑的热量消耗=5.7×60=342(kcal)

脂肪的热量消耗=342×68%=232(kcal)

糖的热量消耗=342×32%=110(kcal)

1g脂肪可以提供9kcal热量,1g糖可以提供4kcal热量,因此,脂肪实际消耗量=232÷9=26(g),而糖实际消耗量=110÷4=27.5(g)。

10.4.3.2 32分钟高强度间歇跑的脂肪消耗

参照上表的数据来看，已跑者以5分配速跑完4组1000m的间歇跑，心率在172~177次/分，心率较高。按照这个速度跑，脂肪的供能下降，糖的供能升高，表明糖供能在高强度快速跑的过程中比例增加。在这个强度下，1分钟能够消耗12.4kcal热量，依此计算，脂肪的热量消耗为5.1kcal，糖的热量消耗为7.3kcal。具体能量消耗如下：

$$20分钟的间歇跑消耗热量=12.4\times 20=248（kcal）$$
$$脂肪的热量消耗=248\times 41\%=102（kcal）$$
$$糖的热量消耗=248\times 58\%=146（kcal）$$
$$脂肪实际消耗量=102\div 9=11.3（g）$$
$$糖实际消耗量=146\div 4=36.5（g）$$

因此，从上述的计算对比看，1小时的慢跑脂肪消耗大约26g，而20分钟的高强度间歇跑脂肪消耗大约为11.3g。不考虑其他因素的情况下，间歇跑的脂肪供能比例下降，但每分钟消耗的脂肪量增加。但间歇跑的时间是20分钟，时间比较短，因此，脂肪仅仅消耗了11.3g，远远低于1小时慢跑的消耗量。

10.4.4 运动结束的能量消耗

能量的消耗是一个复杂的问题，上述的计算仅仅考虑了运动过程中的能量消耗，忽略了运动后的过量氧耗。运动后过量氧耗属于运动生理学专业术语。运动中由于机体负荷增加，除了本身需要更多的氧气补给外，运动结束后，机体也还会继续呼吸，摄取更多的氧气。机体的能量消耗由摄氧量决定，运动过后机体短时间内未恢复到安静状态，这个过程中仍然在消耗能量，这种运动结束至恢复到安静状态下的摄氧量过程就是运动后过量氧耗。糖和脂肪分解需要氧气参与，运动过程中，人体呼吸加快，摄氧量增加，主要目的是满足糖和脂肪的分解需要。所以，呼吸越快，摄氧量就会更高，脂肪和糖的分解也会更充分，同时也消耗了更多的能量。因此，在计算人体耗能时，科学的方法应该是连续测量呼吸，依据摄氧量和二氧化碳排出量计算。

运动结束后机体仍然能够消耗大量的能量，而且这种状态下的耗能远远高于安静状态的能量消耗。有资料研究表明，高强度间歇训练的过氧耗能通常会持续24~48小时，在运动后的相当一段时间内，这种能量消耗都会高于安静状态。换言之，在高强度间歇训练后，即使训练中躺着不动，也会消耗大量的能量。同时，这也就说明了为什么高强度间歇训练是减肥最好的运动方式之一。

对于中低强度持续运动来说，由于运动的时间较长，在运动的过程中消耗了能量，加之运动后也有过量氧耗，但中低强度持续的运动时间较短，过量氧耗通常只会持续12小时左右。当然,高强度间歇训练只是减脂的最好方式之一,减肥是一个复杂的过程,还涉及内分泌调节机制等一系列问题,因此,需要综合看待运动减肥的方式。

10.4.5 科学理性地看待不同方式的减脂价值

上一节已经提到间歇跑在减肥中具有较好的燃脂效果,但是需要减肥者理性地看待和采用这种方式,不要盲目地采取间歇跑的方式减肥。主要是因为间歇跑强度较大,对跑者的体能和心肺功能要求较高,跑者需要具有良好的身体素质和强大的意志力,如果跑者身体素质不好,可能容易造成机体损伤。因此,间歇跑对刚开始选择跑步减肥或者体重过重的人群是不太适合的,需要谨慎选择。

对刚开始选择跑步减肥或者体重过重的人群来说,选择中低强度慢跑可能更合适。但如果长时间进行中低强度慢跑,也可能会造成膝关节劳损性损伤的问题。因此,当跑者经过一段时间的中低强度慢跑具备了一定心肺基础后,可以采用中低强度慢跑与间歇跑训练有机结合,发挥二者的不同作用,达到减肥的最佳效果。

参考文献

[1] 简·E.芳汀.构建虚拟政府:信息技术与制度创新[M].邵国松,译.北京:中国人民大学出版社,2004:10.

[2] 岳俊伟,穆强,张婵,等.国际马拉松赛伤病特点及应对措施分析[J].医药论坛杂志,2015,36(10):13-15.

[3] 刘娟,孙庆祝.大型体育赛事风险运营预警体系的构建[J].体育科研,2007(6):55-57.

[4] 苏杨,宋雅伟.基于SPSS体育统计实验教学中非参数检验的几个问题探讨[J].南京体育学院学报(自然科学版),2015,14(1):103-105.

[5] 索列茨,石华章.马拉松运动员波波夫的训练情况[J].北京体院,1959(8):14-15.

[6] 上海体育学院生理卫生教研组.马拉松跑比赛前后的生理状态[J].上海体育学院学报,1959(2):42-49.

[7] 黄治.中国马拉松队参加日本第二十五届"别大每日马拉松"比赛情况介绍[J].体育科技资料,1976(12):1-10.

[8] 刘文洁.我国高级别田径赛事市场化现状分析[D].北京:北京体育大学,2005.

[9] 季晓静,王健,黄成华.我国马拉松赛事的市场化研究[J].扬州教育学院学报,2009,27(4):38-41.

[10] 李凯丽.杭州马拉松赛市场化运作现状及对策分析[J].湖北体育科技,2017,36(8):675-677.

[11] 陈珊,邹文华,刘月玲.上海国际马拉松和上海城市品牌捆绑营销策略[J].体育科研,2012,33(2):50-54.

[12] 蔡瑶.贵阳市国际马拉松开展现状及对全民健身发展的影响研究[D].成都:成都体育学院,2017.

[13] 李军岩,姚远."马拉松跑现象"对城市文化建构机理探究[J].体育文化导刊,2018(7):22-26,37.

[14] 孙高峰,刘燕.热追捧与冷思考:"马拉松现象"对城市文化的影响及理性审视[J].北京体育大学学报,2018,41(4):38-43,88.

[15] 蔡铁良,高鹏,沈七襄,等.马拉松赛对大众选手心血管及呼吸功能的影

响[J].临床军医杂志，2010，38（1）:18-21.

［16］袁凤喜.浙江省业余马拉松运动发展现状与影响因素分析[D].北京：北京体育大学，2015.

［17］王厚照，张玲.马拉松比赛对大众选手机体生化指标的影响[J].职业与健康，2014，30（12）:1659-1660.

［18］程媛媛.武汉国际马拉松赛事服务现状与发展对策研究[J].湖北体育科技，2017，36（9）:831-834.

［19］祝大鹏.业余马拉松选手参赛心理认知与调节[J].山东体育学院学报，2018，34（2）:87-90.

［20］Möhlenkamp Stefan，Lehmann Nils，Breuckmann Frank，et al.Running:the risk of coronary events——Prevalence and prognostic relevance of coronary atherosclerosis in marathon runners[J].European Heart Journal，2008，15（19）:1903-1910.

［21］Alonso Juan-Manuel，Edouard Pascal，Fischetto Giuseppe，et al.Determination of future prevention strategies in elite track and field: analysis of Daegu 2011 IAAF Championships injuries and illnesses surveillance[J].Br J Sports Med，2012，46:505－514.

［22］Schwabe K，Schwellnus M，Derman W，et al.Medical complications and deaths in 21 and 56 km road race runners: a 4-year prospective study in 65 865 runners—SAFER study I[J].British Journal of Sports Medicine，2014，11（48）:912-918.

［23］Eloi Marijon，Muriel Tafflot，David S. Celermajer，et al. Sports-Related Sudden Death in the General Population[J].Circulation，2011，124（6）:672-681.

［24］Tveiten D，Bruset S. Effect of Arnica D30 in marathon runners. Pooled results from two double blind placebo controlled studies[J].Journal Citation Reports，2003（92）:187-189.

［25］Taylor B A，Thompson P D.How to Train for a Marathon[J].Journal Citation Reports，2014（130）:E98-E99.

［26］Wilson Patrick B.Nutrition behaviors perceptions and beliefs of recent marathon finishers[J].Journal Citation Reports，2016（44）:242-251.

［27］Boulter Jeremy，Noakes Timothy D.Acute renal failure in four Comrades Marathon runners ingesting the same electrolyte supplement: Coincidence or causation? [J].Journal Citation Reports，2011（101）:876-878.

［28］Fuminori Takayama, Atsushi Aoyagi, Wataru Shimazu, et al. Effects of Marathon Running on Aerobic Fitness and Performance in Recreational Runners One Week after a Race[J].J Sports Med（Hindawi Publ Corp）, 2017:9402386.

［29］Zadow E., Adams M, Wu S, et al. Too clot or not too clot? The influence of travel, marathon running and compression socks on blood clot risk[J].Journal of Science and Medicine in Sport, 2018, 21:S31–S31.

［30］Mary Ann Moon. Marathon Runners Are at Low Risk of Cardiac Arrest[J]. Cardiology News, 2012, 10（2）:44–44.

［31］James D. Hamilton. A neoclassical model of unemployment and the business cycle[J].Journal of Political Economy, 1988, 96:593–617.

［32］Douglas R.Bohi. On the macroeconomic effects of energy price shocks[J]. Resources and Energy, 1991, 13:145–162.

［33］Ali Serhan Koyuncugil, Nermin Ozgulbas. Financial early warning system model and data miningap plication for risk detection[J].Expert Systems With Applications, 2012, 39（6）:6238–6253.

［34］佘廉.经济组织逆境管理[M].辽宁:辽宁人民出版社, 1993:40–67.

［35］顾海兵.宏观经济预警研究:理论·方法·历史[J].经济理论与经济管理, 1997（4）:14.

［36］胡华夏, 罗险峰.现代企业生存风险预警指标体系的理论探讨[J].科学学与科学技术管理, 2000, 21（6）:33–34.

［37］罗云, 宫运华, 宫宝霖, 等.安全风险预警技术研究[J].安全, 2005, 2:26–29.

［38］毕军, 曲常胜, 黄蕾.中国环境风险预警现状及发展趋势[J].环境监控与预警, 2009（1）:15.

［39］陆亨伯, 庄永达.论体育腐败预警系统的建构[J].宁波大学学报（人文科学版）, 2003（4）:144–146.

［40］赵金岭.体育赛事危机管理及其早期预警机制之研究[J].首都体育学院学报, 2006（3）:17–19.

［41］钟丽萍, 刘亚云.大型体育赛事突发事件成因与预警管理[J].湖南工业大学学报（社会科学版）, 2008, 13（6）:141–143.

［42］刘亚云, 钟丽萍, 李可兴, 等.大型体育赛事突发事件的预警管理[J].体育学刊, 2009, 16（9）:32–35.

［43］霍德利, 仇慧, 仇军.大型体育赛事风险预警模型与应对策略研究[J].沈阳体育学院学报, 2014, 33（5）:6–11.

[44] 梁华伟，原颜东，薛红卫.基于BP神经网络的体育赛事风险预警模型[J].统计与决策，2018，34（16）:85-88.

[45] Frank H. Knight. Risks, Uncertainties and Profits[M].Press of Peoples University of China, 2005:121-152.

[46] 张海波.信访大数据与社会风险预警[J].学海，2017（6）:101-108.

[47] 陈秋玲.完善社会预警机制[M].北京:经济管理出版社，2013:6-9.

[48] 肖锋，黎冬梅.我国专业运动员参加失业保险的必要性和可行性研究[J].南京体育学院学报（社会科学版），2004（2）:44-46.

[49] 周战伟，吴贻刚，文静，等.上海市青少年业余体育训练运动风险管理机制[J].上海体育学院学报，2015，39（4）:77-81.

[50] 张金桥，鲁文华，雷敏.西安城市业余体育赛事发展问题研究[J].中国体育科技，2011，47（3）:126-136.

[51] 刘晓军.运动风险评价理论体系的构建[D].北京：北京体育大学，2010.

[52] 石岩，霍炫伊.体育运动风险研究的知识图谱分析[J].体育科学，2017，37（2）:76-86.

[53] 陈德明，李晓亮，李红娟.学校体育运动风险管理研究述评[J].北京体育大学学报，2012，35（9）:102-108.

[54] 洪晓彬，施艳，廖滢莹，等.竞技运动风险决策情境中的红色心理效应研究[J].武汉体育学院学报，2018，52（5）:88-94.

[55] 毛海峰.现代安全管理理论与实务[M].北京:首都经济贸易大学出版社，2000.

[56] 阳富强，吴超，覃妤月.安全系统工程学的方法论研究[J].中国安全科学学报，2009，19（8）:10-20.

[57] 胡浩宇，郑依莉，王雪强，等.上海国际马拉松跑者膝关节损伤情况及其影响因素分析[J].中国康复医学杂志，2019，34（3）:297-302.

[58] Saragiotto Bruno Tirotti, Yamato Tiê Parma, Hespanhol Junior Luiz Carlos, et al. What are the main risk factors for running-related injuries?[J]. Sports medicine（Auckland, N.Z.），2014，44（8）:1153-1163.

[59] Chalabaev A, Radel R, Ben Mahmoud I, et al.Is motivation for marathon a protective factor or a risk factor of injury?[J].Scandinavian Journal of Medicine & Science in Sports, 2017，27（12）:2040-2047.

[60] 陈宏吉，张新江，邹晓东.半程马拉松运动员比赛伤情及重症运动性中暑特点分析[J].中华卫生应急电子杂志，2016，2（2）:111-117.

[61] 许臻晔，诸亦然，廖育鲲，等.急救医疗保障机制在户外极限运动赛事中

的系统化构建[J].中华灾害救援医学，2018，6（1）:5-10.

［62］石磊，王锋.基于事故树分析法的我国马拉松大众选手猝死风险研究[J].南京师大学报（自然科学版），2018，41（4）:140-146

［63］陈埇航，毕擎.杭州山地马拉松赛运动损伤情况及影响因素分析[J].中国运动医学志，2016，35（6）:557-560.

［64］赵宝柱，沈廷萍，刘如民.个人因素事故致因模型的探讨[J].安全与环境工程，2004，11（1）:80~82.

［65］任天平.我国大型体育赛事风险识别指标体系初探[J].西安体育学院学报，2015，32（4）:441-447.

［66］刘金栋.大型体育节事活动现场安全评估研究[D].泉州：华侨大学，2013.

［67］李爽.大型社会活动安全风险指标体系研究[D].北京：首都经济贸易大学，2008.

［68］杨茂林.马拉松赛医疗保障工作思考[C].中国体育科学学会运动生理与生物化学分会.第四届（2016）全国运动生理与生物化学学术会议——运动·体质·健康论文摘要汇编.中国体育科学学会运动生理与生物化学分会:中国体育科学学会，2016:431-432.

［69］安俊英，黄海燕.基于模糊层次分析法的大型体育赛事风险评估研究[J].上海体育学院学报，2011，35（4）:32-35.

［70］霍德利.体育赛事风险评估与应对策略研究[J].天津体育学院学报，2011，26（1）:49-53.

［71］石岩.我国优势项目高水平运动员参赛风险的识别、评估与应对[D].北京：北京体育大学，2004.

［72］贾丽娜.竞技健美操运动员参赛风险识别、评估与对策分析[D].南京：南京师范大学，2018.

［73］中国田径协会.《中国境内马拉松及相关运动赛事管理办法》[EB/OL].[2016-06-14].

［74］张冬梅.德尔菲法的运用研究——基于美国和比利时的案例[J].情报理论与实践，2018，41（3）:73-77.

［75］Saaty T L.The Analytic Hierarchy Process[M].McGraw-Hill，Newyork，1980:87-110.

［76］Nielson H.R.Application of Counter Propagation Networks[J].Neural Networks，1998，11（1）:131-139.

［77］郭鹏，文晓阁.基于BP神经网络的BOT项目风险评估研究[J].科技管理研究，2015，（21）:210-214.

[78] 闻新，周露，李翔，等.MATLAB神经网络仿真与应用[M].北京:科学出版社，2003（31）:264-272，283-284.

[79] 吴晓峰，杨颖梅，陈垚彤.基于BP神经网络误差校正的ARIMA组合预测模型[J].统计与决策，2019，35（15）:65-68.

[80] 吕万刚，曾珍.基于WSR的我国马拉松猝死风险防范模式及机制研究[J].体育学研究，2020，34（2）:1-8.

[81] 谢康，吴瑶，肖静华，等.组织变革中的战略风险控制——基于企业互联网转型的多案例研究[J].管理世界，2016（2）:133-148，188.

[82] 徐峰.我国城市马拉松赛事人身伤亡事故的民事责任研究[J].天津体育学院学报，2020，35（1）:103-110.

[83] 石磊，王锋.基于事故树分析法的我国马拉松大众选手猝死风险研究[J].南京师大学报（自然科学版），2018，41（4）:140-146.

[84] 姜鑫，姜立嘉.浅谈马拉松比赛中的风险因素与应对——评《优秀马拉松运动员科学化训练探索》[J].中国教育学刊，2019（10）:146.

[85] 王健.跑步健身中的身体管理与理性化———一项基于马拉松跑者的质性考察[J].体育科学，2019，39（12）:34-42.

[86] 王征，谢奉君.基于心理场景的群体性事件推演模型研究[J].情报杂志，2016，35（1）:129-133，121.

[87] 杨宇，孙亚琴，闫志刚.网络爬虫的专题机构数据空间信息采集方法[J].测绘科学，2019，44（7）:122-127，140.

[88] 黄炜，黄建桥，李岳峰.网络恐怖事件预警指标体系研究[J].情报杂志，2017，36（4）:41-46.

附录 理论研究附件及马拉松赛事管理部分管理文件

附录1 马拉松大众选手参赛风险预警指标可行性专家调查问卷

尊敬的专家：

您好！我目前正在做以《马拉松大众选手参赛风险预警研究》为题的研究。为了更好地了解影响马拉松大众选手参赛的风险问题，使业余跑者能够更安全、更放心和更舒适地参加马拉松运动，基于文献资料和专家访谈，现拟定了下表中的风险预警因素。鉴于您的专业知识及丰富经验，诚挚地请您结合自己的工作与科研经验，对研究所构建风险因素指标做出真实的判断。感谢您在百忙之中抽出时间填写问卷，对您的支持表示诚挚谢意！

本人承诺此问卷仅用于学术研究，严格保密您的信息及所填内容。感谢您的大力支持和配合，恭祝身体健康，工作顺利！

填写说明：请根据您的认识及经验判别下列风险指标是否可以反映马拉松大众选手在参赛过程中所面临的参赛风险，若能代表，请您在相应空格内打"√"；若不可行，请您在"不可行指标原因"一栏说明原因；若还有未列入的参赛风险因素，请您在"其他"一栏进行补充。

一级指标	可行	不可行	二级指标	可行	不可行	三级指标	可行	不可行
运动员自身风险F1			生理因素F11			F111患疾病或伤病		
						F112身体素质状况		
						其他：		
			心理因素F12			F121情绪控制能力		
						F122参赛心态		
						F123随大众盲目报名参赛		
						其他：		

续表

一级指标	可行	不可行	二级指标	可行	不可行	三级指标	可行	不可行
运动员自身风险F1			知识能力 F13			F131马拉松运动知识和常识认识度		
						F132突发情况处理能力		
						F133风险事故预见性能力		
						F134相关经验丰富性		
						F135跑马的年限		
						其他：		
			运动水平 F14			F141技术动作正确性		
						F142战术运用恰当性		
						F143运动强度适应性		
						F144运动量适应能力		
						其他：		
			自我管理 F15			F151赛前是否规律合理运动		
						F152赛中自我约束力		
						F153自我运动能力认识		
						其他：		
不可行指标原因：								
环境风险 F2			自然环境 F21			F211气温高低和突发性天气变化		
						F212高原地区		
						F213空气质量		
						F214自然灾害		
						其他：		
			社会环境 F22			F221社会治安秩序		
						F222民众支持度		
						F223新闻媒体报道		
						F224文化差异		
						F225政府支持		
						其他：		
不可行指标原因：								

续表

一级指标	可行	不可行	二级指标	可行	不可行	三级指标	可行	不可行
组织管理风险 F3			组织能力 F31			F311赛事工作人员培训情况		
						F312风险的规划能力		
						F313风险管理规章制度完善程度		
						其他：		
			管控能力 F32			F321参赛人流密度控制		
						F322参赛物品发放		
						F323参赛资格筛查		
						F324沿途观众管理		
						F325参赛者人身安全保障		
						F326赛事日程、交通、食宿等问题考虑的周密性		
						其他：		
			决策能力 F33			F331组织者风险防范意识		
						F332核心领导者决策能力		
						F333风险应急预案完善性		
						其他：		
不可行指标原因：								
场地设施风险 F4			主体设施 F41			F411赛道设计与规划		
						F412 赛道路面障碍及空中物体掉落		
						F413 赛道标识设置		
						其他：		
			附属设施 F42			F421赛道补给及补给点完善性		
						F422 配套设备完善性		
						F423 穿戴设备状况		
						其他：		
			临时设施 F43			F431 临时设施安全性		
						F432备用设备正常及时工作能力		
						F433 应急设施配备		
						其他：		
不可行指标原因：								

续表

一级指标	可行	不可行	二级指标	可行	不可行	三级指标	可行	不可行
医疗卫生风险 F5			医疗资源 F51			F511 医疗救助设备完善度		
						F512 医疗救助人员技术水平		
						F513 医疗点分布		
						其他：		
			医疗事件 F52			F521 感染流行性病毒或疾病		
						F522 发生伤死亡事故		
						其他：		
			救援能力 F53			F531 医疗救助反应速度		
						F532 救援通道通畅性		
						其他：		
			内部因素 F54			F541 医务监督		
						F542 赛事医疗部门间、人员间沟通是否流畅有效		
						F543 赛后康复管理		
						其他：		

不可行指标原因：

问卷到此结束，再次感谢您的支持！

附录2　马拉松大众选手参赛风险评价指标权重系数专家调查问卷

尊敬的专家：

　　您好！我目前正在做以《马拉松大众选手参赛风险预警研究》为题的研究。为了更好地了解影响马拉松大众选手参赛的风险问题，使业余跑者能够更安全、更放心地参加马拉松赛事。鉴于您的专业知识及丰富经验，诚挚地请您结合自己的工作与科研经验，对研究构建的风险指标做出真实的判断。感谢您在百忙之中抽出时间填写问卷，对您的支持表示最诚挚的谢意！本人承诺此问卷仅用于学术研究，严格保密您的信息及所填内容。

　　感谢您的大力支持和配合，恭祝身体健康，工作顺利！

填写说明：请您参照下表判断准则，两两比较各风险指标的重要性，再使用1-9级的评判分值，给指标赋值并填入判断矩阵（填写非阴影部分即可）。

重要性等级	相对重要性	含义
1	一样重要	左方指标与上方指标一样重要
3	稍微重要	左方指标比上方指标稍微重要
5	明显重要	左方指标比上方指标明显重要
7	非常重要	左方指标比上方指标非常重要
9	极其重要	左方指标比上方指标极其重要

注：2、4、6、8表示中间值。倒数：如果指标i与指标j的重要性之比为A_{ij}，指标j与指标i的重要性之比即为$A_{ji}=1/A_{ij}$。

一级指标AHP咨询表：

（1）您认为在F马拉松大众选手参赛风险中，一级指标：F1运动员自身风险、F2环境风险、F3组织管理风险、F4场地设施风险、F5医疗卫生风险两两相比的重要性。

F-Fi	F1	F2	F3	F4	F5
F1	1				
F2		1			
F3			1		
F4				1	
F5					1

二级指标AHP咨询表：

（2）您认为在马拉松大众选手参赛风险的一级指标F1运动员自身风险中，F11生理因素、F12心理因素、F13知识能力、F14运动水平、F15自我管理两两相比的重要性。

F1	F11	F12	F13	F14	F15
F11	1				
F12		1			
F13			1		
F14				1	
F15					1

（3）您认为在马拉松大众选手参赛风险的一级指标F2环境风险中，F21自然环境、F22社会环境两两相比的重要性。

F2	F21	F22
F21	1	
F22		1

（4）您认为在马拉松大众选手参赛风险的一级指标F3组织管理风中，F31组织决策能力、F32管控能力两两相比的重要性。

F3	F31	F32
F31	1	
F32		1

（5）您认为在马拉松大众选手参赛风险的一级指标F4场地设施风险中，F41主体设施、F42附属设施、F43临时设施两两相比的重要性。

F4	F41	F42	F43
F41	1		
F42		1	
F43			1

（6）您认为在马拉松大众选手参赛风险的一级指标F5医疗卫生风险中，F51医疗资源、F52医疗事件、F53医疗救助、F54医疗监管两两相比的重要性。

F5	F51	F52	F53	F54
F51	1			
F52		1		
F53			1	
F54				1

三级指标AHP咨询表：

（7）您认为在马拉松大众选手参赛风险的二级指标F11生理因素中，F111疾病或伤病、F112身体素质状况两两相比的重要性。

F11	F111	F112
F111	1	
F112		1

（8）您认为在马拉松大众选手参赛风险的二级指标F12心理因素中，F121情绪控制能力、F122参赛心态两两相比的重要性。

F12	F121	F122
F121	1	
F122		1

（9）您认为在马拉松大众选手参赛风险的二级指标F13知识能力中，F131马拉松相关知识认知能力、F132突发情况处理能力、F133风险事故预见能力3个要素两两相比的重要性。

F13	F131	F132	F133
F131	1		
F132		1	
F133			1

（10）您认为在马拉松大众选手参赛风险的二级指标F14运动水平，F141技战术运用的正确性、F142运动强度适应性、F143运动量适应能力3个要素两两相比的重要性。

F14	F141	F142	F143
F141	1		
F142		1	
F143			1

（11）您认为在马拉松大众选手参赛风险的二级指标F15自我管理中，F151赛前运动管理、F152赛中自我约束力、F153自我运动能力认识、F154自我调节能力4个要素两两相比的重要性。

F15	F151	F152	F153	F154
F151	1			
F152		1		
F153			1	
F154				1

（12）您认为在马拉松大众选手参赛风险的二级指标F21自然环境中，F211气候情况、F212高原地区、F213空气质量、F214自然灾害4个要素两两相比的重要性。

F21	F211	F212	F213	F214
F211	1			
F212		1		
F213			1	
F214				1

（13）您认为在马拉松大众选手参赛风险的二级指标F22社会环境中，F221社会治安、F222民众支持度、F223文化差异、F224政府支持4个要素两两相比的重要性。

F22	F221	F222	F223	F224
F221	1			
F222		1		
F223			1	
F224				1

（14）您认为在马拉松大众选手参赛风险二级指标F31组织决策能力中，F311赛事工作人员配备、F312风险规划能力、F313风险管理规章制度完善程度、F314组织者风险防范意识、F315领导者的决策能力、F316风险应急预案完善性6个要素两两相比的重要性。

F31	F311	F312	F313	F314	F315	F316
F311	1					

F31	F311	F312	F313	F314	F315	F316
F312		1				
F313			1			
F314				1		
F315					1	
F316						1

（15）您认为在马拉松大众选手参赛风险的二级指标F32管控能力中，F321参赛人流密度控制、F322参赛物品发放、F323参赛资格筛查、F324入场安检、F325赛道沿途管理、F326赛后引导、F327参赛者人身安全保障、F328各项工作的周密性8个要素两两相比的重要性。

F32	F321	F322	F323	F324	F325	F326	F327	F328
F321	1							
F322		1						
F323			1					
F324				1				
F325					1			
F326						1		
F327							1	
F328								1

（16）您认为在马拉松大众选手参赛风险的二级指标F41主体设施中，F411赛道设计与规划、F412赛道空间安全性、F413赛道标识设置3个要素两两相比的重要性。

F41	F411	F412	F413
F411	1		
F412		1	
F413			1

（17）您认为在马拉松大众选手参赛风险的二级指标F42附属设施中，F421

赛道补给完善度、F422配套设备完善性、F423穿戴设备状况、F424基础设施完善性4个要素两两相比的重要性。

F42	F421	F422	F423	F424
F421	1			
F422		1		
F423			1	
F424				1

（18）您认为在马拉松大众选手参赛风险的二级指标F43临时设施中，F431临时设施安全性、F432应急设施配备两两相比的重要性。

F43	F431	F432
F431	1	
F432		1

（19）您认为在马拉松大众选手参赛风险的二级指标F51医疗资源中，F511医疗救助设备完善度、F512医疗救助人员配备、F513医疗点分布3个要素两两相比的重要性。

F51	F511	F512	F513
F511	1		
F512		1	
F513			1

（20）您认为在马拉松大众选手参赛风险的二级指标F52医疗事件中，F521感染流行性病毒或疾病、F522发生死亡事故、F523发生损伤事故、F524发生食物中毒4个要素两两相比的重要性。

F52	F521	F522	F523	F524
F521	1			
F522		1		
F523			1	
F524				1

（21）您认为在马拉松大众选手参赛风险的二级指标F53医疗救助中，F531医疗救助反应速度、F532救援通道通畅性、F533损伤处理3个要素两两相比的重要性。

F53	F531	F532	F533
F531	1		
F532		1	
F533			1

（22）您认为在马拉松大众选手参赛风险的二级指标F54医疗监管中，F541医务监督、F542各医疗环节沟通流畅性、F543赛后康复管理3个要素两两相比的重要性。

F54	F541	F542	F543
F541	1		
F542		1	
F543			1

再次感谢您能仔细填写此表!谢谢您的支持!

附录3　马拉松大众选手参赛危险度调查问卷

尊敬的专家（跑者）：

您好！我目前正在做以《马拉松大众选手参赛风险预警研究》为题的研究。为了更好地了解影响马拉松大众选手参赛风险问题，使业余跑者能够更安全、更放心地参加马拉松赛事。请您根据自己的专业知识及跑马经验，对本研究构建的风险指标做出真实的判断。感谢您在百忙之中抽出时间填写问卷，对您的支持表示最诚挚谢意！本人承诺此问卷仅用于学术研究，严格保密您的信息及所填内容。

填写说明：请根据您的认识及经验，判别所构建风险指标在马拉松大众选手参赛过程的危险程度，并在相应分值空格内打"√"，评估采取5级评判，具体标准如表1所示。

表1 参赛风险度评判分值

分值	5	4	3	2	1
危险度	高风险	较高风险	一般风险	比较安全	安全
危险度描述	该风险的影响程度较大,危及生命财产安全	该风险采取及时的应对措施可以化解	该风险不会造成严重伤害,只是短暂性的,不影响参赛或该风险可以赛前或赛后处置	几乎不存在该风险,可以忽略风险继续参赛	该风险情况不存在,在参赛中不会发生

基本信息:

(1)您是否参加过广州马拉松("1"代表"是","2"代表"否")_____

(2)您跑马拉松的时间年限(或从事相关专业年限)_____年

一级指标	风险度	二级指标	风险度	三级指标	风险度
运动员自身风险F1	5 4 3 2 1	生理因素F11	5 4 3 2 1	F111疾病或伤病	5 4 3 2 1
				F112身体素质状况	5 4 3 2 1
		心理因素F12	5 4 3 2 1	F121情绪控制能力	5 4 3 2 1
				F122参赛心态	5 4 3 2 1
		知识能力F13	5 4 3 2 1	F131马拉松相关知识认知能力	5 4 3 2 1
				F132突发情况处理能力	5 4 3 2 1
				F133风险事故预见能力	5 4 3 2 1
		运动水平F14	5 4 3 2 1	F141技战术运用的正确性	5 4 3 2 1
				F142运动强度适应性	5 4 3 2 1
				F143运动量适应能力	5 4 3 2 1
		自我管理F15	5 4 3 2 1	F151赛前运动管理	5 4 3 2 1
				F152赛中自我约束力	5 4 3 2 1
				F153自我运动能力认识	5 4 3 2 1
				F154自我调节能力	5 4 3 2 1
环境风险F2	5 4 3 2 1	自然环境F21	5 4 3 2 1	F211气候情况	5 4 3 2 1
				F212高原地区	5 4 3 2 1
				F213空气质量	5 4 3 2 1
				F214自然灾害	5 4 3 2 1

续表

一级指标	风险度					二级指标	风险度					三级指标	风险度				
环境风险F2	5	4	3	2	1	社会环境F22	5	4	3	2	1	F221社会治安	5	4	3	2	1
												F222民众支持度	5	4	3	2	1
												F223文化差异	5	4	3	2	1
												F224政府支持	5	4	3	2	1
组织管理风险F3	5	4	3	2	1	组织决策能力F31	5	4	3	2	1	F311赛事工作人员配备	5	4	3	2	1
												F312风险规划能力	5	4	3	2	1
												F31风险管理规章制度完善程度	5	4	3	2	1
												F314组织者风险防范意识	5	4	3	2	1
												F315领导者决策能力	5	4	3	2	1
												F316风险应急预案完善性	5	4	3	2	1
						管控能力F32	5	4	3	2	1	F321参赛人流密度控制	5	4	3	2	1
												F322参赛物品发放	5	4	3	2	1
												F323参赛资格筛查	5	4	3	2	1
												F324入场安检	5	4	3	2	1
												F325赛道沿途管理	5	4	3	2	1
												F326赛后引导	5	4	3	2	1
												F327参赛者人身安全保障	5	4	3	2	1
												F328各项工作周密性	5	4	3	2	1
场地设施风险F4	5	4	3	2	1	主体设施F41	5	4	3	2	1	F411赛道设计与规划	5	4	3	2	1
												F412赛道空间安全性	5	4	3	2	1
												F413赛道标识设置	5	4	3	2	1
						附属设施F42	5	4	3	2	1	F421赛道补给完善度	5	4	3	2	1
												F422配套设备完善性	5	4	3	2	1
												F423穿戴设备状况	5	4	3	2	1
												F424基础设施完善性	5	4	3	2	1
						临时设施F43	5	4	3	2	1	F431临时设施安全性	5	4	3	2	1
												F432应急设施配备	5	4	3	2	1

续表

一级指标	风险度					二级指标	风险度					三级指标	风险度				
医疗卫生风险F5	5	4	3	2	1	医疗资源F51	5	4	3	2	1	F511医疗救助设备完善度	5	4	3	2	1
												F512医疗救助人员配备	5	4	3	2	1
												F513医疗点分布	5	4	3	2	1
						医疗事件F52	5	4	3	2	1	F521感染流行性病毒或疾病	5	4	3	2	1
												F522发生死亡事故	5	4	3	2	1
												F523发生损伤事故	5	4	3	2	1
												F524发生食物中毒	5	4	3	2	1
						医疗救助F53	5	4	3	2	1	F531医疗救助反应速度	5	4	3	2	1
												F532救援通道通畅性	5	4	3	2	1
												F533损伤处理	5	4	3	2	1
						医疗监管F54	5	4	3	2	1	F541医务监督	5	4	3	2	1
												F542各医疗环节沟通流畅性	5	4	3	2	1
												F543赛后康复管理	5	4	3	2	1

再次感谢您能仔细填写此表!谢谢您的支持!

附录4 马拉松大众选手参赛风险预警研究专家访谈提纲

主要问题:

1.您认为马拉松选手会面临哪些参赛风险?

2.在您看来,马拉松大众选手和专业选手面临的参赛风险是否一样?大众选手会面临哪些风险?

3.从参赛者自身风险方面来说,您认为大众选手会受哪些风险因素影响?为此,您有什么应对策略?

4.从环境风险方面来说,您认为大众选手会受哪些风险因素影响?为此,您有什么应对策略?

5.从组织管理风险方面来说,您认为大众选手会受哪些风险因素影响?为此,您有什么应对策略?

6.从场地设施风险方面来说,您认为大众选手会受哪些风险因素影响?为此,您有什么应对策略?

7.从医疗卫生风险方面来说,您认为大众选手会受哪些风险因素影响?为此,您有什么应对策略?

附录5 马拉松大众选手参赛风险预警BP神经网络构建MATLAB程序

```
clear all
    clc
load ma la songy ujing_data.mat
Temp=r and perm(size(unnamed,1));
P_train=unnamed(temp(1:71),:)';
T_train=unnamed1(temp(1:71),:)';
P_test=unnamed(temp(72:91),:)';
T_test=unnamed1(temp(72:91),:)';
N=size(P_test,2);
[p_train,p s_input]=m a p min max(P_train,0,1);
p_test=ma pm in max('apply',P_test,p s_input);
[t_train,p s_output]=ma p min max(T_train,0,1);
Net=new ff(p_train,t_train,10);
net.train Para m.epochs=1000;
net.train Para m.goal=1e-3;
net.train Para m.lr=0.01;
Net=train(net,p_train,t_train);
t_sim=sim(net,p_test);
T_sim=ma p min max('reverse',t_sim,p s_output);
error=abs(T_sim−T_test)./T_test;
R2=(N*sum(T_sim.*T_test)−sum(T_sim)*sum(T_test))^2/((N*sum((T_sim).^2)−(sum(T_sim))^2)*(N*sum((T_test).^2)−(sum(T_test))^2));
result=[T_test' T_sim']
figure
plot(1:N,T_test,'b:*',1:N,T_sim,'r-o')
legend('真实值','预测值')
X label('预测样本')
Y l ab e l('危机状态')
string={'测试马拉松业余选手参赛风险预测结果对比';
['R^2='num2str(R2)]};
title(string)
```

附录6 2002—2018年国内马拉松赛事及体育节事活动现场安全事故部分统计表

序号	年份	来源	赛事名称	事故原因	死亡	受伤
1	2002	人民网	中超联赛	不满裁判,球迷骚乱	0	4
2	2002	大洋网	中超联赛	不满结果,球员滋事	0	5

续表

序号	年份	来源	赛事名称	事故原因	死亡	受伤
3	2003	网易体育	CBA联赛	天气恶劣,比赛终止	0	0
4	2004	北方网	北京国际马拉松	运动员体质较弱,猝死	2	11
5	2005	兰州晨报	庆阳万人拔河赛	钢丝绳断裂,运动员受伤	0	14
6	2005	胡小琴	北京国际马拉松	运动员体质较弱,猝死	1	22
7	2006	山东商报	中超联赛	安保人员与逃票观众发生扭打	0	不详
8	2007	荆楚网	亚冬会	运动员失误,造成设备伤害	0	1
9	2007	铁血社区	全国体操锦标赛	动作失误,造成重伤	0	1
10	2007	网易体育	CBA联赛	天气恶劣,比赛终止	0	0
11	2007	网易体育	CBA联赛	运动员与观众冲突	0	2
12	2008	新华网	全国冬运会	运动员乘坐缆车摔伤	0	3
13	2008	考试大	北京奥运会	临时搭建物倒塌	0	1
14	2008	北方网	上海国际马拉松	运动员体质较弱,猝死	1	不详
15	2009	水母网	重庆开县第三届运动会	运动员观众冲突	0	1
16	2010	新京报	广州亚运会	运动员失误,设施器材伤害	0	2
17	2010	雅虎体育	CBA联赛	观众口号过激引发冲突	0	不详
18	2010	广州日报	亚运会	交通设施故障	0	1
19	2011	56.com	沈阳公路自行车赛	赛道设置不合理,运动员受伤	0	3
20	2011	华西都市报	环塔拉力赛	天气原因,比赛终止	0	0
21	2011	搜狐网	越野e族安大年会	场地恶劣,赛车侧翻	0	1
22	2012	新华网	广东汕头海湾龙舟赛	天气原因,翻船事故	0	0
23	2012	海口晚报	海南省运动会拳击比赛	运动员不满裁判判罚,殴打裁判	0	2
24	2012	新华网	广东汕头海湾龙舟赛	大风造成翻船	0	0
25	2012	新浪体育	广州马拉松赛	运动员体质较弱,猝死	2	不详
26	2013	新浪体育	北京马拉松	赛事组织问题,造成"如厕风波"	0	不详

续表

序号	年份	来源	赛事名称	事故原因	死亡	受伤
27	2014	新浪体育	昆明国际马拉松	环境因素高温,加上组织者补给不足,出现伤亡	1	1
28	2014	搜狐网	珠海国际半程马拉松赛	心源性猝死	1	0
29	2015	搜狐网	深圳半程马拉松赛	心源性猝死	1	不详
30	2017	搜狐网	银川马拉松	重症中暑	1	不详
31	2017	新浪体育	青岛半程马拉松赛	73岁老人替跑,组委会并未发现	不详	不详
32	2015	搜狐网	大连国际马拉松	器材问题,拱门上的电子钟根本未计时	0	不详
33	2016	新浪广东	清远马拉松	运动员盲目参赛及组织管理失误	0	12208
34	2018	腾讯体育	南宁国际马拉松	运动员被工作人员紧急拽停	0	0
35	2018	搜狐网	绍兴国际马拉松	运动员受伤后不顾医生和工作人员的劝阻,依然坚持比赛	0	不详
36	2018	搜狐网	深圳南山半程马拉松	选手替跑,抄近道	0	不详
37	2018	北京日报	苏州马拉松	管理失误,志愿者递国旗造成选手痛失冠军	0	不详

附录7 中国田径协会路跑赛事安全参赛倡议书

亲爱的跑友们:

  春风有信,花开有期。随着近期全国路跑赛事有序恢复,五湖四海的跑友们陆续踏上了全国各地的马拉松赛道。一切的热爱与美好,都建立在健康、安全、可持续的基础上。为了让各位跑者安全且快乐地参与路跑运动,我们倡议:

  一、做自己健康的第一责任人,赛前务必做好充分的参赛准备,规范训练,循序渐进,根据自身情况理智选择参赛项目。

  二、在参赛前进行一次体检,尤其是心电图、心脏彩超等专项检查,清晰了解并密切关注自身健康状况,不要带病参赛。

  三、报名时请准确填写报名信息、紧急联系人、既往病史等内容,赛前不暴饮暴食、不过量饮酒，保证充足睡眠。

四、发枪前充分做好准备活动，根据气温及自身情况适当补充水分和能量，不过度补给、不过度饮水。参赛过程中量力而行，及时识别胸闷、胸痛、心律不齐等危险征兆，控制比赛节奏。

五、掌握基础急救知识，在比赛中如遇身体不适，不盲目坚持到底、不盲目挑战极限，而是应及时向就近的医疗人员、志愿者求助，积极配合治疗。

我们参与跑步，是为了享受阳光，享受运动带来的快乐与健康，享受每一次跑完的满满成就感。但路跑赛事的终点不是冲线而是安全回家，每一位跑者的安全健康，都关系到一个家庭的幸福。

中国田径协会希望广大跑友秉承科学训练、健康参赛、顺利完赛、平安回家的理念，享受路跑运动带来的快乐，健康奔跑在全国各地和自己人生旅途的赛道上。

中国田径协会

2023年4月6日

附录8　体育总局关于做好高危险性体育赛事活动管理工作的通知

体政规字〔2023〕2号

各省、自治区、直辖市、计划单列市、新疆生产建设兵团体育行政部门，各厅、司、局，有关直属单位，有关全国性体育社会组织：

《中华人民共和国体育法》（以下简称《体育法》）第一百零六条设立了高危险性体育赛事活动行政许可制度。根据《体育法》规定，体育总局修订了《体育赛事活动管理办法》（以下简称《办法》），增加关于高危险性体育赛事活动行政许可专门章节，并同有关部门制定公布了《高危险性体育赛事活动目录（第一批）》（以下简称《目录》）。为贯彻落实高危险性体育赛事活动管理规定，确保高危险性体育赛事活动安全有序开展，现就相关工作通知如下：

一、明确高危险性体育赛事活动管理范围和对象

（一）准确把握高危险性体育赛事活动名称和条件

体育总局等七部门联合发布的《目录》，将潜水赛事活动、航空运动相关赛事活动、登山相关赛事活动、攀岩相关赛事活动、滑雪登山赛事活动、汽车摩

托车相关赛事活动等6大类18个小项的赛事活动列入第一批高危险性体育赛事活动,并对纳入《目录》的高危险性体育赛事活动名称以及条件进行了明确规定。对于没有附加条件的,该项目所有体育赛事活动均为高危险性体育赛事活动,必须按照《体育法》规定向县级以上地方人民政府体育行政部门(以下简称地方体育行政部门)提出申请;对于有附加条件的,符合该条件的体育赛事活动属于高危险性体育赛事活动,也必须按照《体育法》规定向地方体育行政部门提出申请,条件之外的体育赛事活动不属于高危险性体育赛事活动,不需要进行行政许可。

由体育行政部门及其事业单位、单项体育协会主办、承办的高危险性体育赛事活动,不属于《目录》范围,主办、承办单位应当按照相关条件和要求从严进行审查,并承担相应责任。

(二)关于高危险性体育赛事活动许可对象

高危险性体育赛事活动的许可对象是指《目录》所列赛事活动的组织者,由组织者提出许可申请。赛事活动组织者有主办方、承办方、协办方的,原则上由赛事活动的主办方提出许可申请,受主办方书面委托,承办方也可以提出许可申请。按照《办法》有关规定,高危险性体育赛事活动的组织者为自然人、法人和非法人组织,其中既包括企业,也包括行政部门、事业单位、社会团体、民办非企业单位等。只要举办高危险性体育赛事活动,不论是否以营利为目的,都应当依法依规向地方体育行政部门申请许可。

二、规范高危险性体育赛事活动许可程序

(三)关于出具专业技术人员相应资格或者资质证明

《体育法》第一百零六条规定,举办高危险性体育赛事活动,应当配备具有相应资格或者资质的专业技术人员。高危险性体育赛事活动一般具有较强的专业技术性,从提高赛事活动规范性、专业性、安全性角度出发,必须配备相应的专业技术人员。《办法》规定,举办高危险性体育赛事活动应提交专业技术人员的资格或资质证明材料。由于高危险性体育赛事活动行政许可是一项新制度,目前国家对于《目录》中赛事活动涉及的部分专业技术人员尚无相应或健全的职业标准。为此,涉及这些赛事活动的,《举办高危险性体育赛事活动许可条件及程序》(以下简称《许可条件》)明确应以全国性单项体育协会关于专业技术人员的资质规定为标准。有关全国性单项体育协会应当不断完善专业技术人员资质认定工作,加强相关培训,壮大专业技术人员队伍,满足举办高危险性体育赛事活动的需求;应当建立专业技术人员资质公示制度,将符合《许可条件》相关资质要求的专业技术人员向社会公布,便于公众查询,接受社会各界监督。对于在行政许可申请环节尚难提供具体参赛人员和专业技术人员相应资格或资质证明材料的，申请人应当作出参赛人员和专业技术人员符合相应资格或资质要求的承诺，并在赛事活动举办前及时提交相关证明材料。

（四）关于配置符合相关标准和要求的场地、器材和设施

《体育法》第一百零六条规定，举办高危险性体育赛事活动，应当配置符合相关标准和要求的场地、器材和设施。《许可条件》明确提出，高危险性体育赛事活动组织者应当按照相关标准和要求配置场地、器材和设施，并形成说明性材料。说明性材料应当对内容的真实性作出承诺，并明确不符合承诺自行承担相应的法律责任。有关全国性单项体育协会应当不断完善高危险性体育赛事活动场地、器材和设施标准和要求。地方体育行政部门应当按照《许可条件》对高危险性体育赛事活动涉及的场地、器材和设施进行核查，必要时可委托第三方机构出具专业性意见。

（五）关于制定通信、安全、交通、卫生健康、食品、应急救援等相关保障措施

《体育法》第一百零六条规定，举办高危险性体育赛事活动，应当制定通信、安全、交通、卫生健康、食品、应急救援等相关保障措施。高危险性体育赛事活动由于海拔、天气、地形等自然环境复杂，对于安全保障条件有较高要求，组织者应当根据赛事活动特点和《许可条件》要求，落实相关保障措施。按照《办法》规定，高危险性体育赛事活动组织者在申请时应提交风险评估报告、风险防范及应急处置预案、安全工作方案、医疗保障及救援方案、赛事活动"熔断"机制、赛事活动组织方案等材料。

（六）关于实地核查工作

《体育法》以及《办法》均明确规定，地方体育行政部门应当自收到举办高危险性体育赛事活动申请之日起三十日内进行实地核查，这是地方体育行政部门实施高危险性体育赛事活动许可的必经程序。地方体育行政部门可以指派两名及以上工作人员进行实地核查，也可以委托检验机构或认证机构进行实地核查，但地方体育行政部门工作人员应当一同前往，委托费用由地方体育行政部门承担。实地核查主要核查申请人提交材料所述内容是否真实，应当按照《许可条件》规定的条件标准逐项审核。

涉及器材、设施等场地布置环节具体事项，可结合赛事活动实际情况，采取较为灵活的核查方式，既要确保相应要求落实到位，又要有利于赛事活动的举办。

三、提升高危险性体育赛事活动管理工作水平

（七）建立高危险性体育赛事活动管理机制

《体育法》明确实施该项行政许可的主体是地方体育行政部门，省级体育行

政部门应当抓紧研究制定省、地市、区县分级管理办法，明确地方各级体育行政部门工作内容，规范管理流程，建立配套制度规定，尽快建立健全本辖区内高危险性体育赛事活动行政许可管理机制，明确责任主体。

（八）加强与相关职能部门的沟通合作

高危险性体育赛事活动管理涉及行政许可、行政处罚、行政检查，是一项综合性执法工作。地方体育行政部门应当根据《体育法》规定，会同同级公安、市场监管、应急管理等部门按照各自职责范围加强对高危险性体育赛事活动的监管。对于执法力量不足的，应当积极争取将高危险性体育赛事活动执法工作纳入相对集中行政处罚权综合执法范围，也可以依法委托综合执法机构承担。加强与同级工信、公安、人力资源社会保障、交通运输、卫生健康、应急管理、市场监管等部门的沟通合作，指导高危险性体育赛事活动的组织者做好相关服务保障。

（九）加强高危险性体育赛事活动执法监督管理

《体育法》以及《办法》对高危险性体育赛事活动行政许可工作作出了具体规定，地方体育行政部门应当严格依法依规实施行政许可。如果对符合法定条件的不予许可，对不符合条件的给予许可，负有责任的主管人员和其他直接责任人员应当承担相应的法律责任。这既涉及地方体育行政部门的权利与责任，更涉及自然人、法人和非法人组织合法权益的保障，应依法依规实施许可，避免因许可行为不当而产生行政复议和行政诉讼的法律后果。上级体育行政部门应当加强对下级体育行政部门实施行政许可的监督检查，及时纠正行政许可实施中的不当和违法行为。

（十）认真抓好学习宣传贯彻工作

《体育法》于2023年1月1日起正式施行，新修订的《办法》和新制定的《目录》已经正式发布。体育总局将把贯彻落实《体育法》及其配套规定，作为今后一段时期全国体育系统普法工作的重要内容。地方体育行政部门应当组织专项学习，加深对高危险性体育赛事活动管理工作的认识，强化责任意识，提高管理能力和水平；结合工作实际，积极开展相关培训，确保基层负责行政许可的工作人员明确工作程序和要求。尤其要对高危险性体育赛事活动组织者、参与者进行有针对性的宣传，切实提高相关主体对高危险性体育赛事活动的认识，明晰相关政策，保护自身权益。

加强高危险性体育赛事活动管理是保护人民群众生命健康安全、促进体育赛事活动规范有序发展的重要举措。各地体育行政部门要高度重视，严格按照相关法律法规要求，规范高危险性体育赛事活动各项管理工作，并按照《中华人民共和国行政许可法》相关规定和要求，在机构设立、人员充实、设备配置、经费保障等方面积极向同级人民政府争取支持。

在实施高危险性体育赛事活动行政许可工作中遇有问题，请及时与体育总局联系。

附件：1.举办高危险性体育赛事活动许可条件及程序
　　　2.举办高危险性体育赛事活动申请书

体育总局

2023年1月4日

附件8-1

举办高危险性体育赛事活动许可条件及程序

一、许可依据

（一）《中华人民共和国行政许可法》（2019年4月23日第十三届全国人民代表大会常务委员会第十次会议修正）

（二）《中华人民共和国体育法》（2022年6月24日第十三届全国人民代表大会常务委员会第三十五次会议修订）

（三）《体育赛事活动管理办法》（2023年1月1日国家体育总局令第31号发布）

（四）《高危险性体育赛事活动目录（第一批）》（2023年1月1日体育总局、工业和信息化部、公安部、人力资源社会保障部、卫生健康委、应急部、市场监管总局公告第63号发布）

二、许可条件

（一）潜水赛事活动

1.场所条件

符合中国滑水潜水摩托艇运动联合会发布的潜水各单项赛事活动办赛指南规定。

2.办赛资质

（1）赛事活动组织者经过中国滑水潜水摩托艇运动联合会赛事培训并获得相应资质。

（2）具备与所举办的赛事活动相符的赛事技术和安全保障能力。

（3）有中国滑水潜水摩托艇运动联合会注册承认的专业教练。

3.赛事活动人员

（1）参赛运动员：持有中国滑水潜水摩托艇运动联合会颁发的潜水各运动项目相应的专业资质证书。参赛前提交当年身体检查健康证明以及自愿参赛责任书。

（2）赛事安全员：持有中国滑水潜水摩托艇运动联合会颁发的潜水赛事相关专业安全员证书。

（3）裁判员：经中国滑水潜水摩托艇运动联合会培训并持有其颁发的相关裁判证书。

（4）医务人员：配备掌握急救知识与技能的专业医护人员。

4.赛事活动文件

（1）工作手册：赛事活动组织者准备完整的工作手册，确保活动顺利举办。

（2）安全预案：准备赛事活动安全预案，明确安全员的职责及行动方案、在紧急情况出现时的行动顺序，明确各个救援行动的时间节点及救援上限，并在必要的时候交由赛事活动医护人员进一步处理。

（3）急救预案：由医疗团队明确可能发生的事故类型及救援程序，清晰列出进行紧急救援的时间节点及时间限制、紧急联系人及通知医疗机构的程序。

（4）公共卫生事件、社会安全事故处理预案。

（5）保险：赛事活动组织者投保体育意外伤害保险。

（二）航空运动相关赛事活动

1.气球赛事活动

（1）飞行人员：具有中国民航局颁发或认可的现行有效的飞行执照，执照等级符合竞赛规程要求；具有现行有效的体检合格证。

（2）适航标准：中国籍气球具有中国民航局颁发的现行有效的国籍登记证和适航证件；外国籍气球取得中国民航局认可的现行有效的特许飞行证件；气球保持持续适航状态。

（3）飞行条件：根据各型号气球《飞行手册》规定，满足飞行竞赛活动所需的场地、气象、技术标准（如：风向、风速，能见度，场地长、宽、无障碍物）等要求。飞行活动不允许超出该型号飞行包线。

①气象条件：所有飞行在昼间，无降雨、雪条件下进行；自由飞：能见度≥3千米，云底高度高于飞行高度200米以上，水平风速≤5米/秒；系留飞：能见度≥1千米，云底高度高于飞行高度200米以上，水平风速≤5米/秒。活动开展过程中出现气象条件变化，超出允许条件或有超出允许条件趋势时，活动组织负责人应及时停止飞行活动，保证人员安全。

②场地条件：单个体气球飞行场地不小于自身长、宽度的两倍以上；多个体气球活动场地条件以此类推。

（4）裁判资质：裁判员具备中国航空运动协会承认的裁判资质。

（5）使用空域：获得现行有效的国家空域管理部门批准的空域许可文件。

（6）赛事活动组织者：经营范围满足赛事活动要求，具备与所举办赛事活动相符的策划、技术和安全保障、应急处置能力。

（7）保险：赛事活动组织者投保体育意外伤害保险。

2.飞机赛事活动

（本条所定义的飞机项目包括：轻型飞机、滑翔机、特技飞机和直升机。）

（1）使用空域：获得现行有效的国家空域管理部门批准的空域许可文件。

（2）场地：跑道长度符合以下要求——轻型飞机跑道长度不小于600米，滑翔机跑道长度不小于800米，特技飞机跑道长度不小于800米，直升机跑道长度不限，但应符合该机型《飞行手册》相关起降场地要求。各机型跑道周围有隔离措施，确保飞机起降场地得到严格管控。

（3）器材：参与竞赛的航空器具备中国民航局颁发的有效的国籍登记证、适航证件（或等效适航文件）和电台执照。

（4）人员：

①裁判员持有中国航空运动协会颁发的飞机运动裁判证。

②飞行人员接受过中国航空运动协会认可的竞赛培训，持有驾驶航空器所必须的飞行执照、体检合格证（或其他等效文件）。

（5）气象条件：所有飞行在昼间，无降雨、雪条件下进行；能见度≥5千米，云底高度高于飞行高度200米以上，起飞正侧风≤7米/秒。活动开展过程中出现气象条件变化，超出允许条件或有超出允许条件趋势时，赛事活动组织者应及时停止飞行活动，保证人员安全。

（6）保险：赛事活动组织者投保体育意外伤害保险。

3.超轻型飞机赛事活动

（本条所定义的超轻型飞机项目包括：自转旋翼机和动力悬挂滑翔机。）

（1）使用空域：获得现行有效的国家空域管理部门批准的空域许可文件。

（2）场地：飞机起降跑道长度不小于400米。各机型跑道周围有隔离措施，确保飞机起降场地得到严格管控。

（3）器材：参与竞赛的自转旋翼机具有中国民航局颁发的有效的国籍登记证、适航证件（或等效适航文件）和电台执照；参与竞赛的动力悬挂滑翔机具有中国航空运动协会颁发的动力悬挂滑翔机单机备案登记证。

（4）人员：

①裁判员持有中国航空运动协会颁发的飞机运动裁判证。

②飞行人员接受过中国航空运动协会认可的竞赛培训，持有驾驶航空器所必须的飞行执照、体检合格证（或其他等效文件）。

（5）气象条件：所有飞行在昼间、无降雨、雪条件下进行；能见度≥5千米，云底高度高于飞行高度200米以上，起飞正侧风≤6米/秒。活动开展过程中出现气象条件变化，超出允许条件或有超出允许条件趋势时，赛事活动组织者应及时停止飞行活动，保证人员安全。

（6）保险：赛事活动组织者投保体育意外伤害保险。

4.跳伞赛事活动（室内跳伞除外）

（1）气象条件。地面风速不大于6-9米/秒，云高600米-3000米，水平能见度不小于2000米（地面风速、云高、水平能见度根据竞赛项目规则确定具体标准），无降水、雷电等危险天气。

（2）使用空域。获得现行有效的国家空域管理部门批准的空域许可文件。

（3）场地。

①起飞场

起飞场地以标准机场为宜，可适合比赛用飞机的正常起降。

②降落场

降落区选择开阔平坦、周边无高大障碍物的区域，其中主降落场是一个半径20米的圆型区域，为竞赛、裁判员的专属区域，并放置跳伞专业设备。同时根据比赛项目需要设置其他降落区域，标准不小于30米×100米的长型降落区。（降落区由于受风向变换影响较大，具体情况以专业人员实地考察为准）。

降落区划分叠伞区、准备区、休息区、检录区。降落区内设置风向筒等标志性器材，可准确观察实时风向。靠近水域的场地，配备水上救生设备。

（4）比赛用飞机。跳伞比赛使用飞机可以空中开门或卸掉舱门，竞赛飞机在执行跳伞飞行时机速不大于200千米/小时，机舱内有适合运动员抓握的把手，飞机最少搭乘5名跳伞员。

（5）参赛人员资质、竞赛器材标准和赛事活动组织者条件按照跳伞赛事活动办赛指南、参赛指引、项目器材标准、竞赛规程等相关规定执行。

（6）保险：赛事活动组织者投保体育意外伤害保险。

5.滑翔伞赛事活动

（1）气象条件。风速不大于6米/秒，水平能见度不小于1000米，无降水、雷电等危险天气。

（2）使用空域。获得现行有效的国家空域管理部门批准的空域许可文件。

（3）场地。

①起飞场

起飞场地面平坦整洁，长度不小于30米，宽度不小于20米，起飞场坡度不大于40度，周边净空开阔无障碍物。可划分起飞区、准备区、休息区、办公区，能够满足伞具整理需要。起飞场内四角设置风向筒等标志性器材，可准确观察实时风向。

②降落场

降落区域选择开阔平坦、周边无高大障碍物的区域，长度不小于50米，宽度不小于50米。周边无建筑物等引起气流变化的凸起物。降落场内设置风向筒等标志性器材，可准确观察实时风向。靠近水域的场地，配备水上救生设备。

（4）参赛人员资质、竞赛器材标准和赛事活动组织者条件按照办赛指南、参赛指引、项目器材标准、竞赛规程等相关规定执行。

（5）保险：赛事活动组织者投保体育意外伤害保险。

6.动力伞赛事活动

（1）气象条件。地面风速不大于6米/秒，水平能见度不小于1000米，无降水、雷电、紊乱气流等危险天气。

（2）使用空域。获得现行有效的国家空域管理部门批准的空域许可文件。

（3）场地。

①起飞、降落场地（可共同使用）面积不小于150米×100米，周边平坦、整洁、开阔，500米范围内净空良好，无电线、固定建筑物、居民区等影响起、降飞行安全的障碍物。可划分起飞区、准备区、危险品存储区、休息区、办公区，能够满足伞具整理需要。

②起飞、降落区域内四角设置风向筒等标志性旗帜，可准确观察实时风向。

③场地飞行科目地面长、宽均不小于200米。

（4）参赛人员资质、竞赛器材标准和赛事活动组织者条件按照动力伞赛事活动办赛指南、参赛指引、项目器材标准、竞赛规程等相关规定执行。

（5）保险：赛事活动组织者投保体育意外伤害保险。

7.悬挂滑翔翼赛事活动

（1）气象条件。地面风速不大于8米/秒，水平能见度不小于1000米，无降水、雷电、紊乱气流等危险天气。

（2）使用空域。获得现行有效的国家空域管理部门批准的空域许可文件。

（3）场地。

①起飞场

山地起飞方式：场地平坦整洁，长度不小于30米，宽度不小于20米，起飞场坡度不大于40度，周边净空开阔无障碍物。可划分起飞区、准备区、休息区、办公区，能够满足设备整理需要。起飞场内四角设置风向筒等标志性器材，可准确观察实时风向。

牵引起飞方式：场地平坦开阔，长度不小于150米，宽度不小于100米；净空条件良好，起飞延长线上无影响起飞的障碍物，起飞场内设置风向筒等标志性器材，可准确观察实时风向。

②降落场

场地平坦开阔，无影响着陆的障碍物，周边净空良好，主降落方向不少于100米，降落场内设置风向筒等标志性器材，可准确观察实时风向。

（4）参赛人员资质、竞赛器材标准和赛事活动组织者条件按照悬挂滑翔翼赛事活动竞赛规程等相关规定执行。

（5）保险：赛事活动组织者投保体育意外伤害保险。

8.牵引伞赛事活动

（1）气象条件。地面风速不大于6米/秒，水平能见度不小于1000米，无降水、雷电等危险天气。

（2）使用空域。获得现行有效的国家空域管理部门批准的空域许可文件。

（3）场地。

①起飞场

起飞场地面平坦整洁，长度不小于100米，宽度不小于50米，场地周边无高大建筑物、树木等障碍物。可划分起飞区、准备区、休息区、办公区，能够满足伞具整理需要。起飞场内四角设置风向筒等标志性器材，可准确观察实时风向。

②降落场

降落场长度不小于50米，宽度不小于50米，周边无电线、建筑物、高大树木等障碍物。降落场内设置风向筒等标志性器材，可准确观察实时风向。靠近水域的场地，配备水上救生设备。

（4）参赛人员资质、竞赛器材标准和赛事活动组织者标准按照牵引伞赛事活动竞赛规程等相关规定执行。

（5）保险：赛事活动组织者投保体育意外伤害保险。

（三）登山相关赛事活动

1.山地越野赛事活动（符合以下任意一项指标：①有海拔3500米以上的路线；②有夜间赛程安排；③距离超过42.195千米。）

（1）器材：为运动员配备符合中国登山协会认可标准的卫星跟踪器；夜间比赛路线为路标指引的，设置带有反光或发光功能的路标。上述器材由赛事活动组织者出具符合标准的说明材料。

（2）赛事活动组织者：具有独立法人资格及相关运营资质，配备的赛事活动管理人员和竞赛组织专业技术人员与赛事活动的规模、内容、级别相匹配，并具备相应的经费保障和安全保障能力。至少有2名经过中国登山协会山地户外赛事活动组织培训合格的人员。

（3）裁判员：具备中国登山协会认可的裁判资质，并按照《中国登山协会山地越野跑办赛指南》及《登山中心关于在户外赛及活动中设立技术代表和安全监督的决定》的赛事活动组织要求配备相应等级裁判执裁。

（4）运动员：体检报告，参赛人员基本要求详见参赛指引、竞赛规程等。

（5）救援：赛事活动配备相应规模的救援队，救援队有独立法人资质。救援人员持有红十字会或其他专业机构认可的急救证书，并经过中国登山协会或同等级别山地救援培训合格。

（6）保险：赛事活动组织者投保体育意外伤害保险。

2.山地多项赛事活动（符合以下任意一项指标：①有海拔3500米以上的路线；②有夜间赛程安排；③需要使用绳索装备、上升/下降器械等专业技术装备；④距离超过42.195千米。）

（1）器材：为运动员配备符合中国登山协会认可标准的卫星跟踪器；夜间比赛路线为路标指引的，设置带有反光或发光功能的路标；专业技术装备符合国际登山联合会及中国登山协会相关认可标准。上述器材由赛事活动组织者出具符合标准的说明材料。

（2）赛事活动组织者：具有独立法人资格及相关运营资质，配备的赛事活动管理人员和竞赛组织专业技术人员与赛事活动的规模、内容、级别相匹配，并具备相应的经费保障和安全保障能力。至少有2名经过中国登山协会山地户外赛事活动组织培训合格的人员。

（3）裁判员：具备中国登山协会认可的裁判资质，并按照《中国登山协会山地户外多项办赛指南》及《登山中心关于在户外赛及活动中设立技术代表和安全监督的决定》的赛事活动组织要求配备相应等级裁判执裁。

（4）运动员：体检报告，参赛人员基本要求详见参赛指引、竞赛规程等。

（5）救援：赛事活动配备相应规模的救援队，救援队有独立法人资质。救援人员持有红十字会或其他专业机构认可的急救证书，并经过中国登山协会或同等级别山地救援培训合格。

（6）保险：赛事活动组织者投保体育意外伤害保险。

3.户外拓展赛事活动（符合以下任意一项指标：①使用专业技术装备；②设置有距离地面2米以上的项目。）

（1）场地：场地设施及技术装备能够保障赛事活动安全的进行，符合《GB 19079.19-2010-体育场所开放条件与技术要求 第19部分：拓展场所》相关要求。上述场地设施及技术装备由赛事活动组织者出具符合标准的说明材料。

（2）装备、器材：专业技术装备符合国际登山联合会及中国登山协会相关认可证标准，由赛事活动组织者出具符合标准的说明材料。

（3）赛事活动组织者：具有独立法人资格及相关运营资质，配备的赛事活动管理人员和竞赛组织专业技术人员与赛事活动的规模、内容、级别相匹配，并具备相应的经费保障和安全保障能力。

（4）裁判员：具备中国登山协会认可的裁判资质，并按照《中国登山协会山地户外多项办赛指南》及《登山中心关于在户外赛及活动中设立技术代表和安全监督的决定》的赛事活动组织要求配备相应等级裁判执裁。

（5）运动员：体检报告，参赛人员基本要求详见参赛指引、竞赛规程等。

（6）保险：赛事活动组织者投保体育意外伤害保险。

（四）攀岩相关赛事活动

1.攀冰赛事活动

（1）场地：人工冰壁经具备资质的第三方检测机构检测合格，符合《GB 19079.29-2013体育场所开放条件与技术要求　第29部分：攀冰场所》相关要求，符合国际登山联合会关于人工冰壁的适用标准。上述场地由赛事活动组织者出具符合标准的说明材料。

（2）器材：符合国际登山联合会及中国登山协会相关认可标准，由赛事活动组织者出具符合标准的说明材料。

（3）赛事活动组织者：具有独立法人资格及相关运营资质，配备的赛事活动管理人员和竞赛组织专业技术人员与赛事活动的规模、内容、级别相匹配，并具备相应的经费保障和安全保障能力。

（4）裁判员和定线员：具备中国登山协会培训认可的相关资质。

（5）运动员：身体健康，持县级以上医院半年内的体检证明，无心脑血管类、传染类等运动禁忌类疾病。

（6）参赛人员资质、竞赛器材标准和赛事活动组织者条件详见办赛指南、参赛指引、竞赛规程等。

（7）保险：赛事活动组织者投保体育意外伤害保险。

2.攀岩赛事活动

（1）场地：岩壁经具备资质的第三方检测机构检测合格，符合《GB 19079.4-2014体育场所开放条件与技术要求　第4部分：攀岩场所》相关要求，符合国际攀岩联合会关于岩壁的适用标准（EN12572-1、EN12572-2）。上述场地由赛事活动组织者出具符合标准的说明材料。

（2）器材：符合国际攀岩联合会及中国登山协会相关认可标准，具体如下：

保护装置（自锁）：EN15151-1；

保护装置（手动）：EN15151-2；

攀岩安全带：EN12277（C类）；

攀岩绳：EN892；

主锁（丝扣锁）：EN12275（H类）；

主锁（自动锁）：EN12275（H类）；

快挂（扁带）：EN566；

快挂/连接器（单锁）：EN12275（B类、D类）；

快挂/连接器（梅陇锁）：EN12275（Q类）；

自动保护器：EN341:2011（C型）。

支点造型：符合国际适用标准EN12572-3、国际攀岩联合会（IFSC）认可速度支点标准或符合中国登山协会的《NG21支点库》相关规定。

上述器材由赛事活动组织者出具符合标准的说明材料。

（3）赛事活动组织者：具有独立法人资格及相关运营资质，配备的赛事活动管理人员和竞赛组织专业技术人员与赛事活动的规模、内容、级别相匹配，并具备相应的经费保障和安全保障能力。

（4）裁判员和定线员：具备中国登山协会培训认可的裁判员和定线员资质。

（5）运动员：持县级以上医院半年内的体检证明，无心脑血管类、传染类等运动禁忌类疾病。

（6）参赛人员资质、竞赛器材标准和赛事活动组织者条件详见办赛指南、参赛指引、竞赛规程等。

（7）保险：赛事活动组织者投保体育意外伤害保险。

3.自然岩壁攀岩赛事活动

（1）场地：具备符合赛事活动所需的天然岩壁，符合《GB 20215036-T-451.2022-12-18体育场地使用要求及检验方法 第12部分：自然攀岩场地》相关要求，岩壁高度不小于15米，宽度不小于10米。上述场地由赛事活动组织者出具符合标准的说明材料。

（2）器材：符合国际攀岩联合会及中国登山协会相关认可标准，具体如下：

头盔：UIAA相关认可标准；

保护装置（自锁）：EN15151-1；

保护装置（手动）：EN15151-2；

攀岩安全带：EN12277（C类）；

攀岩绳：EN892；

主锁（丝扣锁）：EN12275（H类）；

主锁（自动锁）：EN12275（H类）；

快挂（扁带）：EN566；

快挂/连接器（单锁）：EN12275（B类、D类）；

快挂/连接器（梅陇锁）：EN12275（Q类）。

上述器材由赛事活动组织者出具符合标准的说明材料。

（3）赛事活动组织者：具有独立法人资格及相关运营资质，配备的赛事活动管理人员和竞赛组织专业技术人员与赛事活动的规模、内容、级别相匹配，并具备相应的经费保障和安全保障能力。

（4）裁判长和定线员：具备中国登山协会培训认可的裁判员和定线员资质。

（5）参赛人员资质、竞赛器材标准和赛事活动组织者条件详见办赛指南、参赛指引、竞赛规程等。

（6）保险：赛事活动组织者投保体育意外伤害保险。

（五）滑雪登山赛事活动

1.场地：在覆雪的山地环境中进行，场地为人工设计且符合国际滑雪登山联合会的相关标准。

2.器材：参赛人员器材符合国际滑雪登山联合会《滑雪登山竞赛规则》要求，赛事活动的计时系统得到中国登山协会的认可。上述器材由赛事活动组织者出具符合标准的说明材料。

3.赛事活动组织者：具有独立法人资格及相关运营资质。赛事活动组织者相关负责人接受中国登山协会组织的赛事活动组织工作培训，并持有效的培训证书。

4.人员：

（1）裁判员持有中国登山协会颁发的滑雪登山运动裁判证或山地户外裁判证。

（2）参赛运动员接受过中国登山协会组织的竞赛培训，并持有体检报告。

（3）赛事活动中配备救援队，救援人员接受过中国登山协会的山地救援培训。

5.具备赛事活动所需的组织管理人员、经费、场地、器材以及安全保障、风险评估、应急预案、熔断机制等措施。

6.保险：赛事活动组织者投保体育意外伤害保险。

（六）汽车、摩托车相关赛事活动

1.越野拉力赛赛事活动（符合以下任意一项指标：①有摩托车组参加；②赛段包含50千米以上的沙地、沙漠地形；③赛段平均海拔高于3000米；④温度高于40摄氏度或低于零下15摄氏度；⑤昼夜温差大于等于20摄氏度。）

（1）赛事活动组织符合中国汽车摩托车运动联合会颁布的《汽车越野拉力赛办赛指南》。

（2）《汽车越野拉力赛办赛指南》中的特殊赛段，能够覆盖无线电通讯系统，报名参赛车辆配备卫星导航系统，赛事活动组织者配备卫星监控系统。

（3）《汽车越野拉力赛办赛指南》中的特殊赛段，能够按要求配备相应数量的医疗救援车辆、救援直升机、救援人员。

（4）保险：赛事活动组织者投保体育意外伤害保险。

2.公路摩托车赛事活动

（1）赛事活动组织者

具有独立法人资格，符合经营范围；缴纳5人以上社保，具有组织公路摩托车赛事活动相关经验，且无《中汽摩联公路摩托车办赛指南》中的重大事故记录。

严格遵循《中汽摩联公路摩托车办赛指南》中相关办赛要求，确保赛事安全。

（2）人员

①赛事活动主管和裁判员

根据《中汽摩联裁判员管理办法》相关规定，各岗位主管和裁判持有相应岗位的裁判员证书。

②参赛车手

持有中国汽车摩托车运动联合会颁发的当年有效的公路摩托车比赛执照。

（3）场地

符合《中汽摩联公路摩托车办赛指南》的相关要求。

（4）车手安全装备

符合《中国公路摩托车锦标赛比赛规则》中关于"参赛装备"的规定。

（5）安全保障

竞赛车辆、医疗保障符合《中汽摩联公路摩托车办赛指南》《中汽摩联公路摩托车参赛指引》的相关要求。

（6）保险

赛事活动组织者投保体育意外伤害保险。

三、许可单位

县级以上地方人民政府体育行政部门。

四、申请材料

（一）申请书

申请书应当包括体育赛事活动的名称、时间、地点、规模、主办方、承办方、协办方、参赛条件等内容。

（二）专业技术人员的资格或资质证明材料。

（三）场地、器材和设施符合相关标准和要求的说明性材料。

（四）主办方、承办方、协办方等体育赛事活动组织者用以约定各方权利义务和责任分工的书面协议。

（五）风险评估报告、风险防范及应急处置预案、安全工作方案、医疗保障及救援方案、赛事活动"熔断"机制、赛事活动组织方案等材料。

（六）法律法规规定的其他材料。

五、许可时限

地方体育行政部门应当自收到申请之日起三十日内进行实地核查，并作出批准或者不予批准的决定。批准举办的，应当作出书面决定；不予批准的，应当书面通知申请人并说明理由。

附件8-2

举办高危险性体育赛事活动申请书

拟举办高危险性体育赛事活动				
名称		时间		
地点				
规模				
赛事活动主办方、承办方、协办方信息				
主办方名称及法定代表人姓名				
主办方联系人		联系电话		
承办方名称及法定代表人姓名				
承办方联系人		联系电话		
协办方名称及法定代表人姓名				
协办方联系人		联系电话		
参赛条件:				
申请材料清单:				
保密要求:				
本申请书及所附申请材料均真实、合法,复印件与原件一致。如有不实之处,申请单位承担由此造成的法律后果。 申请单位(盖章): 法定代表人(签字): 年　　月　　日				
材料是否齐全 经办人员: 　年　月　日	实地核查意见 经办人员: 　年　月　日		体育行政部门意见 (公章) 　年　月　日	

附录9　体育总局关于印发《关于进一步加强马拉松赛事监督管理的意见》的通知

体政字〔2017〕125号

各省、自治区、直辖市、计划单列市、新疆生产建设兵团体育局，各厅、司、局，有关直属单位：

为贯彻落实党中央、国务院简政放权放管结合优化服务的总体部署，加强对马拉松赛事的监督管理，规范马拉松运动持续健康发展，根据《中华人民共和国体育法》等法律法规，结合马拉松发展实际，总局制定了《关于进一步加强马拉松赛事监督管理的意见》，现印发实施，请遵照执行。贯彻实施中出现的问题，请及时反馈国家体育总局。

特此通知。

体育总局
2017年10月25日

关于进一步加强马拉松赛事监督管理的意见

马拉松是深受大众喜爱的体育运动，为加强对马拉松赛事的监督管理，确保马拉松运动健康发展，提出以下意见：

一、各级体育主管部门对相应行政区域内的马拉松赛事实施监管。各级田径管理机构（田径运动管理中心和田径协会），依照各自职责和章程，对马拉松赛事进行管理。

中国田径协会负责对其认证赛事的监管，各级田径管理机构参照中国田径协会相关规定，依照属地管理原则对其他赛事予以监管。

二、各级体育主管部门和田径管理机构，不得对商业性和群众性马拉松赛事开展审批。各级田径管理机构应当主动为马拉松赛事举办过程中的竞赛组织、参赛保障、安全管理等方面提供业务指导、技术支持和咨询服务，强化事中事后的监督管理。

三、中国田径协会应当根据章程，对马拉松赛事实施分级分类管理，并从赛事举办的场地路线、专业人员、设施服务、奖金分配、安全保障以及参赛者安全要求等方面，制定不同等级马拉松赛事的办赛标准并向社会公布。对组织规范、保障健全的优秀赛事加强宣传推广，对存在不足和问题的赛事，应当加强监督，及时予以改进和纠正，确保赛事平稳、有序、健康发展。

中国田径协会应当制定并发布马拉松赛事参赛指南，详细列明赛前准备、比赛途中和赛后恢复等注意事项，防范参赛风险，引导参赛者安全顺利完成比赛。

中国田径协会应当加强对马拉松赛事从业人员的专业培训，包括但不限于竞赛组织、市场开发、新闻宣传、医疗急救等内容。同时，应对马拉松赛事组织机构（包括赛事主办方和承办方）实施赛事组织水平评定，规范赛事组织机构的运营行为，提高马拉松赛事的组织水平。

四、马拉松赛事组织机构应当尊重和维护公共利益，依法保护赛事参与者的合法权益，履行竞赛组织、物资保障、医疗救护、安保交通、绿色环保等基本职能，合理安排、设计、协调赛事各个环节，对赛事举办中易发生危及公共安全和参赛者人身安全的各类风险和突发事件制定预案。承办方应按照《大型群众性活动安全管理条例》要求，向当地公安机关申请安全许可。

马拉松赛事组织机构应当规范使用赛事名称，严格执行《体育总局关于推进体育赛事审批制度改革的若干意见》、《全国性单项体育协会竞技体育重要赛事名录》和《在华举办国际体育赛事审批事项改革方案》等规定，未经国家田径管理机构同意，马拉松赛事名称不得冠以"中国"、"全国"、"国家"、"中华"和"世界"、"国际"、"洲际"、"全球"等字样或具有类似含义的词汇。

马拉松赛事组织机构应当通过适当方式使参赛人员知晓竞赛规程，为参赛人员提供健康科学参赛的提示及引导，提供线路图、饮用水、餐饮点、卫生间等必要设施，并根据参赛人员规模设置紧急医疗救助设施，配备急救医护人员，主动减少和科学应对人身伤害事故的发生。

五、参赛者有在赛前获取赛事路线、时间地点等信息的权利，有在赛中获得充足的饮水、必要的医疗、紧急的救助等安全保护的权利。

参加马拉松赛事，应当符合赛事组织机构公布的报名条件。参赛者应当在赛前认真了解参赛指南和竞赛规程，根据自身身体条件，量力而行，诚信、科学、安全参赛。18岁以下未成年人参赛的，赛事组织机构应当要求其监护人或法定代理人签署同意参赛声明。

六、各级体育主管部门和田径管理机构、马拉松赛事组织机构，应当充分利用广播、电视、互联网、移动客户端、自媒体等多元传媒手段，加大对马拉松的科学宣传和正面引导，引导参赛者理性参赛。

七、赛事相关人员（包括参赛者、裁判员、志愿者、赛事组织机构工作人员等）应当遵守下列规定：

（一）法律法规和相关规定；

（二）体育道德，严禁使用兴奋剂、严禁冒名顶替、弄虚作假、营私舞弊；

（三）竞赛规程和赛事组织规则，维护赛事正常秩序，自觉接受安全检查，服从管理；

（四）社会公德，不得影响和妨碍公共安全，不得在赛事举办过程中有违反社会公序良俗的不当言行。

赛事相关人员违反以上规定的，由赛事组织机构以及各级田径管理机构依法处以限制或禁止参加比赛等处罚；违反治安管理有关规定的，依法由各级公安机关处理。

八、赛事组织和举办过程中发生危害公共安全事故或人身伤害事故的，各级体育主管部门应当积极配合公安、安监等部门，依法追究相关责任单位和责任人的法律责任。中国田径协会按照《中华人民共和国体育法》、《体育赛事管理办法》、协会章程等相关规定，追究赛事组织机构的相关责任，可处以禁止或限制举办马拉松赛事、取消其参与赛事组织水平评定资格等处罚。

九、本意见所称的马拉松赛事，是指在中国境内举办的42.195公里的长距离跑步运动。由马拉松派生的在室外进行的长距离跑步、长距离行走以及接力，包括半程马拉松、越野跑、山地跑、公路接力等赛事，参照本意见管理。

附录10　中国田径协会路跑赛事风险评估指导意见

各有关单位：

为强化落实体育总局《进一步加强马拉松赛事监管管理的意见》（体政字〔2017〕125号）和《关于进一步加强体育赛事活动安全监管服务的意见》、中国田径协会《关于进一步加强田径赛事活动安全监管服务工作的意见》与《中国路跑及相关运动赛事分级监管办法》文件精神，适应新形势下路跑赛事监管任务要求，规范办赛风险评估工作，加强办赛风险防控，现提出以下指导意见：

一、指导意义

风险评估是风险识别、风险分析和风险评价的全过程。体育赛事风险评估是针对在赛事中运动损伤发生的高频性、运动项目的复杂性、风险的不易测定性等特点，为赛事主办方、承办方、执行单位在风险防范、人员培训、应急预案制定等方面进行全面的风险因素分析，并提出合理必要建议的工作。

风险评估旨在为有效的风险应对提供基于证据的信息和分析。建立路跑赛事办赛风险评估机制，从源头上预防和减少风险因素，对于提高各级各类路跑赛事运营单位维护人民群众生命健康权益、赛事声誉权益与赛事财务权益的自觉性具有重要意义，对于保证各级各类路跑赛事对可能发生的风险进行分析、预测和评估，提出预防或改进的措施和对策，有效规避办赛风险具有指导意义。

二、主要工作措施

（一）完善路跑赛事风险评估内容

1. 风险评估依据

路跑赛事风险评估应根据《大型群众性活动安全管理条例》（国务院令第 505 号）、《中华人民共和国突发事件应对法》《突发事件应急预案管理办法》、中华人民共和国国家标准《大型活动安全要求》（GB/T 33170.1-2016）、《体育赛事活动管理办法》《中国田径协会路跑赛事管理办法》《中国田径协会路跑赛事运营公司管理办法》等规范性文件的规定。

2. 风险评估内容

路跑赛事原始风险识别是对赛事活动在举办过程中的原始风险进行识别。赛事活动原始风险包括：安全风险（人员风险、气象风险、设备设施及物品风险、环境场地风险、竞技风险）、疫情防控风险、赛事组织风险、赛事应急处理风险。

3. 评估报告编制

评估报告编制说明中需要列出报告的编制依据，包括遵循的相关法规与标准，以及办赛方提供的所有相关资料。评估主体内容应当包括赛事基本情况、评估结论、风险识别与风险分析、对策建议等内容。评估报告需由评估主体主要负责人签字后报送赛事评估委托单位。

（二）建立健全路跑赛事风险评估机制

引导、规范第三方风险评估机制，完善相关管理制度及标准规范，建立健全评估机构标准。

1. 风险评估的委托

路跑赛事办赛风险评估需由赛事主办、承办、运营单位之一为主体委托第三方评估机构进行办赛风险评估。

2. 风险评估的执行

中国田协建立了路跑赛事风险评估公司注册系统，从事路跑赛事风险评估的公司，可在中国马拉松官网上提交备案申请。

各级路跑赛事监管单位可组织相关具有资质的第三方评估机构组建"风险评估供应商库"。

第三方评估机构需满足以下条件：

（1）企业自身须满足相关法律法规的基本要求，包括：

具有独立承担民事责任的能力；

具有良好的商业信誉和健全的财务会计制度；

具有依法缴纳税收和社会保障资金的良好记录；

三年内，在经营活动中没有重大违法记录；

符合法律、法规的其他条件。

（2）企业技术能力需满足以下基本要求，包括：

具有体育赛事活动评估资质，营业范围包含体育赛事评估类别；

具有体育赛事风险评估经验；

主要负责人具有10年以上体育赛事运营管理经验；

具有相关领域稳定专家团队，包括但不限于学术、运营管理经验等方面专家。

（3）独立性要求：不得与负责赛事举办的主管部门或者其他有关审批部门存在任何利益关系。

3. 风险评估的监管

（1）各级路跑赛事将评估报告备案至对应级别的体育主管部门，各级体育主管部门可召集赛事运营单位成立风险控制小组，对办赛风险评估报告提出的建议进行相关方案的修改完善；不采纳的，应当说明理由。

（2）经各级体育主管部门通过的中国田协认证类路跑赛事，随认证材料将评估报告备案至中国马拉松官网；其他赛事则由省级路跑赛事监管单位每月30日前通过中国马拉松官网将评估报告汇总备案至中国田协。

（3）对较大风险等级的赛事，各级体育主管部门应会同第三方评估机构及时组织赛中风险跟踪评价，并将评估结果报告中国田协。

三、加强组织保障

（一）加强监督管理

各省、区、市各级体育主管部门要发挥主体作用，牵头做好赛事活动风险评估的组织实施、统筹指导与监督评估。各有关部门、各地方负责本管辖地区内赛事风险评估的指导推动、监督服务工作。

（二）落实主体责任

坚持责任明晰，夯实主体责任。按照"谁主办、谁负责"的要求，夯实路跑赛事主办方、承办方及运营方责任，加强多方风险意识认识，加大风险防控经费支持。

各相关单位要认真贯彻落实本意见，加强组织领导，细化有关规定，强化责任担当，切实保障赛事活动顺利、安全举办。

中国田径协会
2021年11月10日

附录11 中国田径协会路跑赛事大众选手等级评定实施办法

第一条 为推动中国路跑赛事的普及与路跑竞技水平的提高，鼓励大众参加跑步健身活动，科学锻炼、检验成果，中国田径协会（以下简称中国田协）依照全国大众选手参赛大数 据进行整理分析，结合国家体育总局2006年4月颁发的《全国田径锻炼等级标准》以及国内外马拉松发展情况，制定路跑赛事大众选手等级评定实施办法（以下简称大众选手等级评定实施办法）并负责实施。

第二条 大众选手等级评定实施办法设置的项目为：马拉松（42.195公里）、半程马拉松（21.0975公里）、10公里跑。

第三条 大众选手等级标准设置。

（一）等级设置：从高到低分为精英级、一级、二级、三级；

（二）年龄组别设置：分别为29岁以下组、30—34岁组、35—39岁组、40—44岁组、45—49岁组、50—54岁组、55—59岁组、60—64岁组、65岁以上组，共9个组别；

（三）大众选手等级评定成绩标准见附件。

第四条 达标条件。大众选手选择参加A1类认证赛事达标项目比赛并达到相应等级成绩，可申请相应的达标等级。

第五条 获取证书的办法。

（一）在中国马拉松官网进行注册，提交申请；

（二）在线完成路跑及马拉松科学锻炼及参赛准备、参赛礼仪等方面的知识问答；

（三）中国马拉松官网自动审定、确认后，申请者可免费进行证书下载并打印；

（四）可同时持有马拉松、半程马拉松、10公里等级证书。

第六条 大众选手申请国家体育总局《运动员技术等级标准》马拉松项目，需参照当年全国马拉松锦标赛竞赛规程执行。

第七条 本办法自发布之日起实施。

第八条 本办法由中国田协负责解释。

项目	组别	等级	29岁以下	30—34	35—39	40—44	45—49	50—54	55—59	60—64	65岁以上
马拉松	男	精英级	3:24:00	3:25:00	3:26:00	3:27:00	3:28:00	3:29:00	3:33:00	3:39:00	3:50:00
		一级	4:03:00	4:04:00	4:05:00	4:06:00	4:07:00	4:08:00	4:09:00	4:14:00	4:27:00
		二级	4:53:00	4:54:00	4:55:00	4:56:00	4:57:00	4:58:00	4:59:00	5:04:00	5:16:00
		三级	6:00:00	6:00:00	6:00:00	6:00:00	6:00:00	6:00:00	6:00:00	6:00:00	6:00:00
	女	精英级	3:48:00	3:49:00	3:50:00	3:51:00	3:52:00	3:53:00	3:54:00	4:04:00	4:30:00
		一级	4:25:00	4:26:00	4:27:00	4:28:00	4:29:00	4:32:00	4:34:00	4:41:00	4:45:00
		二级	5:17:00	5:18:00	5:19:00	5:20:00	5:21:00	5:22:00	5:23:00	5:26:00	5:27:00
		三级	6:00:00	6:00:00	6:00:00	6:00:00	6:00:00	6:00:00	6:00:00	6:00:00	6:00:00
半程马拉松	男	精英级	1:34:00	1:35:00	1:36:00	1:37:00	1:38:00	1:39:00	1:40:00	1:41:00	1:48:00
		一级	1:51:00	1:52:00	1:53:00	1:54:00	1:55:00	1:56:00	1:57:00	1:58:00	2:05:00
		二级	2:14:00	2:15:00	2:16:00	2:17:00	2:18:00	2:19:00	2:20:00	2:21:00	2:23:00
		三级	3:00:00	3:00:00	3:00:00	3:00:00	3:00:00	3:00:00	3:00:00	3:00:00	3:00:00
	女	精英级	1:49:00	1:50:00	1:51:00	1:52:00	1:53:00	1:54:00	1:55:00	1:56:00	2:03:00
		一级	2:11:00	2:12:00	2:13:00	2:14:00	2:15:00	2:16:00	2:17:00	2:18:00	2:19:00
		二级	2:31:00	2:32:00	2:33:00	2:34:00	2:35:00	2:36:00	2:37:00	2:38:00	2:41:00
		三级	3:00:00	3:00:00	3:00:00	3:00:00	3:00:00	3:00:00	3:00:00	3:00:00	3:00:00
10公里	男	精英级	0:37:00	0:38:00	0:39:00	0:40:00	0:41:00	0:42:00	0:43:00	0:44:00	0:46:00
		一级	0:42:00	0:43:00	0:44:00	0:45:00	0:46:00	0:47:00	0:48:00	0:49:00	0:55:00
		二级	0:52:00	0:53:00	0:54:00	0:55:00	0:56:00	0:57:00	0:58:00	0:59:00	1:05:00
		三级	1:30:00	1:30:00	1:30:00	1:30:00	1:30:00	1:30:00	1:30:00	1:30:00	1:30:00
	女	精英级	0:47:00	0:48:00	0:49:00	0:50:00	0:51:00	0:52:00	0:53:00	0:54:00	0:56:00
		一级	0:52:00	0:53:00	0:54:00	0:55:00	0:56:00	0:57:00	0:58:00	0:59:00	1:05:00
		二级	1:02:00	1:03:00	1:04:00	1:05:00	1:06:00	1:07:00	1:08:00	1:09:00	1:15:00
		三级	1:30:00	1:30:00	1:30:00	1:30:00	1:30:00	1:30:00	1:30:00	1:30:00	1:30:00

后记

落笔后记二字时，《马拉松大众选手参赛风险预警研究》书稿总算是完成了，这本著作得到了作者硕士导师霍德利教授的大力帮助，在这里向霍老师表示感谢。另外，本书中的真人实践插图得到了六盘水师范学院体育学院2020级体育教育专业黄永丽和陈腾腾同学的帮助，也在此表示感谢。

《马拉松大众选手参赛风险预警研究》著作得到了六盘水师范学院学术著作出版的资助。另外，该著作也是六盘水师范学院学科团队建设的阶段性成果。

由于作者才疏学浅，初入学术，草率此文，不足之处，望请鉴谅。

刘龙飞
2023年6月